믿음장에서 만난
그리스도

믿음장에서 만난 그리스도

지은이 | 강준민
초판 발행 | 2017. 10. 23.
2쇄 | 2017. 11. 27.
등록번호 | 제1988-000080호
등록된 곳 | 서울특별시 용산구 서빙고로65길 38
발행처 | 사단법인 두란노서원
영업부 | 2078-3352   FAX | 080-749-3705
출판부 | 2078-3331

책값은 뒤표지에 있습니다.
ISBN 978-89-531-2993-1 03230

독자의 의견을 기다립니다.
tpress@duranno.com   www.duranno.com

두란노서원은 바울 사도가 3차 전도여행 때 에베소에서 성령 받은 제자들을 따로 세워 하나님의 말씀으로 양육하던 장소입니다. 사도행전 19장 8-20절의 정신에 따라 첫째 목회자를 돕는 사역과 평신도를 훈련시키는 사역, 둘째 세계선교(TIM)와 문서선교(단행본·잡지) 사역, 셋째 예수문화 및 경배와 찬양 사역, 그리고 가정·상담 사역 등을 감당하고 있습니다. 1980년 12월 22일에 창립된 두란노서원은 주님 오실 때까지 이 사역들을 계속할 것입니다.

믿음장에서 만난 그리스도

예수님께 기초한 강준민
참된 믿음 지음

두란노

목차

프롤로그 예수님을 보여 주는 믿음장 사람들 8

Part 1 참된 믿음의 기초는 예수님이다

**01
예수님을 통해
배우는
참된 믿음** 14

히 11:1-3

믿음은 예수님께 초점을 두어야 합니다
오직 의인은 믿음으로 삽니다
믿음의 저자는 예수님입니다
믿음의 내용은 하나님의 말씀입니다
하나님은 믿는 자에게 상을 주십니다

**02
더 나은
예물을 드린
아벨의 믿음** 32

히 11:4

참된 믿음은 예배의 자세에서 드러납니다
참된 믿음은 예물에서 드러납니다
예수님은 참된 예배와 예물의 예표이십니다

**03
하나님을
기쁘시게 한
에녹의 믿음** 54

히 11:5-6

예배에서 동행으로, 믿음은 진보합니다
에녹이 하나님과 동행하게 된 계기
하나님과 동행하기 위해 필요한 것
하나님과 동행할 때 누리는 상급
예수님은 풍성한 생명을 주십니다

**04
구원의 방주를
준비한
노아의 믿음** 76

히 11:7

믿음은 거룩한 모험입니다
거룩한 모험은 하나님의 은혜로 시작됩니다
참된 믿음은 온전한 순종으로 나타납니다
방주 속에 담긴 구원의 비밀
예수님은 구원의 방주이십니다

Part 2　말씀은 믿음에 물을 준다

05
부르심에 순종한 아브라함의 믿음 100
히 11:8-10

믿음의 삶은 하나님의 방문으로 시작됩니다
참된 믿음은 하나님의 부르심에 순종합니다
믿는 사람은 안전 대신 모험을 택합니다
믿는 사람은 머물지 않고 순례합니다
참된 믿음은 초월하고 돌파합니다
하나님은 지금도 사랑의 모험을 하십니다

06
웃음을 선물로 받은 사라의 믿음 120
히 11:11-12

믿음의 계보에 여인이 있는 이유
참된 믿음은 의심을 극복하면서 성장합니다
믿을 때 하나님의 능력이 나타납니다
하나님은 벼랑 끝에서 일을 시작하십니다
예수님은 웃음을 주러 오셨습니다

07
죽은 자의 부활을 믿은 아브라함의 믿음 140
히 11:17-19

아브라함의 믿음의 핵심, 부활 신앙
참된 믿음은 시험을 통과함으로써 성장합니다
부활 전에 죽는 경험이 먼저입니다
믿음의 시험 후에는 하나님의 상이 있습니다
모리아산에서 만나는 예수님

08
장차 있을 일을 축복한 이삭의 믿음 161
히 11:20

이삭, 예수를 보여 주는 믿음의 사람
좋은 믿음을 전수하십시오
복이 이루어질 것을 믿고 축복하십시오
수동적인 믿음에 담긴 비밀

09
꿈 너머 꿈을 꾸는 요셉의 믿음 186
히 11:22

요셉이 임종 때 남긴 믿음의 유언
믿음의 사람은 꿈꾸는 사람입니다
꿈꾸는 사람은 시련을 마시면서 성장합니다
믿음의 사람은 꿈 너머 꿈을 꿉니다
하나님은 깨어진 꿈을 회복시키십니다

Part 3 하나님은 약한 믿음을 키우신다

**10
구원의 역사에
동참한
모세의 믿음** 212

히 11:27-28

모세는 구원 역사에서 큰 역할을 합니다
참된 믿음의 열매는 담대함과 인내입니다
참된 믿음은 어린양 예수님을 믿는 것입니다
모세는 장차 오실 예수님을 증거했습니다

**11
정탐꾼을 숨겨 준
라합의 믿음** 232

히 11:31

믿음의 전당에 입성한 기생 라합
참된 믿음은 믿음의 대상이 분명합니다
믿음의 선택은 놀라운 결과를 낳습니다
믿음의 길을 걸으면 풍성한 복을 받습니다
라합은 믿음으로 예수님의 혈통이 되었습니다

**12
약함 속에서
용맹을 발휘한
기드온의 믿음** 252

히 11:32-34

약한 믿음을 키우시는 하나님
하나님은 작은 자를 선택해서 큰일을 이루십니다
복음이신 예수님은 약한 자로 오셨습니다
하나님은 약한 믿음을 견고하게 하십니다
예수님이 우리 대신 약한 자가 되셨습니다

**13
훌륭한 이인자의
모범을 보여 준
바락의 믿음** 271

히 11:32-34

드보라를 섬긴 믿음의 사람, 바락
참된 믿음은 자기 자리를 알고 끝까지 지킵니다
참된 믿음은 자기 영광보다 하나님의 뜻을 추구합니다
참된 믿음은 하나님과 동역합니다
예수님도 영원한 이인자로 사십니다

Part 4 민음의 최고봉에 오르라

14
**세상이
감당하지 못하는
민음** 292

히 11:35-40

믿음의 최고봉, 세상을 초월하는 믿음
세상을 흔드는 사람은 초월 신앙이 있습니다
초월 신앙을 가진 사람은 더 좋은 것을 바라봅니다
그리스도를 보면 초월 신앙이 생깁니다
예수님이 우리를 영광 가운데로 이끄십니다

15
**끝까지
달려가는 민음** 314

히 12:1-3

신앙생활은 마라톤 경주와 같습니다
목표가 분명할 때 완주할 수 있습니다
무거운 것을 벗을 때 완주할 수 있습니다
피곤과 낙심을 극복해야 완주할 수 있습니다
예수님의 아름다움을 볼 때 완주할 수 있습니다
예수님을 따라가면 완주할 수 있습니다

프롤로그

예수님을 보여 주는
믿음장 사람들

저는 그리스도의 복음을 전하는 사람으로 부름을 받았습니다. 오랜 세월 복음의 말씀을 전했습니다. 그동안 하나님이 부족한 종에게 과분한 은총을 베풀어 주셨습니다. 저는 말씀을 읽을 때마다 성삼위 하나님을 만나는 은혜를 누렸습니다. 성경 속에 감춰진 하나님의 경륜을 깨닫는 은혜를 누렸습니다. 말씀을 읽을 때마다 하나님 나라의 원리를 깨닫는 은혜를 누렸습니다. 하지만 예수 그리스도의 영광을 온전히 드러내지 못한 아쉬움 속에 살았습니다. 예수님을 더욱 존귀케 해 드리지 못한 죄송한 마음을 품고 살았습니다. 그런 저의 마음을 긍휼히 여기신 주님께서 히브리서를 통해 그리스도의 영광을 바라볼 수 있는 영의 눈을 활짝 열어 주셨습니다.

히브리서는 정말 놀라운 책입니다. 신약 속에 담긴 구약입니다. 히브리서는 구약의 문을 여는 열쇠입니다. 히브리서는 구약 속에 담긴 다양한 예표를 통해 그리스도의 영광을 드러낸 책입니다. 히브리서를 기록한 성경 기자는 시작부터 그리스도의 영광을 선포합니다. 보통 신약 성경에 나오는 서신들은 먼저 독자들을 향한 인사와 더불어 시작합니다. 그런데 히브리서는 다릅니다.

히브리서는 시작부터 예수님이 하나님의 아들이심을 선포합니다. 예수님이 만유의 상속자이심을 선포합니다. 예수 그리스도가 말씀으로 모든 세계를 지으신 창조주이심을 선포합니다. 예수 그리스도가 하나님의 영광의 광채시요, 그 본체의 형상이심을 선포합니다. 예수 그리스도가 능력의 말씀으로 만물을 붙들고 계시며, 죄를 정결케 하시고 하나님 아버지의 보좌 우편에 앉아계심을 선포합니다(히 1:1-3).

히브리서를 기록한 인물은 구약에 정통한 사람입니다. 그는 성령님의 영감을 받아 구약의 모든 말씀을 그리스도의 영광을 드러내기 위해 인용하고 연결합니다. 우리가 알고 있는 것처럼 성경은 오직 예수 그리스도를 증거하기 위해 기록되었습니다(요 5:39). 성경은 성삼위 하나님께서 성취하신 구속의 드라마를 증거하기 위해 기록되었습니다. 히브리서는 예수님의 탁월성과 위대하심을 증거합니다.

특별히 히브리서 11장은 구약 성경에 나오는 믿음의 인물들을 기록하고 있습니다. 저는 '믿음장'에 나오는 믿음의 사람들을 연구하는 중에 그들과 모든 제사와 특별한 장소와 상징들은, 예수님과 구속 사역의 예표임을 발견할 수 있었습니다. 또 아벨이 드린 어린 양, 노아의 구원의 방주, 아브라함이 이삭 대신 하나님께 바친 숫양을 통해 예수 그리스도의 그림자를 볼 수 있었습니다. 믿음장의 인물들은 한결같이 예수 그리스도를 바라보며 살았습니다. 그들은 구속의 드라마에 동참했습니다.

그리스도는 만유의 주가 되십니다. 모든 만물은 그리스도를 통해 창조되었고, 그리스도를 위해 창조되었습니다. 우리가 존재하는 이유는 우리를 만드신 그리스도를 알고, 우리를 구속하신 그리스도께 감사를 드리는 것입니다. 또한 그리스도를 영화롭게 하며, 그리스도를 기뻐하는 것입니다. 그리스도의 아버지가 우리의 아버지가 되시며, 그리스도의 영이신 성령님이 우리 안에 거하심으로 인해 기뻐하는 것입니다. 그리함으로 성삼위 하나님께 영광을 돌리는 것입니다. 그리스도께서 이루신 구원의 절정은 우리가 성삼위 하나님과의 교제 속으로 들어가게 된 것입니다.

저는 이 책을 읽는 분들이 믿음장에 나오는 믿음의 사람들을 통해 참된 믿음을 배우길 소원합니다. 믿음의 원저자이신 예수님을 늘 바라보길 소원합니다(히 12:2). 무엇보다 거룩하신 그리스도의 영광을 바라보길 소원합니다. 그리스도를 더욱 사랑하길 소원합니다. 그리스도의 영광을 바라보는 중에 그리스도를 닮아가는 그리스도의 제자가 되길 소원합니다.

기도하는 마음으로 정성을 다해 이 책을 출판해 주신 두란노 가족들에게 감사드립니다. 이 책이 출판되는 동안 제 아내가 큰 수술을 받는 아픔을 경험했습니다. 그런 면에서 이 책은 저희 가족의 고통

중에 태어난 생명과 같습니다. 하나님이 이 책을 통해 고통 중에 있는 사람들을 치유해 주시길 기도드립니다. 하나님이 이 책을 통해 이 시대 그리스도의 영광을 드러내는 믿음의 사람들을 일으켜 세워 주시길 기도드립니다. 마지막으로 히브리서를 통해 그리스도의 놀라운 영광을 보게 하신 하나님께 모든 영광과 감사를 올려 드립니다.

2017년 10월
로스앤젤레스에서 강준민

예수님은 믿음을 온전하게 해 주십니다.
모든 상황을 견딜 수 있는 능력을 공급해 주십니다.
믿는 사람도 어려움을 만나면 잠시 흔들릴 수 있습니다.
하지만 예수님을 믿는 믿음이 우리를 다시 붙잡아 줍니다.

Part 1

참된 믿음의
기초는 예수님이다

Chapter 1

예수님을 통해 배우는 참된 믿음

히브리서 11:1-3
믿음은 바라는 것들의 실상이요 보이지 않는 것들의 증거니 선진들이 이로써 증거를 얻었느니라 믿음으로 모든 세계가 하나님의 말씀으로 지어진 줄을 우리가 아나니 보이는 것은 나타난 것으로 말미암아 된 것이 아니니라

믿음은 예수님께
초점을 두어야 합니다

하나님이 가장 소중하게 여기시는 것은 믿음입니다. 하나님 나라의 원리 중 하나는 믿음입니다. 사랑도 하나님의 원리입니다. 하지만 우리가 하나님의 사랑을 알고, 그 사랑을 받고, 그 사랑을 누리고 나누기 위해서는 먼저 하나님을 믿어야 합니다. 하나님이 사랑의 하나님이심을 믿어야 합니다.

하나님은 믿음을 따라 역사하십니다. 예수님은 자주 "네 믿은 대로 될지어다"라고 말씀하셨습니다. 예수님은 믿지 않은 사람들 앞에서 기적을 행하지 않으셨습니다. 우리는 믿는 사람들입니다. 믿기 때문에 교회에 와서 말씀을 듣고 예배를 드립니다. 하지만 믿음에 대해 진지하게 생각하지 않은 채로 신앙생활을 할 수가 있습니다. 믿음에는 자연적인 믿음이 있고, 초자연적인 믿음이 있습니다. 믿음에는 성경적인 믿음이 있고, 비성경적인 믿음이 있습니다. 믿음에는 참된 믿음이 있고, 가짜 믿음이 있습니다.

하나님은 우리로 하여금 성경적인 믿음, 참된 믿음을 따라 신앙생활하기 원합니다. 성경이 말씀하고 있는 믿음의 세계는 정말 놀랍습니다. 믿음은 하나님의 원리이며 법칙입니다. 믿음은 기적을 창조합니다. 믿음은 병을 낫게 합니다. 믿음은 사람을 변화시킵니다. 믿음은 엄청난 능력입니다. 산을 움직이는 능력입니다. 나라를 변화시키는 능력입니다. 영원한 운명을 변화시키는 능력입니다. 모든 환경을 초월하는 능력입니다.

우리는 이번 기회에 스스로 "믿음이란 무엇인가?"라는 질문을 던져 봐야 합니다. "하나님이 기뻐하시는 믿음, 성경적인 믿음은 어떤 믿음인가?"라는 질문을 갖고 히브리서 11장을 살펴보았으면 합니다. 히브리서 11장은 믿음의 장입니다. 우리는 이 장에서 믿음의 조상들을 만나게 됩니다. 믿음에 대해 정의를 내린다는 것은 쉬운 일이 아닙니다. "사랑이 무엇이냐"고 묻는다면 만나는 사람마다 그 정의가 다를 것입니다. 믿음도 마찬가지입니다. 그럼 어떻게 믿음에 대해 알 수 있을까요? 믿음의 사람들을 만나보면 됩니다. 믿음의 사람들을 통해 믿음이 무엇인가를 알 수 있습니다. 히브리서 11장은 믿음으로 살았던 사람들을 소개함으로써 우리를 믿음의 세계로 초대합니다.

히브리서 11장을 중심으로 믿음에 대해 이야기하겠지만, 그렇다고 이 장만 뚝 떼어 놓고 말씀을 이해할 수는 없습니다. 성경을 연구할 때는 항상 그 문맥을 따라 연구해야 합니다. 히브리서 11장 앞에 10장이 있습니다. 히브리서 11장 다음에 12장이 있습니다. 히브리서 11장은 10장과 12장과 연결되어 있습니다. 또한 히브리서 11장을 연구하기 위해서는 히브리서 전체를 이해해야 합니다. 히브리서를 잘 이해하기 위해서는 히브리서 안에 담긴 구약을 잘 이해해야 합니다. 구약이 어떻게 신약 안에서 성취되었는가를 이해해야 합니다. 그리고 믿음의 본체가 되시는 예수님께 초점을 두어 믿음을 이해할 때 원만한 이해에 이르게 됩니다. 이제 함께 하나님이 초대하시는 믿음의 세계로 여행을 떠나도록 합시다. '믿음장'으로 들어가는 문은 히브리서 10장 마지막 부분에서 시작됩니다. 이 부분에서 가르쳐 주는 믿음은 성경 전체의 핵심을 간파하는 메시지입니다.

오직 의인은 믿음으로 삽니다

히브리서 11장은 '믿음'이라는 단어와 함께 반복해서 믿는 사람들의 생애를 기록하고 있습니다.

"믿음은 바라는 것들의 실상이요 보이지 않는 것들의 증거니" 히 11:1

이 말씀을 숙고하기 전에 이 말씀 이전에 무슨 말씀이 있었는지를 살펴야 합니다.

"나의 의인은 믿음으로 말미암아 살리라 또한 뒤로 물러가면 내 마음이 그를 기뻐하지 아니하리라 하셨느니라 우리는 뒤로 물러가 멸망할 자가 아니요 오직 영혼을 구원함에 이르는 믿음을 가진 자니라" 히 10:38-39

본래 성경에는 장과 절이 구분되어 있지 않았습니다. 우리가 편지를 쓸 때 장과 절을 구분하지 않고 쓰는 것처럼 히브리서를 쓴 기자도 장과 절을 구분하지 않고 기록했습니다. 성경의 장을 제일 먼저 구분한 사람은 영국의 캔터베리 대주교였던 랭튼(Stephen Langton, 1150-1228년)입니다. 그 후에 프랑스의 인쇄업자인 스티븐스(R. Stenphens)에 의해 1551년 출판된 헬라어 성경에서 신약의 절(7,959절) 구분이 이뤄졌습니다(《교회용어사전》, 생명의말씀사, 2013). 우리가 성경을 읽고 암송하고 묵상하는 데 장과 절이 도움이 되는 것은 사실입니다. 하지만 성경을 공부할 때는 언제나 성경의 앞뒤 문맥이 서로 연결되어 있다는 사실을 기억해야 합니다.

히브리서 10장 38절에 나오는 말씀은 기독교 신앙과 교리의 정수를 이루는 말씀입니다. 이것은 마르틴 루터의 종교 개혁에 화두가 된 말씀입니다.

"나의 의인은 믿음으로 말미암아 살리라" 히 10:38

이 말씀은 구약성경 하박국 2장 4절에서 비롯되었습니다.

"보라 그의 마음은 교만하며 그 속에서 정직하지 못하나 의인은 그의 믿음으로 말미암아 살리라" 합 2:4

구약성경 하박국 2장 4절의 말씀이 신약성경 세 군데에 들어와 있습니다. 위에서 보았던 히브리서 10장 38절과 로마서 1장 17절, 갈라디아서 3장 11절의 말씀입니다.

"복음에는 하나님의 의가 나타나서 믿음으로 믿음에 이르게 하나니 기록된 바 오직 의인은 믿음으로 말미암아 살리라 함과 같으니라" 롬 1:17

"또 하나님 앞에서 아무도 율법으로 말미암아 의롭게 되지 못할 것이 분명하니 이는 의인은 믿음으로 살리라 하였음이라" 갈 3:11

사도 바울은 복음을 설명하면서 우리가 복음을 믿고 구원을 받을 때 오직 믿음으로 구원받는 사실을 강조합니다. 마르틴 루터를 비롯한 종교 개혁자들이 주장한 것이 무엇입니까?

— 오직 믿음!
　오직 은혜!
　오직 성경!

마르틴 루터가 바울이 쓴 로마서를 연구하다가 로마서 1장 16-17

절 말씀 앞에서 놀라운 깨달음을 얻었습니다. 그를 얽어매고 있던 쇠사슬에서 풀려났습니다. 먼저 로마서 1장 16절을 주목해 보십시오.

"내가 복음을 부끄러워하지 아니하노니 이 복음은 모든 믿는 자에게 구원을 주시는 하나님의 능력이 됨이라 먼저는 유대인에게요 그리고 헬라인에게로다"

바울은 복음을 부끄러워하지 않았습니다. 왜냐하면 복음은 모든 믿는 자에게 구원을 주시는 하나님의 능력이 되기 때문입니다. 누구든지 복음을 믿으면 구원을 받을 수가 있다는 것입니다. 복음이란 무엇일까요? 곧 예수님을 의미합니다. 예수님이 이 땅에 오셔서 우리 죄를 위해 십자가에서 죽으시고 부활하시고 승천하신 것을 믿는 것입니다. 승천하신 후에 우리에게 성령님을 보내 주신 것을 믿는 것입니다. 우리는 아무것이나 믿는 것이 아닙니다. 복음을 믿는 것입니다. 복음을 믿을 때 그 복음이 믿는 자에게 구원을 주시는 하나님의 능력이 된다는 것입니다. 복음을 통해 우리가 받게 된 것이 하나님의 의입니다. 본래 인간은 의롭지 않습니다. 그런데 우리가 예수님을 믿을 때 예수님이 믿는 우리를 의롭게 여기시는 것입니다. 이 내용이 바로 복음 속에 들어가 있습니다. 이 말씀을 소개하고 있는 것이 로마서 1장 17절 말씀입니다.

"복음에는 하나님의 의가 나타나서 믿음으로 믿음에 이르게 하나니 기록된 바 오직 의인은 믿음으로 말미암아 살리라 함과 같으니라"

사도 바울은 로마서에서 의인은 없나니 하나도 없다는 사실을 강조합니다. 모든 사람이 다 죄 아래 있다는 사실을 선언합니다.

"그러면 어떠하냐 우리는 나으냐 결코 아니라 유대인이나 헬라인이나 다 죄 아래에 있다고 우리가 이미 선언하였느니라 기록된 바 의

인은 없나니 하나도 없으며" 롬 3:9-10

우리는 의롭지 않습니다. 우리는 다 죄 아래 있었습니다. 죄 아래 있다는 것은 곧 사망과 저주와 심판과 정죄와 하나님의 진노 아래 있다는 것을 의미합니다. 죄인인 우리가 하나님의 진노를 받지 않기 위해서는 죄 문제를 해결해야 합니다. 뿐만 아니라 의인이 되어야 합니다. 우리가 얻은 의는 우리의 의로운 행위가 아닙니다. 우리의 의는 모두 더러운 헌 옷과 같습니다.

"무릇 우리는 다 부정한 자 같아서 우리의 의는 다 더러운 옷 같으며" 사 64:6상

바울은 복음 안에 죄 문제가 해결되고 우리가 의인이 될 수 있는 길이 담겨 있다고 선언합니다. 그것은 우리 죄를 대신 담당해 주신 예수님이 우리에게 예수님의 의를 전가해 주신 것입니다.

하나님이 우리의 죄 문제를 해결하시고, 우리를 의롭게 만들기 위해 예수님을 보내셨습니다. 우리가 예수님을 믿는 순간 하나님이 우리를 의롭다 하시고, 우리는 죄인인데 의인이라고 선포해 주시는 것입니다. 의인으로 여겨 주시는 것입니다. 그것은 오직 예수님을 믿는 믿음으로만 가능한 것입니다.

"모든 사람이 죄를 범하였으매 하나님의 영광에 이르지 못하더니 그리스도 예수 안에 있는 속량으로 말미암아 하나님의 은혜로 값없이 의롭다 하심을 얻은 자 되었느니라" 롬 3:23-24

우리가 의롭다 함을 얻은 것은 하나님의 은혜입니다. 또한 오직 예수님을 믿는 믿음으로 된 깃입니다(롬 3:28, 5:1). 우리가 예수님을 믿을 때 예수님의 의를 우리에게 전가시켜 주신 것입니다. 우리는 처음부터 끝까지 오직 믿음으로 의롭다 하심을 얻은 것입니다. 로마서 1장

17절 말씀을 다시 한 번 살펴보십시오.

"복음에는 하나님의 의가 나타나서 믿음으로 믿음에 이르게 하나니 기록된 바 오직 의인은 믿음으로 말미암아 살리라 함과 같으니라"

복음에는 하나님의 의가 나타나서 믿음으로 믿음에 이르게 한다고 말씀합니다. 믿음으로 믿음에 이르게 한다는 말씀은 무엇을 의미하는 것일까요?

NIV 성경은 "처음부터 끝까지 믿음에 의해서"(by faith from first to last)로 번역합니다. 이 말씀은 처음부터 끝까지 우리가 의롭게 되는 것은 오직 믿음에 의해서라는 것을 강조합니다. 곧 우리가 노력함으로 의롭게 되는 것이 아니라는 것입니다. 우리는 처음 예수님을 믿을 때는 오직 믿음으로 의롭다 함을 입었다는 사실을 믿다가 어느 순간부터 다시 스스로 의롭게 살아보려고 노력합니다. 그러나 우리는 거듭 실패할 수밖에 없습니다. 하나님이 예수님을 통해 주신 의는 오직 믿음으로 유지되는 것입니다.

어떤 사람은 어느 순간부터 자신의 신행이나 선함으로 그 의로움을 유지할 수 있다고 생각합니다. 하지만 그것은 불가능합니다. 그러므로 우리가 믿음으로 의인이 되었다면 오직 의인은 믿음으로 살아야 되는 것이 지극히 당연한 일입니다. 사도 바울과 히브리서를 기록한 성경 기자는, 우리는 오직 믿음으로 의롭다 함을 얻은 의인이기 때문에 의인은 믿음으로 말미암아 살아야 한다고 말합니다. 예수님을 믿는 순간부터 우리는 오직 믿음으로 살도록 부름을 받은 것입니다.

믿음의 저자는 예수님입니다

여기서 우리는 아주 중요한 질문을 하게 됩니다. 무엇이 성경에서 말하는 참된 믿음일까요? 우리 그리스도인은 언제나 성경으로 돌아가 거기서 해답을 찾아야 합니다. 성경에 근거한 생각과 믿음이 우리 신앙의 근간을 이뤄야 합니다.

믿음은 바라는 것들의 실상입니다(히 11:1). 믿음은 바라는 것입니다. 바라보는 것입니다. 바라보던 것의 실상을 미리 경험하는 것입니다. 우선 구약의 성도들이 바라보던 것이 실체로 나타났는데 그것이 무엇일까요? 예수 그리스도입니다.

히브리서가 기록된 배경을 조금 이해하는 것이 히브리서와 믿음장을 이해하는 데 도움이 됩니다. 예수님이 오시기 전까지 유대인들은 율법을 믿었습니다. 율법 안에 있는 희생제사와 제사장이 아주 중요했습니다. 또한 하나님께 예배드리는 성전이 중요했습니다. 그런데 예수님이 오셔서 부활 승천하신 후에 성령님이 임하시면서 유대인들이 예수님을 믿게 되었습니다. 또한 제사장의 무리도 예수님을 믿게 되었습니다.

"하나님의 말씀이 점점 왕성하여 예루살렘에 있는 제자의 수가 더 심히 많아지고 허다한 제사장의 무리도 이 도에 복종하니라" 행 6:7

그런데 예수님이 오시면서 더 이상 눈에 보이는 성전이 중요하지 않게 되었습니다. 양과 염소와 소를 잡아 희생 제사를 드리는 것이 필요 없게 되었습니다. 그 결과 당연히 레위 지파와 아론 후손의 제사장들의 역할이 필요 없게 되었습니다. 이런 상황에서 위협을 느낀 것은 율법을 믿고 있던 유대인들입니다.

그 당시 율법주의자들은 예수님을 메시아로 믿지 않았습니다. 그들에게는 여전히 율법과 성전과 제사제도가 소중했습니다. 그런 까닭에 그들은 예수님을 믿는 유대인들을 핍박했습니다. 성전을 무시하고, 희생 제사를 폐지하고, 제사장 직분을 무용하게 만드는 기독교는 잘못된 것이라고 공격하게 된 것입니다. 격심한 핍박과 공격을 받던 예수님을 믿는 유대인들이 다시 옛 유대교로 돌아가는 일들이 생겼습니다. 또한 그런 미혹을 받는 예수님을 믿는 유대인들이 생겨났습니다. 곧 예수님을 믿는 믿음으로 앞으로 전진하는 것이 아니라 뒤로 물러서는 사람들이 생겼습니다. 히브리서 기자는 예수님을 믿는 믿음을 떠나 뒤로 물러서려는 사람들에게 오직 믿음으로 살 것을 권면하기 위해 이 책을 쓴 것입니다. 그래서 뒤로 물러서지 말라는 말을 강조합니다.

"나의 의인은 믿음으로 말미암아 살리라 또한 뒤로 물러가면 내 마음이 그를 기뻐하지 아니하리라 하셨느니라 우리는 뒤로 물러가 멸망할 자가 아니요 오직 영혼을 구원함에 이르는 믿음을 가진 자니라" 히 10:38-39

오직 의인은 믿음으로 말미암아 사는 것이며, 하나님을 기쁘시게 하는 것은 오직 믿음으로 사는 것임을 강조하고 있습니다. 히브리서 기자는 구약의 모든 의식 제도는 그림자와 모형에 불과한 것이며, 이제 그 실체가 임했다는 사실을 강조합니다. 그 실상은 바로 예수님이라는 사실을 증거합니다.

"그들이 섬기는 것은 하늘에 있는 것의 모형과 그림자라 모세가 장막을 지으려 할 때에 지시하심을 얻음과 같으니 이르시되 삼가 모든 것을 산에서 네게 보이던 본을 따라 지으라 하셨느니라" 히 8:5

히브리서를 기록한 사람은 구약에 매어 있고 율법에 매어 있는 사람들에게 구약과 율법은 중요하지만 그것은 모형과 그림자라는 사실을 강조합니다. 구약의 제물보다 더 좋은 제물, 구약의 제사장보다 더 좋은 제사장, 구약의 구 언약보다 더 좋은 신약의 새 언약에 대해 말씀합니다(히 9:23). 바로 그 실상이 예수님이라는 것을 전하고 있습니다. 그런 까닭에 히브리서 12장 2절에서 예수님을 바라보자고 말씀합니다.

"믿음의 주요 또 온전하게 하시는 이인 예수를 바라보자 그는 그 앞에 있는 기쁨을 위하여 십자가를 참으사 부끄러움을 개의치 아니하시더니 하나님 보좌 우편에 앉으셨느니라"

여기서 예수님을 믿음의 주요 또 온전하게 하시는 분이라고 말합니다. 예수님은 믿음의 주가 되십니다. 이 말씀을 NIV 성경에서 보면 예수님은 믿음의 저자가 되실 뿐 아니라 믿음을 온전하게 하시는 분이라고 번역되어 있습니다.

"Let us fix our eyes on Jesus, the author and perfecter of our faith…"
Hebrews 12:1a

예수님이 믿음의 저자가 된다는 말씀은 예수님이 믿음을 지으신 분이라는 것입니다. 책의 저자란 그 책을 지은 사람입니다. 그렇다면 예수님이 믿음의 원천이 되십니다. 믿음의 근본이 되십니다. 믿음의 저자이신 예수님만이 믿음에 대해 가장 잘 알고 계십니다. 책을 쓴 사람은 자신의 책에 대해 가장 잘 압니다. 어떤 사람이 기계를 만들었다면 그것을 만든 사람이 잘 아는 것과 같습니다. 또한 예수님만이 예수님의 믿음을 주실 수가 있습니다. 또한 우리의 믿음을 온전하게 하실 수 있습니다.

우리는 아무것이나 믿는 것이 아닙니다. 우리는 하나님을 믿는 것입니다. 전능하신 하나님을 믿는 것입니다. 어떤 사람은 하나님을 믿느니 차라리 자기 주먹을 믿으라고 말합니다. 지극히 어리석은 사람입니다. 그 주먹이 얼마나 강한지 모르지만 몇 번이면 펴지고 맙니다. 어려운 일을 만나면 그 주먹에 들어간 힘이 빠지고 맙니다. 하지만 예수님에게서 나온 믿음은 모든 상황을 초월합니다. 예수님은 모든 상황을 초월해서 믿음을 온전하게 해 주십니다. 모든 상황을 견딜 수 있는 능력을 공급해 주십니다. 물론 예수님을 믿는 사람도 어려움을 만나면 잠시 흔들릴 수 있습니다. 하지만 예수님을 믿는 믿음이 우리를 다시 붙잡아 줍니다. 믿음이 우리를 견고하게 만들어 줍니다. 상황을 초월해서 하나님을 바라보고, 하나님을 의지하도록 만들어 줍니다.

> 우리의 믿음의 대상은 예수님입니다.
> 우리의 믿음의 대상은 성삼위 하나님입니다.

성경적인 믿음은 우리에게서 나온 것이 아닙니다. 하나님의 선물입니다. 우리가 예수님을 처음 믿을 때는 나의 선택으로 예수님을 믿는 것처럼 생각됩니다. 하지만 신앙이 깊어지고, 성경의 진리를 깨닫게 되면 예수님을 믿는 믿음은 내게서 온 것이 아니라 하나님께로부터 온 것임을 깨닫게 됩니다.

"너희는 그 은혜에 의하여 믿음으로 말미암아 구원을 받았으니 이것은 너희에게서 난 것이 아니요 하나님의 선물이라 행위에서 난 것이 아니니 이는 누구든지 자랑하지 못하게 함이라" 엡 2:8-9

사도 베드로는 요한과 더불어 성전에 기도하러 갔다가 나면서부터 걷지 못했던 사람을 예수님의 이름으로 걷게 해 줍니다. 놀라운 기적이었습니다. 놀라운 능력이었습니다. 사람들이 몰려왔습니다.

사람들이 베드로와 요한을 바라보았습니다. 그때 베드로는 우리가 그 사람을 고친 것이 아니라고 말씀합니다. 예수님이 고치셨으며, 예수님으로 말미암아 난 믿음이 이 사람을 완전히 낫게 했다고 말씀합니다.

"그 이름을 믿으므로 그 이름이 너희가 보고 아는 이 사람을 성하게 하였나니 예수로 말미암아 난 믿음이 너희 모든 사람 앞에서 이같이 완전히 낫게 하였느니라" 행 3:16

우리가 지키려고 하는 믿음은 우리 스스로가 만들어 낸 신념이 아닙니다. 우리가 지키려고 하는 믿음은 예수님을 통해 나온 믿음입니다. 또한 예수님에 대한 믿음입니다(계 14:12). 그런 까닭에 오직 예수님을 바라보고, 오직 예수님을 깊이 생각하라고 말씀합니다.

"그러므로 함께 하늘의 부르심을 받은 거룩한 형제들아 우리가 믿는 도리의 사도이시며 대제사장이신 예수를 깊이 생각하라" 히 3:1

믿음의 내용은 하나님의 말씀입니다

우리는 믿음의 대상이 오직 예수님이라는 사실을 배웠습니다. 또한 우리의 믿음은 예수님께로부터 온 선물이라는 것을 배웠습니다. 이제 우리가 관심을 가지고 숙고할 내용은 믿음의 내용입니다.

히브리서는 하나님의 말씀을 아주 강조합니다. 그 까닭은 하나님의 말씀이 우리가 믿는 믿음의 내용이요, 근간이기 때문입니다. 우리가 믿음의 신령한 집을 세울 때 가장 중요한 것은 기초입니다. 그 기초가 되는 것이 바로 하나님의 말씀입니다.

"믿음은 바라는 것들의 실상이요 보이지 않는 것들의 증거니 선진

들이 이로써 증거를 얻었느니라" 히 11:1-2

믿음은 바라는 것들의 실상입니다. 여기서 '실상'이라는 단어는 '아래에 서 있다'라는 뜻을 가지고 있습니다. 곧 실상은 집을 지을 때 집을 받쳐 주는 기초와 같습니다. 집의 기초는 보이지 않지만 존재합니다. 집의 기초는 평소에는 그 중요성을 모르지만 폭풍우가 몰아치고 지진이 일어나면 그 중요성을 절실히 깨닫게 됩니다.

또한 믿음은 보이지 않는 것들의 증거입니다. 여기서 우리가 이해해야 할 단어가 '증거'입니다. 믿음은 보이지 않는 것을 보는 것입니다. 믿음은 보이지 않는 것을 보는 능력입니다. 또한 보이지 않는 것들의 증거를 갖고 있는 것입니다. 예를 들어, 우리가 집 한 채를 새로 샀다고 합시다. 우리가 그 집에 살지 않지만 그 집은 우리의 소유가 되었습니다. 그 집이 우리의 소유가 되었다는 증거가 무엇입니까? 사람들이 그 집이 우리의 소유라는 증거를 보여 달라고 할 때 우리는 무엇을 보여 줍니까? 집문서입니다. 바로 집문서와 같은 것이 믿음입니다. 집은 보이지 않습니다. 하지만 집문서를 근거로 우리가 산 집이 우리 것이 된 것을 알고 믿는 것입니다.

그렇다면 우리에게 보이지 않는 것들의 증거가 되는 것이 무엇일까요? 그것은 하나님의 말씀입니다. 우리는 하나님의 말씀에 기록되어 있는 것들을 믿습니다. 우리는 천국을 보지 못했습니다. 예수님의 얼굴도 뵌 적이 없습니다. 하지만 우리는 말씀을 근거해서 믿습니다. 말씀에 근거하지 않는 믿음은 참된 믿음이 아닙니다. 우리는 언제나 말씀에 근거해서 믿어야 합니다. 우리 믿음의 조상은 아브라함입니다. 아브라함이 하나님의 부르심을 받았을 때 그가 하나님의 말씀을 따라 순종했습니다.

"이에 아브람이 여호와의 말씀을 따라갔고 롯도 그와 함께 갔으며 아브람이 하란을 떠날 때에 칠십오 세였더라" 창 12:4

우리가 믿는다는 것은 하나님의 말씀을 믿는 것입니다. 또한 하나님의 말씀의 능력을 믿는 것입니다.

"믿음으로 모든 세계가 하나님의 말씀으로 지어진 줄을 우리가 아나니 보이는 것은 나타난 것으로 말미암아 된 것이 아니니라" 히 11:3

우리는 믿음으로 모든 세계가 하나님의 말씀으로 지어진 줄을 압니다. 보이는 것은 나타난 것으로 말미암은 것이 아닙니다. 하나님은 말씀으로 천지를 창조하셨습니다. 말씀은 놀라운 능력입니다. 하나님께서 말씀하시며 그 말씀하신 것의 실체가 나타났습니다. 빛이 있으라 하시니 빛이 나타났습니다. 말씀은 결과를 낳습니다. 말씀은 창조의 능력입니다.

우리는 성경을 소유한 사람들입니다. 성경은 하나님의 말씀입니다. 중요한 것은 하나님의 말씀을 믿는 것입니다. 성경을 하나님의 말씀으로 믿지 않는다면 평범한 책에 불과합니다. 하지만 우리가 성경을 하나님의 말씀으로 믿을 때 놀라운 일들이 벌어집니다. 어떤 사람들은 성경을 읽지만 믿음을 가지고 읽지 않습니다. 문학 서적으로 읽습니다. 단순히 지식과 정보와 지혜를 얻기 위해 읽습니다. 하나님의 말씀은 믿음을 따라 읽지 않으면 그 유익을 누릴 수가 없습니다.

"그들과 같이 우리도 복음 전함을 받은 자이나 들은 바 그 말씀이 그들에게 유익하지 못한 것은 듣는 자가 믿음과 결부시키지 아니함이라" 히 4:2

하나님의 말씀은 믿는 자 속에 역사하십니다.

"이러므로 우리가 하나님께 끊임없이 감사함은 너희가 우리에게

> 참된 믿음은 하나님의 말씀에 순종으로 반응하는 것입니다.
> 참된 믿음에는 말씀을 따라 순종하는 행동이 따르게 됩니다.

들은 바 하나님의 말씀을 받을 때에 사람의 말로 받지 아니하고 하나님의 말씀으로 받음이니 진실로 그러하도다 이 말씀이 또한 너희 믿는 자 가운데에서 역사하느니라" 살전 2:13

말씀을 믿으십시오. 그때 말씀은 능력이 됩니다. 믿음과 말씀은 함께 역사할 때 엄청난 능력이 됩니다. 동력이 됩니다. 움직이는 능력입니다. 전진하는 능력입니다. 어떤 상황에도 흔들리지 않는 능력입니다. 히브리서는 말씀의 능력을 강조합니다.

"하나님의 말씀은 살아 있고 활력이 있어 좌우에 날선 어떤 검보다도 예리하여 혼과 영과 및 관절과 골수를 찔러 쪼개기까지 하며 또 마음의 생각과 뜻을 판단하나니" 히 4:12

말씀의 본체는 예수님입니다. 예수님은 말씀이 육신이 되셨습니다. 예수님이 곧 말씀입니다. 예수님이 말씀으로 천지를 창조하셨습니다.

"태초에 말씀이 계시니라 이 말씀이 하나님과 함께 계셨으니 이 말씀은 곧 하나님이시니라 그가 태초에 하나님과 함께 계셨고 만물이 그로 말미암아 지은 바 되었으니 지은 것이 하나도 그가 없이는 된 것이 없느니라" 요 1:1-3

말씀이신 예수님이 이 땅에 오셔서 죄를 정결하게 하셨습니다. 그 능력의 말씀으로 만물을 붙들고 계십니다(히 1:3)

말씀은 능력입니다. 능력의 말씀은 만물을 붙들어 줍니다. 능력의 말씀은 우리를 붙들어 줍니다. 예수님은 믿음의 선포와 믿음의 기도가 얼마나 놀라운 능력으로 결과를 창조하는지를 말씀하셨습니다. 예수님의 말씀에 귀를 기울여 보십시오.

"내가 진실로 너희에게 이르노니 누구든지 이 산더러 들리어 바다에 던져지라 하며 그 말하는 것이 이루어질 줄 믿고 마음에 의심하지 아니하면 그대로 되리라" 막 11:23

하나님은 믿는 자에게 상을 주십니다

믿음은 결과를 만들어 냅니다. 믿음은 앞으로 나아가도록 도와줍니다. 믿는 사람은 뒤로 물러서지 않습니다. 하나님은 믿는 사람에게 상을 약속하셨습니다.

"믿음이 없이는 하나님을 기쁘시게 하지 못하나니 하나님께 나아가는 자는 반드시 그가 계신 것과 또한 그가 자기를 찾는 자들에게 상 주시는 이심을 믿어야 할지니라" 히 11:6

하나님을 믿으십시오. 없는 것을 있는 것처럼 부르시는 하나님을 믿으십시오. 죄인을 예수님의 피로 용서하시고 의인으로 만드시는 하나님을 믿으십시오. 죽은 자를 살리시는 하나님을 믿으십시오. 가난한 자를 부요하게 하시는 하나님을 믿으십시오. 믿는 자에게 영생을 주시는 하나님을 믿으십시오. 환경을 바라보지 말고 믿음의 주요 온전하게 하시는 예수님을 바라보십시오.

하나님의 말씀을 믿으십시오. 하나님의 말씀을 붙잡고 기도하십시오. 하나님의 말씀을 따라 행동하십시오. 우리 믿음의 대상은 오직 하나님입니다. 우리 믿음의 내용은 하나님의 말씀입니다. 우리 믿음의 탁월함은 하나님의 말씀에 순종하는 것입니다. 믿음은 겨자씨 같아서 점점 성장합니다. 믿음이 믿음을 낳습니다. 믿음의 말씀, 믿음의 간증, 믿음의 사람들을 만나면 믿음이 더욱 강해집니다. 믿음은 경주와 같습니다(히 12:1).

믿음의 경주를 하는 사람은 혼자 경주해서는 안 됩니다. 믿음의 공동체와 더불어 경주해야 합니다. 믿음의 경주를 하는 사람은 믿음의 사람들의 격려를 받아야 합니다. 마라토너에게 필요한 것은 페이스메이커입니다. 경주를 잘할 수 있도록 옆에서 함께 뛰면서 응원해 주는 사람이 페이스메이커입니다. 믿음의 사람들이 함께 격려하며 경주할 때 완주할 수 있습니다.

Chapter 2

더 나은 예물을 드린
아벨의 믿음

히브리서 11:4
믿음으로 아벨은 가인보다 더 나은 제사를 하나님께 드림으로 의로운 자라 하시는 증거를 얻었으니 하나님이 그 예물에 대하여 증언하심이라 그가 죽었으나 그 믿음으로써 지금도 말하느니라

참된 믿음은
예배의 자세에서 드러납니다

히브리서 11장은 믿음의 사람들의 이야기입니다. 믿음의 사람들이 어떻게 믿음으로 살았는가를 보여 줍니다. 믿음의 사람들의 생애를 연구하면 믿음이 무엇인지 배울 수 있습니다. 히브리서 11장에 등장하는 첫 번째 믿음의 사람은 아벨입니다.

"믿음으로 아벨은 가인보다 더 나은 제사를 하나님께 드림으로 의로운 자라 하시는 증거를 얻었으니 하나님이 그 예물에 대하여 증언하심이라 그가 죽었으나 그 믿음으로써 지금도 말하느니라" 히 11:4

히브리서를 기록한 사람은 아벨이 믿음의 사람이었고, 가인은 믿음의 사람이 아니었다고 말합니다. 그 이유를 알 수 있는 실마리는 두 사람이 드린 제사와 관련되어 있습니다. 믿음으로 아벨은 가인보다 더 나은 제사를 하나님께 드렸습니다. 그리함으로 의로운 자라 하시는 증거를 얻었습니다. 또한 하나님이 아벨의 예물에 대해 증언하셨습니다. 도대체 아벨이 하나님께 드린 예물은 무엇이며, 가인이 하나님께 드린 예물은 무엇이기에 아벨은 믿음의 사람이라고 말씀하시고, 가인은 믿음의 사람이 아니라고 말씀하신 것일까요?

우리는 아벨이 하나님께 의롭다고 여김을 받게 된 희생 제사와 하나님이 증언해 주신 아벨의 예물에 관심을 가질 필요가 있습니다. 더 중요한 것은 어떻게 아벨은 하나님이 기뻐하시는 예물을 드릴 수 있었는가 하는 것입니다. 아벨의 믿음과 그가 하나님께 드린 더 나은 제사와 예물은 히브리서 전체를 이해하는 데 중요합니다. 또한 성경 전체가 보여 주는 하나님의 구속사를 이해하는 데 아주 중요한 역할을 합니다. 그런 까닭에 우리는 아벨의 믿음을 진지하게 이해하고, 성경 전체의 맥락에서 살펴볼 필요가 있습니다.

하나님이 아벨의 믿음을 통해 우리에게 가르치기 원하시는 참된 믿음은 무엇일까요? 하나님이 아벨의 예물을 통해 우리에게 가르치기 원하시는 것이 무엇일까요? 하나님이 아벨의 예물에 대해 친히 증언하신 이유는 무엇일까요?

아벨은 하나님이 기뻐하시는 예배를 드렸습니다. 반면에 가인은 하나님이 기뻐하시지 않는 예배를 드렸습니다. 두 사람 다 예배를 드렸습니다. 두 사람 다 제사를 드렸고, 두 사람 다 예물을 드렸습니다. 그런데 하나님은 아벨과 그가 드린 예물은 모두 받으셨습니다. 반면에 가인과 그가 드린 예물은 모두 받지 않으셨습니다. 왜 하나님이 그리하신 것일까요? 우리는 이 말씀을 잘 이해하기 위해 아벨과 가인이 하나님께 제사를 드렸던 창세기 4장을 살펴보아야 합니다.

아담과 하와가 동침해서 낳은 첫 번째 아들이 가인입니다. 가인은 농사하는 사람이었습니다. 둘째 아들 아벨은 양 치는 자였습니다. 두 사람은 세월이 지난 후에 하나님께 제물을 드렸습니다.

"세월이 지난 후에 가인은 땅의 소산으로 제물을 삼아 여호와께 드렸고 아벨은 자기도 양의 첫 새끼와 그 기름으로 드렸더니 여호와께서 아벨과 그의 제물은 받으셨으나 가인과 그의 제물은 받지 아니하신지라 가인이 몹시 분하여 안색이 변하니" 창 4:3-5

가인은 땅의 소산으로 제물을 삼아 하나님께 드렸습니다. 아벨은 양의 첫 새끼와 그 기름으로 하나님께 드렸습니다. 그런데 하나님이 아벨과 그의 제물은 받으셨으나 가인과 그의 제물은 받지 아니하셨습니다. 이 말씀에서 우리가 조금 주목해야 할 점이 있습니다. 하나님은 아벨의 제물만 받으신 것이 아니라 아벨과 그의 제물을 함께 받으셨습니다. 반면에 가인과 그의 제물은 함께 받지 아니하셨습니다.

그때 가인의 반응을 보십시오. 그는 몹시 분하여 안색이 변했습니다. 하나님이 가인에게 왜 분노하는지, 왜 안색이 변했는지 물으셨습니다. 선을 행했다면 낯을 들 터인데 선을 행하지 않았음으로 낯을 들지 못하는 것이 아니냐고 말씀하셨습니다. 곧 가인과 그의 제물에 문제가 있다는 것을 말씀하셨습니다. 그 말씀을 들은 가인은 아벨을 쳐 죽였습니다(창 4:8).

슬픈 일입니다. 형이 아우를 쳐 죽였습니다. 그 이유는 하나님이 자신과 자신의 예물은 받지 않으시고, 아벨과 그의 예물은 받으셨기 때문입니다. 가인이 아벨을 죽인 것을 보신 하나님은 가인에게 "네 아우 아벨이 어디 있느냐"고 물으셨습니다. 가인의 반응을 보십시오. "그가 이르되 내가 알지 못하나이다 내가 내 아우를 지키는 자니이까"창 4:9하

아우를 죽이고도 알지 못한다고 말했습니다. 거기에 덧붙여 "내가 내 아우를 지키는 자이니까"라고 말했습니다. 가인의 대답을 들으신 하나님은 그에게 "네가 무엇을 하였느냐 네 아우의 피 소리가 땅에서부터 내게 호소하느니라"(창 4:10)고 말씀하셨습니다. 가인에게 아벨의 피가 살아서 말하고 있다고 말씀하신 것입니다. 이 말씀이 바로 히브리서 11장 4절 마지막 부분과 연결되어 있습니다. "그가 죽었으나 그 믿음으로써 지금도 말하느니라."

우리는 이 말씀을 읽으면서 많은 질문을 하게 됩니다. '왜 하나님이 가인과 그의 예물은 받지 않으셨을까? 그가 농사를 지은 것을 가지고 제물을 드렸기 때문일까? 하나님이 직업을 차별하시는 것일까? 레위기를 보면 곡식을 가지고 제사를 드리는 소제가 있는데, 왜 가인이 드린 곡식 제사는 받지 않으신 것일까? 가인이 드린 예물 자체가 문제가 아니라면 가인에게 무슨 문제가 있었을까? 가인이 드린 예물보다 아벨이 드린 예물이 더 나은 예물이었다면 무슨 차이가 있는 것일까? 어린 양의 예물이 땅의 소산의 예물보다 더 나은 점이 있다면 그것은 무엇일까? 하나님이 창세기에서는 아벨이 드린 제사가 가인이 드린 제사보다 더 나은 제사라고 표현하지 않으셨는데, 왜 성령님을 통해 이 점을 히브리서에 기록하게 하셨을까? 왜 하나님이 아벨의 예물에 대해 증언하신다고 말씀하고 계시는 것일까?'

우리는 이런 질문들과 함께 가인과 아벨, 가인의 예물과 아벨의 예물에 접근해 볼 필요가 있습니다. 이제 이런 의문점들을 성경 전체의 맥락을 통해 풀어 볼 것입니다. 여기서 가장 중요한 것은 하나님께 드리는 예물보다 예배자의 자세가 더 중요하다는 사실입니다. 하나님이 아벨과 그의 예물은 받으시고 가인과 그의 예물은 모두 받지 않으신 이유는 하나님을 향한 가인의 자세가 잘못되었기 때문입니다. 다시 말해 하나님과 올바른 관계가 형성되어 있지 않았기 때문입니다.

믿음에 있어서 가장 중요한 것은 믿음의 대상입니다. 그다음으로 중요한 것은 믿음의 대상이신 하나님의 계시입니다. 가장 성경적이고, 가장 건강한 믿음을 소유하기 위해서는 올바른 대상에 초점을 두어야 합니다. 또한 우리가 믿는 하나님의 말씀의 계시에 초점을 두어야 합니다. 믿음과 신뢰는 인격적인 관계 속에서 형성됩니다. 기독교 신앙은 비인격적인 우상이나 물건을 믿는 것이 아니라 살아 계신 하나님을 믿는 것입니다. 살아 계신 하나님의 말씀을 믿는 것입니다. 그런 까닭에 하나님은 우리가 드리는 예물보다 우리가 하나님을 더욱 깊이 알고, 그분과 친밀한 교제를 나누기 원하십니다. 하나님은 우리가 드리는 예물보다 먼저 우리가 하나님을 알기를 원하십니다.

> 믿음이란 하나님과의 인격적 관계입니다.

"나는 인애를 원하고 제사를 원하지 아니하며 번제보다 하나님을 아는 것을 원하노라" 호 6:6

여기서 '하나님을 안다'라는 것은 경험적으로 아는 것을 말합니다. 친밀한 관계 속에서 아는 것입니다. 하나님이 예물보다 하나님과의 관계를 더 중요하게 여기셨던 예를 설명해 보겠습니다.

하나님은 사울 왕에게 아말렉 족속을 진멸하고, 그들의 가축도 모두 멸하라고 말씀하셨습니다. 그런데 그는 아말렉 족속을 멸하되 아각 왕은 살려 두었습니다. 또한 양과 소 가운데 좋은 것들은 남겨 두었습니다. 하나님은 사무엘을 통해 사울 왕이 하나님의 말씀에 온전히 순종하지 못한 것을 책망하셨습니다. 그때 사울은 하나님께 제사하려고 가장 좋은 양과 소를 남겨 둔 것이라고 말했습니다. 물론 거짓말이었습니다. 그때 하나님이 사무엘을 통해 사울 왕을 엄히 책망하셨습니다.

"사무엘이 이르되 여호와께서 번제와 다른 제사를 그의 목소리를 청종하는 것을 좋아하심같이 좋아하시겠나이까 순종이 제사보다 낫고 듣는 것이 숫양의 기름보다 나으니 이는 거역하는 것은 점치는 죄와 같고 완고한 것은 사신 우상에게 절하는 죄와 같음이라 왕이 여호

와의 말씀을 버렸으므로 여호와께서도 왕을 버려 왕이 되지 못하게 하셨나이다 하니" 삼상 15:22-23

이 사건을 통해 하나님이 우리에게 주시는 메시지는 아주 선명합니다.

— 하나님은 우리가 드리는 예물보다 먼저 우리 자신과의 친밀한 관계를 원하십니다.
참된 예배는 예물을 드리기 전에 우리 자신을 먼저 드리는 것입니다.

바울은 마게도냐 교회의 성도들을 칭찬하면서 그들이 먼저 자신을 주님께 드리고, 또한 하나님의 뜻을 따라 풍성한 연보를 드렸다고 말합니다.

"우리가 바라던 것뿐 아니라 그들이 먼저 자신을 주께 드리고 또 하나님의 뜻을 따라 우리에게 주었도다" 고후 8:5

가인은 하나님께 농사를 짓고 소산물을 드렸지만 자신을 드리지 않았습니다. 자신의 마음을 하나님께 드리지 않았습니다. 그는 하나님을 존귀히 여기지 않았습니다. 하나님의 말씀을 경청하지 않았습니다. 오히려 자신과 자신의 예물을 받지 않으신 하나님께 화를 냈습니다. 하나님을 향한 안색이 좋지 않았습니다. 자신이 잘못한 것은 생각하지 않고 아벨을 질투해 그를 쳐 죽였습니다. 가인은 자신의 잘못에 대해 뉘우치기보다는 짜증을 부렸습니다.

가인이나 사울 왕이나 하나님을 향한 태도가 좋지 않았습니다. 불손했습니다. 참된 믿음은 우리 믿음의 대상이신 하나님, 우리 예배의 대상이신 하나님께 대한 태도를 통해 드러납니다.

참된 믿음은 예물에서 드러납니다

하나님은 왜 아벨과 그의 예물은 받으시고, 가인과 그의 예물은 받지 않으셨을까요? 왜 하나님은 아벨이 더 나은 제사를 드렸다고 증언하신 것일까요? 아벨의 예물과 가인의 예물의 차이는 무엇일까요?

아벨의 믿음을 강해하는 분들 가운데는 하나님을 향한 가인의 자세에는 문제가 있지만 그의 예물에는 문제가 없다고 말하는 경우가 있습니다. 그 근거로 하나님이 율법에 소제, 즉 곡식으로 드리는 제사를 받으시기 때문이라는 사실을 듭니다. 레위기를 보면, 하나님이 소제를 하나님께 드리는 제물로 받으십니다. 그렇다면 가인의 예물에는 무슨 문제가 있는 것일까요? 왜 하나님은 아벨의 예물만 기쁘게 받으셨을까요?

첫째, 하나님께 드리는 예물에는 정성이 담겨 있어야 합니다.

"아벨은 자기도 양의 첫 새끼와 그 기름으로 드렸더니 여호와께서 아벨과 그의 제물은 받으셨으나" 창 4:4

아벨이 드린 예물 속에는 하나님을 향한 그의 정성이 깃들어 있었습니다. '양의 첫 새끼'란 첫 번째 것을 드렸음을 의미합니다. 하나님을 최우선으로 생각하는 것을 의미합니다. 또한 '그 기름'을 드렸다는 것도 하나님께 값진 것을 드렸음을 의미합니다. 지금은 너무 먹을 것이 많고 옛날에 비해 기름이 값지게 여겨지지 않지만, 성경에서는 하나님께 예물을 드릴 때 기름을 아주 귀히 여긴 것을 볼 수 있습니다.

출애굽 당시에 하나님은 유월절 어린 양을 취하라고 말씀하실 때 어린 양은 흠 없고 일 년 된 수컷으로 하라고 말씀하셨습니다(출 12:5). 하나님께 드리는 예물은 흠이 없어야 했습니다. 또 하나님은 말라기에서 이스라엘 백성이 하나님을 경외하지 않았기 때문에 아무 예물이나 드리고 있다고 책망하셨습니다.

"만군의 여호와가 이르노라 너희가 눈먼 희생 제물을 바치는 것이 어찌 악하지 아니하며 저는 것, 병든 것을 드리는 것이 어찌 악하지 아니하냐 이제 그것을 너희 총독에게 드려 보라 그가 너를 기뻐하겠으며 너를 받아 주겠느냐" 말 1:8

가인이 드린 예물에는 정성이 깃들어 있는 것을 찾아보기가 어렵습니다. 그 이유가 무엇이냐고 묻는다면 다시 성경으로 돌아갈 수밖에 없습니다. 하나님은 곡식의 처음 익은 열매를 드림으로 하나님을 공경하라고 하셨습니다(잠 3:9). 그러므로 아벨이 양의 첫 새끼를 드렸다면 가인도 하나님께 그의 소산 가운데 처음 익은 열매를 드렸어야 했습니다.

하나님은 레위기 2장에서 소제에 대해 이야기하실 때 처음 익은 것을 하나님께 드리라고 말씀하셨습니다.

"처음 익은 것으로는 그것을 여호와께 드릴지나 향기로운 냄새를 위하여는 제단에 올리지 말지며" 레 2:12

소제를 드릴 때는 흠 없는 양, 양의 첫 새끼를 드리는 것 이상으로 정성을 다할 것을 말씀하셨습니다. 소제를 드릴 때는 고운 가루로 드려야 합니다. 또한 그 위에 기름을 붓고, 유향을 놓아야 합니다.

"누구든지 소제의 예물을 여호와께 드리려거든 고운 가루로 예물을 삼아 그 위에 기름을 붓고 또 그 위에 유향을 놓아 아론의 자손 제사장들에게로 가져갈 것이요 제사장은 그 고운 가루 한 움큼과 기름과 그 모든 유향을 가져다가 기념물로 제단 위에서 불사를지니 이는 화제라 여호와께 향기로운 냄새니라" 레 2:1-2

또한 누룩이나 꿀을 넣어서는 안 됩니다. 누룩은 죄악을 상징하고, 꿀은 달콤한 쾌락을 상징합니다.

"너희가 여호와께 드리는 모든 소제물에는 누룩을 넣지 말지니 너희가 누룩이나 꿀을 여호와께 화제로 드려 사르지 못할지니라" 레 2:11

소제를 드릴 때 한 가지 덧붙일 일이 있습니다. 그것은 소금을 치는 것입니다.

"네 모든 소제물에 소금을 치라 네 하나님의 언약의 소금을 네 소제에 빼지 못할지니 네 모든 예물에 소금을 드릴지니라" 레 2:13

왜 소금이 중요할까요? 소금은 썩거나 부패하지 않게 합니다. 또한 소금은 영원한 언약을 상징합니다.

"이스라엘 자손이 여호와께 거제로 드리는 모든 성물은 내가 영구한 몫의 음식으로 너와 네 자녀에게 주노니 이는 여호와 앞에 너와 네 후손에게 영원한 소금 언약이니라" 민 18:19

하나님은 흠 있는 희생 제물을 드리는 것을 싫어하신 것처럼 더러운 떡을 드리는 것도 싫어하셨습니다.

"너희가 더러운 떡을 나의 제단에 드리고도 말하기를 우리가 어떻게 주를 더럽게 하였나이까 하는도다 이는 너희가 여호와의 식탁은 경멸히 여길 것이라 말하기 때문이라" 말 1:7

둘째, 하나님께 드리는 예물에서 경외하는 믿음이 드러납니다.

우리는 자신이 정말 존경하고 사랑하는 사람에게 예물을 드리거나 선물을 줄 때 그냥 준비하지 않습니다. 가인과 아벨이 드리는 예물 속에 두 사람의 신앙이 드러납니다. 신앙의 가장 근본은 하나님을 경외하는 데 있습니다. 성경은 그것을 지혜의 근본이요, 사람의 본분이라고 말합니다. 우리를 만드시고 구속하신 하나님을 경외하는 것은 사람의 본분입니다.

우리는 하나님을 예배할 때 하나님께 합당한 예물을 드려야 합니다. 우리가 드리는 예물이 하나님을 얼마나 존경하고 경외하는가를 드러냅니다. 하나님을 얼마나 존귀하게 여기며, 얼마나 가치 있게 여기는지를 보여 줍니다.

'예배'를 가리키는 영어 단어 'worship'의 어원은 'worth'입니다. 우리는 가치 있다고 여기는 대상을 예배합니다. 사람은 누구나 예배하며 살아갑니다. 어떤 사람은 돈과 명예와 권세와 건강에 최고의 가치를 둡니다. 그 사람은 그것들을 예배하는 것입니다. 어떤 사람은 쾌락을, 어떤 사람은 자기실현과 자기 성취에 가치를 둡니다. 그 사람의 중심은 자신에게 있습니다. 하나님께 있지 않습니다. 모든 믿음이 자신과 세상에 있습니다.

하나님을 예배한다는 것은 하나님께 최우선을 둔다는 것을 의미합니다. 세상에 있는 어떤 것도 하나님과 비교할 수 없으며, 오직 하나님만 가장 가치 있는 분이시며, 가장 소중한 분이시며, 우리의 예배를 받으시기에 합당한 분으로 여기는 것을 의미합니다. 우리가 하나님께 드리는 예물은 하나님이 받으시기에 합당한 예물이 되어야 합니다.

"여호와의 이름에 합당한 영광을 그에게 돌릴지어다 예물을 들고 그의 궁정에 들어갈지어다" 시 96:8

가인의 태도를 볼 때, 그는 하나님께 합당한 영광이나 하나님께 합당한 예물을 드린 것이 아닙니다. 소제를 드릴 때 고운 가루로 드려야 합니다. 고운 가루란 소제를 드리는 사람이 고운 가루처럼 깨어지고 부서지는 자세를 가지고 하나님께 나아가야 한다는 것을 의미합니다. 소제 위에 부어지는 올리브기름은 그냥 만들어지는 것이 아닙니다. 올리브나무 열매를 짓이겨 짜서 만든 것입니다. 우리는 하나님께 예배를 드릴 때 우리 자신을 희생 제물로 드리는 마음으로 드려야 하는 것입니다. 그리고 소제에 사용하는 소금의 특징이 무엇입니까? 자신을 드러내지 않고 스며드는 것입니다. 그리함으로 맛을 내기도 하고, 부패하지 않도록 섬기는 것입니다.

가인이 하나님을 경외하지 않았다는 사실은 하나님을 향한 태도와 그의 형제를 향한 태도에서 알 수 있습니다. 하나님을 참으로 경외하면 하나님이 지으신 형제를 존중하게 됩니다. 하나님과의 관계는 가족과 이웃과의 관계로 드러납니다. 하나님을 존중할 때 하나님이 지으신 사람들을 차별 없이 존중할 수 있습니다.

셋째, 하니님께 드리는 예물은 하나님의 게시의 말씀에 따라야 합니다.

이제 왜 하나님이 아벨이 더 나은 제사를 드렸다고 말씀하셨는지, 왜 아벨의 예물에 대해 증언하셨는지에 대해 살펴보겠습니다.

아벨이 하나님께 드린 예물은 어린 양이었습니다. 어린 양을 드릴 때는 어린 양을 잡아 피를 흘려 드렸습니다. 그것을 번제로 드렸습니다. 하나님이 아벨과 그의 예물을 받으시고 증언하신 이유는 그가 하나님의 계시의 말씀에 따라 예물을 드렸기 때문입니다.

여기서 우리는 중요한 질문을 하게 됩니다. 아벨은 어떻게 하나님이 어린 양의 피를 흘려 예물을 드리라고 계시하신 사실을 알 수 있었을까요? 하나님이 직접 가인과 아벨에게 어린 양의 피를 흘려 예물을 드리라고 명하신 기록은 창세기에 남아 있지 않습니다. 하지만 하나님이 친히 보여 주신 사건을 통해 어린 양의 피를 흘려 예물을 드리는 것이 중요하다는 사실을 알 수 있습니다.

아담과 하와는 선악과를 따 먹음으로 범죄했습니다. 죄를 범했을 때 그들은 두 가지를 경험했습니다. 먼저, 수치심입니다. 아담과 하와는 범죄한 다음에 자신들의 죄와 수치심을 덮기 위해 그들 스스로 무화과나무 잎을 엮어 치마로 삼았습니다(창 3:7).

죄를 범한 사람은 수치심을 느낍니다. 수치심이란 부끄러움입니다. 수치심을 가리려고 하는 것이 인간의 노력입니다. 하지만 무화과나무 잎으로 만든 치마로 죄와 수치심을 가리는 것은 불가능합니다. 근동 지방의 문화를 아는 분들은 무화과나무 잎으로 치마를 만들어 수치심을 가리려면 하루에 두 번씩 반복해야 한다고 말합니다.

또한 죄를 범한 아담과 하와는 두려움을 경험했습니다. 죄를 지은 인간은 두려워합니다. 사람들은 두려워합니다. 공황장애를 경험하는 사람들이 많습니다. 그 뿌리는 보이지 않는 죄로 인한 두려움입니다. 하나님께 범죄한 아담과 하와는 하나님이 두려워 하나님의 낯을 피해 동산 나무 사이에 숨었습니다. 죄를 지으면 하나님의 낯을 피하게 됩니다. 그리고 두려워합니다. 하나님이 찾아오셔서 아담에게 물으셨습니다. "네가 어디 있느냐"(창 3:9). 이때 아담의 대답을 들어 보십시오.

"이르되 내가 동산에서 하나님의 소리를 듣고 내가 벗었으므로 두려워하여 숨었나이다" 창 3:10

아담이 벗었다는 것은 그의 죄가 드러난 것에 대한 수치심을 의미합니다. 또한 아담은 두려웠습니다. 그래서 숨었습니다. 인간은 죄를 지으면 덮으려고 합니다. 죄를 숨기려고 합니다. 하지만 그렇다고 문제가 해결되는 것은 아닙니다. 인간의 죄는 하나님이 예비해 놓으신 은혜의 도구로만 덮을 수가 있습니다. 그 수치를 가릴 수가 있습니다. 그것은 하나님이 예비해 주신 가죽옷입니다.

"여호와 하나님이 아담과 그의 아내를 위하여 가죽옷을 지어 입히시니라" 창 3:21

성경학자들은 하나님이 가죽옷을 지어 주신 사건을 아주 중요하게 생각합니다. 왜냐하면 이 사건이 장차 이 땅에 오셔서 인류를 구원하실 어린양 예수님의 구원을 예표하고 있기 때문입니다. 하나님이 가죽옷을 통해 보여 주신 구원의 역사는 성경 전체에서 흐르고 있는 구속사의 모형입니다. 이 사건을 통해 배울 수 있는 아주 소중한 교훈들이 있습니다.

가죽옷을 통해 배우는 영적 진리

첫째, 아담의 후손으로 태어난 인간은 모두 죄인입니다.

아담의 후손은 아담의 원죄를 따라 태어났습니다. 그래서 모두 죄인입니다. 의인은 없나니 하나도 없습니다(롬 3:10, 5:12).

둘째, 죄의 삯은 사망입니다.

죄는 반드시 대가를 지불해야 합니다. 죄의 대가는 사망입니다(롬 6:23). 또한 하나님의 심판과 정죄와 진노입니다. 죄에는 나쁜 결과가 따릅니다.

셋째, 피 흘림이 없이는 죄 사함이 없습니다.

죄 문제를 해결하기 위해 하나님이 예비하신 은혜의 도구는 오직 피입니다(레 17:11). 어떤 것으로도 죄 문제를 해결할 수 없습니다.

"율법을 따라 거의 모든 물건이 피로써 정결하게 되나니 피 흘림이 없은즉 사함이 없느니라" 히 9:22

넷째, 죄 사함을 받기 위해서는 누군가가 대신 피를 흘려 희생해야 합니다.

죄의 삯은 사망입니다. 죄를 지으면 그 죗값을 치러야 합니다. 죄의 삯을 자신이 지불하기 위해서 죽든지, 아니면 누군가가 대신 죽어 주어야 합니다. 이것이 대체의 원리입니다. 누군가를 살리기 위해 누군가가 대신 죽는 것입니다. 사실 대체의 원리는 우리가 매일의 삶 속에서 경험합니다. 우리가 먹는 음식을 보십시오. 우리를 살리기 위해 살아 있는 것들이 우리를 대신해서 죽습니다. 곡식도, 생선도, 고기도, 채소도 우리를 대신해서 죽는 것입니다.

하나님은 아담과 하와의 죄 문제를 해결하기 위해 가죽옷을 지어 입히실 때 짐승의 피를 흘리셨습니다. 아담과 하와가 흘려야 할 피를 짐승이 대신 흘려 준 것입니다. 이것은 하나님이 창세기부터 요한계시록까지 정하신 구원의 원리입니다. 오직 피 흘림을 통해서만 죄의 문제를 해결할 수 있다는 것입니다. 누군가를 살리기 위해 누군가가 죽어야 합니다. 누군가의 죄를 정결하게 하기 위해 누군가가 대신 피를 흘려야 합니다. 이것이 대속의 교리입니다.

"그리스도의 사랑이 우리를 강권하시는도다 우리가 생각하건대 한 사람이 모든 사람을 대신하여 죽었은즉 모든 사람이 죽은 것이라" 고후 5:14

다섯째, 죄인이 하나님께 나아가기 위해서는 반드시 피를 가지고 나아가야 합니다.

레위기에서 죄인이 드리는 속죄제는 피의 제사를 의미합니다. 레위기 16장에는 속죄일에 대한 내용이 기록되어 있습니다(레 16:14-16). 이스라엘 전 민족의 죄를 속죄하는 날에 먼저 대제사장이 자신의 죄를 위해 속죄제를 드립니다. 그때 짐승의 피를 흘립니다. 또한 이스라엘 전체의 죄를 위해 속죄제를 드립니다. 그때도 짐승의 피를 흘려야 합니다.

여섯째, 죄는 인간 스스로의 노력이 아닌 하나님이 예비해 놓으신 은혜로 해결됩니다.

아담과 하와가 스스로 만든 무화과나무 잎 치마로는 결코 죄 문제를 해결할 수 없습니다. 오직 하나님이 예비해 주신 가죽옷으로만 죄 문제를 해결할 수 있습니다. 인간 스스로 구원할 수 있다고 생각하는 것이 인본주의입니다. 하나님만이 우리를 구원하실 수 있다고 믿는 것이 신본주의입니다. 구원은 우리의 믿음의 초점을 누구에게 맞추느냐에 따라 결정됩니다. 구원은 우리가 행한 것에 근거하지 않습니다. 하나님이 행하신 일에 근거합니다. 그것이 바로 복음입니다.

참된 믿음은 신뢰의 대상을 자신에게서 하나님께로 옮기는 것을 의미합니다.

> 복음은 하나님이 죄인을 구원하기 위해 예수님을 통해 하신 일입니다. 참된 믿음은 신뢰의 대상을 자신에게서 하나님께로 옮기는 것을 의미합니다.

일곱째, 죄인은 하나님이 예비해 주신 예수님의 의의 옷을 입을 때 의인이 됩니다.

우리의 의는 더러운 옷과 같습니다. 우리의 더러운 옷을 벗어야 합니다. 스스로 만든 무화과나무 잎으로 만든 치마를 벗어야 합니다. 오직 예수님의 의의 옷을 입어야 합니다.

"오직 주 예수 그리스도로 옷 입고 정욕을 위하여 육신의 일을 도모하지 말라" 롬 13:14

조나단 에드워즈(Jonathan Edwards)는 하나님이 짐승의 피를 통해 아담과 하와에게 가죽옷을 입혀 주심으로 구원의 역사를 계시하셨다고 주장했습니다. 또한 가인과 아벨이 아담과 하와를 통해 하나님께 나아갈 때는 반드시 피를 흘려 나아가야 한다는 점을 배웠을 것이라고 말했습니다.

— 하나님이 뱀에게 판결을 내린 후에 여자와 남자에게 하신 다음 조처는 가죽옷을 지어 입힌 것입니다. 대다수 신학자들에 따르면, 그것은 희생 제사에서 죽임을 당한 짐승의 가죽으로 간주됩니다. 왜냐하면 우리는 홍수 때까지 희생 제사에서 짐승들을 바치기 위한 경우를 제외하고는 인간이 짐승을 죽여도 되는 경우를 어디서도 찾아볼 수 없기 때문입니다. 사람들에게 홍수 때까지는 일반 음식으로 짐승의 고기를 먹는 것이 금지되었습니다.(조나단 에드워즈,《구속사》, 부흥과개혁사, 181쪽)

— 타락하기 전 에덴동산에서 인간에게 허락된 최초의 음식은 동산에 있는 나무들의 열매였고, 타락 후 동산에서 쫓겨났을 때

음식은 밭의 채소였습니다(창 3:18). 인간이 일반 음식으로 고기를 먹는 것이 허용된 때는 홍수 후였습니다. 따라서 아담과 하와가 옷으로 입게 된 가죽은 희생 제물로 드려진 짐승의 가죽인 것이 거의 틀림없습니다. 하나님이 인간에게 이 가죽옷을 입히신 것은 그들이 그리스도의 공의로 옷을 입게 되는 것에 대한 생생한 상징이었습니다. (조나단 에드워즈,《구속사》, 부흥과개혁사, 181-182쪽)

예수님은 참된 예배와 예물의 예표이십니다

이제 우리는 하나님께서 왜 아벨이 더 나은 제사를 드렸다고 하셨는지를 깨닫게 됩니다. 또한 아벨이 어린 양을 드림으로 의로운 자라 하시는 증거를 얻었다고 말씀하신 이유와 하나님이 아벨의 예물에 대해 증언하시는 말씀의 의미를 깨닫게 됩니다. 아벨이 드린 어린 양과 그 피는 장차 오실 어린양 예수님과 그분의 피를 예표합니다. 히브리서에서 반복되면서 강조되는 단어가 있습니다.

— 더 나은
　　더 좋은

구약과 비교해서 예수님을 증거하면서 이 사실을 거듭 밝히고 있습니다. 다시 한 번 히브리서 11장 4절 말씀으로 돌아가 봅시다.

"믿음으로 아벨은 가인보다 더 나은 제사를 하나님께 드림으로 의로운 자라 하시는 증거를 얻었으니 하나님이 그 예물에 대하여 증언하심이라 그가 죽었으나 그 믿음으로써 지금도 말하느니라" 히 11:4

여기서 '아벨은 가인보다 더 나은 제사를 하나님께 드림으로'라는 말은 히브리서 전체가 증거하려는 말씀과 연결되어 있습니다. '더 나은 제사'는 '더 좋은 제사'라는 말로 표현될 수 있습니다. 아벨의 예물은 가인의 예물보다 더 좋은 예물이 됩니다. 즉 더 좋은 제물이 되는 것입니다.

"그러므로 하늘에 있는 것들의 모형은 이런 것들로써 정결하게 할 필요가 있었으나 하늘에 있는 그것들은 이런 것들보다 더 좋은 제물로 할지니라" 히 9:23

가인의 제물보다 더 좋은 것은 아벨의 제물입니다. 아벨의 제물은 하나님의 계시에 근거했을 뿐만 아니라 그가 드린 제물에는 피가 있었기 때문입니다. 곧 죄를 덮어 주고 용서해 주는 피가 있었기 때문입니다. 그런데 히브리서는 아벨이 드린 제물보다 더 좋은 제물이 있다고 말합니다. 그것은 예수님의 제물입니다. 아벨이 어린 양을 제물로 바쳤다면 예수님은 자신을 친히 제물로 바치셨습니다. 예수님은 친히 어린양으로 오셔서 짐승의 피가 아니라 자신의 피를 흘려서 우리를 구속하신 것입니다. 그런 까닭에 구약의 짐승의 피와 예수님의 피는 현저한 차이를 만들어 냅니다.

구약의 짐승의 피는 우리의 죄를 덮어 주었습니다. 하지만 예수님의 피는 우리의 죄를 없애 줍니다. 구약의 짐승으로 드리는 제사는 매년 드려야 합니다. 죄를 지을 때마다 드려야 합니다. 하지만 어린

양 예수님이 드리신 제사는 단번에 드려진 것입니다(히 9:12-14). 그런 까닭에 더 이상 짐승을 잡아 피를 흘릴 필요가 없습니다. 예수님의 피를 믿음으로 의롭다 함을 받고, 예수님의 피를 의지해서 하나님께 담대히 나아갈 수가 있습니다.

아벨이 드린 예물을 보시고 하나님이 그를 의롭다 여기신 것은 하나님이 구원의 예표를 보여 주신 것입니다. 곧 아벨은 하나님의 계시의 신비를 따라 자신이 드리는 어린 양의 제물을 의지했습니다. 조금 더 엄밀히 말하면, 하나님이 어린 양의 피를 흘려 제물을 드리라고 하신 말씀을 믿고 순종했습니다. 그것은 그가 하나님을 믿을 뿐만 아니라 장차 오실 어린양 예수님을 믿음으로 구원을 받고 의롭다 함을 받게 된 사건임을 보여 줍니다.

아브라함을 믿음의 조상이라고 말합니다. 아브라함이 믿음의 조상이 된 것은 그가 하나님을 믿었기 때문입니다. 그런데 성경은 그가 하나님을 믿었을 뿐만 아니라 장차 오실 어린양 예수님을 믿었다고 증거합니다. 또 예수님을 통한 구원의 복음을 받았다고 주장합니다.

"또 하나님이 이방을 믿음으로 말미암아 의로 정하실 것을 성경이 미리 알고 먼저 아브라함에게 복음을 전하되 모든 이방인이 너로 말미암아 복을 받으리라 하였느니라" 갈 3:8

예수님이 오셔서 복음을 주신 것과 아브라함의 연대적 차이는 2000년입니다. 그런데 하나님이 먼저 아브라함에게 복음을 전해 주셨다고 말합니다. 또한 히브리서 11장에서는 모세가 받은 수모가 그리스도를 위한 수모였다고 말합니다.

"그리스도를 위하여 받는 수모를 애굽의 모든 보화보다 더 큰 재물로 여겼으니 이는 상 주심을 바라봄이라" 히 11:26

아브라함도, 모세도 장차 오실 그리스도를 미리 바라보았던 사람입니다. 장차 오실 그리스도의 모형을 바라보았던 사람입니다. 곧 복음의 본체 되시는 그리스도를 보았던 것입니다. 이처럼 아벨은 아담의 후손 가운데 복음을 최초로 경험한 사람입니다. 왜냐하면 아벨은 장차 오실 어린양 예수님의 모형이 되는 어린 양을 제물로 드렸기 때문입니다. 하나님은 그런 까닭에 아벨의 예물을 증언하고 계신 것입니다. 히브리서는 예수님의 피와 아벨의 피를 비교하면서 예수님의 피가 더 나은 피라는 사실을 증언하고 있습니다.

"새 언약의 중보자이신 예수와 및 아벨의 피보다 더 나은 것을 말하는 뿌린 피니라" 히 12:24

아벨은 죽었지만 아벨의 피와 아벨의 믿음이 살아서 말하고 있습니다. 아벨의 피는 억울함을 외치는 피입니다. 하나님께 자신의 원한을 대신 갚아 달라고 호소하는 피입니다. 예수님의 피는 용서의 피입니다. 사랑의 피입니다. 그런 까닭에 히브리서는 아벨을 통해 더 나은 제물이 되시는 예수님, 더 나은 피를 흘리신 예수님을 증거하고 있는 것입니다.

믿음은 하나님과의 인격적인 관계입니다. 믿음은 하나님의 계시의 말씀에 순종하는 것입니다. 진리의 말씀을 따라 예배를 드리는 것입니다. 우리는 오직 예수님을 믿고, 예수님의 피를 의지해서 하나님께 나아가야 합니다. 오직 참되신 하나님을 예배해야 합니다. 우리가 드릴 수 있는 최상의 예물은 예수님이십니다. 우리가 하나님께 나아갈 수 있는 유일한 근거는 예수님의 피입니다. 그때 하나님은 우리의 예배를 가장 기뻐 받으십니다. 우리가 드리는 어떤 예물이 있다면 오직 예수님의 구속의 은혜에 대한 감사의 표현일 뿐입니다.

아벨의 길을 따라가십시오. 가인의 길을 따라가지 마십시오. 이제 우리가 따라가야 할 유일한 길이 있다면 예수님의 길입니다. 우리가 바라보아야 할 대상은 아벨의 피보다 더 나은 피를 우리에게 허락해 주신 예수님이십니다. 아벨의 말보다 예수님의 말에 더욱 귀를 기울여야 합니다. 하나님은 참된 예배자를 찾으시며, 그에게 상을 주십니다. 참된 믿음을 통해 참된 예배자의 삶을 사십시오. 그리고 참된 예배자에게 주시는 풍성한 상과 축복을 받아 누리기를 바랍니다.

Chapter 3

하나님을 기쁘시게 한 에녹의 믿음

히브리서 11:5-6

믿음으로 에녹은 죽음을 보지 않고 옮겨졌으니 하나님이 그를 옮기심으로 다시 보이지 아니하였느니라 그는 옮겨지기 전에 하나님을 기쁘시게 하는 자라 하는 증거를 받았느니라 믿음이 없이는 하나님을 기쁘시게 하지 못하나니 하나님께 나아가는 자는 반드시 그가 계신 것과 또한 그가 자기를 찾는 자들에게 상 주시는 이심을 믿어야 할지니라

예배에서 동행으로, 믿음은 진보합니다

아벨의 믿음은 예배하는 믿음이었습니다. 그는 하나님을 경외하고 예배했습니다. 하지만 하나님과 친밀하게 동행하지는 못했습니다. 에녹의 믿음은 하나님과 동행하는 믿음이었습니다. 이것은 놀라운 발전이며 진보입니다. 아벨은 죽었습니다. 비록 그는 죽었지만 믿음으로 살아서 말했습니다. 하지만 에녹은 죽음을 보지 않고 하나님의 나라로 옮김을 받았습니다. 에녹은 아담의 족보에 충격을 준 사람입니다.

성경학자들은 아담의 족보와 예수님의 족보를 비교해서 설명합니다. 아담의 족보는 죽음의 족보이며, 예수님의 족보는 생명의 족보라고 비교합니다. 창세기 5장에 나오는 아담의 족보는 '낳고…죽었더라'라는 말이 반복됩니다. 반면에 마태복음 1장에 나오는 예수님의 족보는 '낳고'라는 말만 반복됩니다. '죽었더라'는 말 없이 오직 '낳고'만 있습니다. 그 이유는 예수님 안에 들어간 모든 사람은 영생을 얻었기 때문입니다.

그런데 아담의 족보 가운데 유일하게 낳은 후에 죽지 않고 하나님이 데려가신 사람을 만납니다. 그는 에녹입니다.

"믿음으로 에녹은 죽음을 보지 않고 옮겨졌으니 하나님이 그를 옮기심으로 다시 보이지 아니하였느니라 그는 옮겨지기 전에 하나님을

기쁘시게 하는 자라 하는 증거를 받았느니라" 히 11:5

창세기 5장에 나오는 에녹의 족보는 이렇습니다.

"에녹은 육십오 세에 므두셀라를 낳았고…삼백육십오 세를 살았더라…하나님이 그를 데려가시므로 세상에 있지 아니하였더라"
창 5:21-24

에녹을 통해 우리는 예수님의 족보의 예고편을 보게 됩니다. 또한 여기서 하나님의 계시의 점진성을 보게 됩니다. 하나님의 모든 계시는 구약에서 점점 발전해서 예수님께 와서 절정을 이루게 됩니다. 이 점을 이해하면 모든 이야기가 왜 예수님으로 결론을 맺는지를 깨닫게 될 것입니다. 우리는 히브리서 전체를 통해 히브리서 11장을 공부하고 있다는 사실을 잊어서는 안 됩니다. 히브리서 1장 1-2절을 자세히 보십시오.

"옛적에 선지자들을 통하여 여러 부분과 여러 모양으로 우리 조상들에게 말씀하신 하나님이 이 모든 날 마지막에는 아들을 통하여 우리에게 말씀하셨으니 이 아들을 만유의 상속자로 세우시고 또 그로 말미암아 모든 세계를 지으셨느니라" 히 1:1-2

하나님은 구약에 여러 선지자들을 통해 여러 부분과 모양으로 말씀하셨습니다. 그리고 이 모든 날 마지막에는 아들 되시는 예수님을 통해 우리에게 말씀하신 것입니다. 그런 까닭에 구약에만 머물러서는 안 됩니다. 구약을 통해 예수님께 이르러야 합니다. 그때 우리의 신앙은 점점 진보하게 됩니다. 하나님은 히브리서의 말씀을 통해 우리의 신앙과 깨달음의 깊이가 점점 진보하기를 원합니다.

"때가 오래되었으므로 너희가 마땅히 선생이 되었을 터인데 너희가 다시 하나님의 말씀의 초보에 대하여 누구에게서 가르침을 받아

야 할 처지이니 단단한 음식은 못 먹고 젖이나 먹어야 할 자가 되었도다" 히 5:12

이 말씀은 신앙생활을 오래 했음에도 여전히 말씀의 초보에 머물고 있는 사람들에게 그 단계에 머물러서는 안 된다고 도전합니다. 또한 그리스도의 도의 초보를 경험한 사람은 조금 더 완전한 데로 나아갈 것을 권면합니다.

"그러므로 우리가 그리스도의 도의 초보를 버리고 죽은 행실을 회개함과 하나님께 대한 신앙과 세례들과 안수와 죽은 자의 부활과 영원한 심판에 관한 교훈의 터를 다시 닦지 말고 완전한 데로 나아갈지니라" 히 6:1-2

여기서 우리는 아벨의 믿음에서 에녹의 믿음으로 나아갈 필요가 있다는 사실을 깨닫게 됩니다. 왜냐하면 에녹의 믿음은 하나님과 동행하는 믿음이었기 때문입니다. 그렇다면 하나님과 동행했던 에녹의 믿음을 통해 배울 수 있는 진리는 무엇일까요?

에녹이 하나님과 동행하게 된 계기

에녹이 하나님과 동행한 이야기는 창세기 5장에 나와 있습니다. 에녹 하면 떠오르는 것이 하나님과 동행한 사람입니다. 죽음을 보지 않고 승천한 사람입니다. 그런데 에녹의 짧은 기록 속에서 그가 하나님과 동행하게 된 특별한 계기가 있었음을 발견하게 됩니다.

"에녹은 육십오 세에 므두셀라를 낳았고 므두셀라를 낳은 후 삼백 년을 하나님과 동행하며 자녀들을 낳았으며" 창 5:21-22

에녹이 하나님과 동행한 것은 므두셀라를 낳은 후입니다. 여기서 우리는 에녹의 생애를 므두셀라를 낳기 전과 낳은 후로 나눌 수 있습니다. 그의 생애의 전환점은 므두셀라의 탄생인 것입니다. 가끔 우리는 자녀를 낳으면서 생의 전환점을 맞이하게 됩니다. 그것은 자녀의 탄생이 주는 특별한 의미 때문입니다. 성경학자들은 므두셀라의 이름과 그가 죽은 때를 추적하면서 에녹이 하나님과 동행하게 된 계기를 밝힙니다. 이동원 목사님은 므두셀라의 이름 뜻과 에녹이 하나님과 동행하게 된 계기를 다음과 같이 설명합니다.

> '므두셀라'라는 말에는 '그가 죽으면 심판이 온다'라는 뜻이 있습니다. 성경학자 뉴베리에 의하면, 본래의 뜻은 '창 던지는 사람'인데, 고대 부족들은 전쟁에서 상대 부족의 창 잘 던지는 사람만 처치하면 그 부족은 끝장났다는 데서 그런 뜻이 유래되었다고 합니다. 아마도 에녹이 아들을 낳기 전 하나님이 그 시대의 악함을 보시고 "네 아들을 낳거든 므두셀라, 곧 '그가 죽으면 심판이 온다'라고 지어라"고 말씀하셨을 것입니다. 자연히 그는 아들의 이름을 부를 때마다 다가오는 심판을 생각했을 것이고, 그 심판의 자리에서 부끄럽지 않기 위해 하나님과 동행하는 삶을 살게 된 것입니다. (이동원,《믿음의 모델링에 도전하라》, 생명의말씀사, 37-38쪽)

에녹의 이야기는 히브리서 11장과 함께 유다서에 기록되어 있습니다. 유다서는 에녹을 예언자로 묘사하고 있습니다. 에녹은 하나님의 심판을 예언한 선지자로 살았습니다.

"아담의 칠대 손 에녹이 이 사람들에 대하여도 예언하여 이르되 보라 주께서 그 수만의 거룩한 자와 함께 임하셨나니 이는 뭇 사람을 심판하사 모든 경건하지 않은 자가 경건하지 않게 행한 모든 경건하지 않은 일과 또 경건하지 않은 죄인들이 주를 거슬러 한 모든 완악한 말로 말미암아 그들을 정죄하려 하심이라 하였느니라" 유 1:14-15

에녹의 시대에 살던 사람들은 경건하지 않았습니다. 가인은 아벨을 죽인 후에 하나님 앞을 떠나서 에덴 동쪽 놋 땅에 살았습니다(창 4:16). 가인은 하나님을 떠나 도시를 건설했습니다. 가인의 후손은 문명을 만들었습니다. 가인의 후예는 점점 포악해져 갔습니다. 에녹의 시대에 하나님은 불경건한 사람들이 확장되는 것을 보고 심판을 예고하셨습니다. 에녹은 하나님의 심판을 므두셀라의 이름을 통해 알리셨습니다. "그가 죽으면 심판이 온다." 그렇다면 여기서 우리의 질문은 "므두셀라가 죽었을 때 무슨 일이 일어났을까요?"가 될 것입니다. 므두셀라가 죽었을 때 홍수 심판이 임했습니다. 므두셀라가 태어나서 죽을 때까지 연보를 확인하면 이 사실을 알 수 있습니다.

- 므두셀라는 187세에 라멕을 낳았습니다.
- 므두셀라의 아들 라멕은 182세에 노아를 낳았습니다. 그때 므두셀라의 나이는 369세였습니다(187+182=369).
- 므두셀라는 969세에 죽었습니다. 바로 그 해는 노아가 600세 되던 해입니다.
- 므두셀라가 죽던 해, 즉 그의 나이 969세 때 홍수 심판이 임했습니다.

"노아가 육백 세 되던 해 둘째 달 곧 그 달 열이렛날이라 그날에 큰

깊음의 샘들이 터지며 하늘의 창문들이 열려 사십 주야를 비가 땅에 쏟아졌더라" 창 7:11-12

성경에는 우연이 없습니다. 모든 것이 하나님의 섭리 속에서 이루어집니다. 므두셀라의 죽음과 홍수 심판은 결코 우연이 아닙니다. 에녹의 예언은 므두셀라의 죽음과 홍수 심판을 통해 성취되었습니다. 하나님은 우리 인생의 한 점에 찾아오십니다. 바로 그날이 우리의 생애가 바뀌는 날입니다. 바울은 다메섹 도상에서 예수님을 만났습니다. 그날 이후로 그의 생애는 새로운 전기를 맞이했습니다. 그날 이후로 바울은 예수님과 동행하는 삶을 살았습니다.

하나님과 동행하기 위해 필요한 것

누구와 함께 동행하는 것은 쉬운 일이 아닙니다. 그것도 오랜 세월 함께 동행하기란 대단히 어려운 일입니다. 동행하기 위해서 필요한 일이 있습니다.

첫째, 동행하기 위해서는 뜻이 같아야 합니다.

뜻이 같지 않은데 어떻게 동행할 수 있겠습니까? 같은 뜻을 품을 때 동행할 수 있습니다. 뜻이 같다는 것은 같은 방향을 향해 걸어간다는 의미입니다. 뜻이 같다는 것은 같은 가치관과 목적과 목표를 가졌다는 것을 의미합니다.

"두 사람이 뜻이 같지 않은데 어찌 동행하겠으며" 암 3:3

둘째, 동행하기 위해서는 서로를 신뢰해야 합니다.

의심하면 서로 동행할 수 없습니다. 동행하기 위해서는 서로를 신뢰해야 합니다. 신뢰는 관계의 원리요, 법칙입니다. 우리 인생에서 서로 신뢰할 수 있는 대상을 만난다는 것은 축복입니다. 에녹은 하나님을 믿었습니다. 하나님을 신뢰했고, 의지했습니다. 그런 까닭에 하나님과 동행할 수 있었습니다.

"보라 하나님은 나의 구원이시라 내가 신뢰하고 두려움이 없으리니 주 여호와는 나의 힘이시며 나의 노래시며 나의 구원이심이라"
사 12:2

하나님은 우리의 모든 것을 아시지만 우리를 신뢰해 주십니다. 예수님은 제자들을 신뢰해 주셨습니다. 베드로는 예수님을 세 번이나 부인했지만 예수님은 그에 대한 믿음을 저버리지 않으셨습니다.

셋째, 동행하기 위해서는 깊은 우정을 나눠야 합니다.

하나님과 동행한다는 것은 하나님과 우정을 나누는 것을 의미합니다. 우정을 나눈다는 것은 서로의 모든 것을 알고도 용납하고 신뢰하는 것을 뜻합니다. 신뢰란 완벽을 의미하는 것이 아니라 솔직함을 뜻합니다. 정직이란 있는 모습 그대로를 알리는 것을 의미합니다. 부족함과 연약함을 인정하는 것입니다. 우리의 모든 것을 알고도 우리를 사랑해 주는 친구를 만난다는 것은 축복입니다.

― 우리가 완전히 의지할 수 있고, 우리의 장단점을 속속들이 알고 있으며, 우리의 모든 잘못과 결점에도 불구하고 우리를 사랑해 주는 친구를 얻는다는 것은 대단한 축복이다. -찰스 킹슬리

예수님은 제자들을 친구로 삼으셨습니다. 예수님은 제자들의 모든 것을 아셨지만 그들과 동행하셨습니다. 예수님이 제자들을 선택하신 첫 번째 이유는 그들과 함께 있기 위해서입니다(막 3:14).

예수님은 제자들을 종이 아닌 친구로 삼으셨습니다. 친구를 위한 사랑이 최상의 사랑임을 알려 주셨습니다.

"사람이 친구를 위하여 자기 목숨을 버리면 이보다 더 큰 사랑이 없나니" 요 15:13

예수님이 제자들을 친구로 삼으신 것은 모든 비밀을 알려 주시기 위해서입니다.

"이제부터는 너희를 종이라 하지 아니하리니 종은 주인이 하는 것을 알지 못함이라 너희를 친구라 하였노니 내가 내 아버지께 들은 것을 다 너희에게 알게 하였음이라" 요 15:15

친구는 비밀을 공유할 줄 아는 사람입니다. 서로의 비밀을 존중하며 지켜 줄 줄 아는 사람입니다. 예수님은 하나님 아버지께 받은 은밀한 계시의 비밀을 제자들과 공유하셨습니다. 예수님은 하나님 아버지께 들은 것을 제자들에게 다 말해 주셨습니다. 폴 투르니에(Paul Tournie)는 《비밀》에서 비밀이 우리의 인격 형성과 관계를 맺는 데 아주 중요하다는 사실을 강조했습니다.

> ─ 비밀을 갖게 되는 것과 그 비밀을 간직하는 법을 아는 것 그리고 오직 자의에 의해서만 그 비밀을 기꺼이 포기하는 것, 바로 이것들이 한 개인을 형성하는 첫째 단계다. (폴 투르니에,《비밀》, IVP, 16쪽)

―― 다른 사람에게는 말하지 않겠다고 서로 동의함으로써 비밀을 둘러싸고 그것을 아는 사람들 사이에 감정적 결속이 생긴다. 아이들이 비밀 언어를 사용함으로써 느끼는 큰 기쁨은 이런 감정적 결속에서 나온다. (폴 투르니에, 《비밀》, IVP, 22쪽)

―― 사람은 누구나 자기표현의 욕구가 있다. 어떤 비밀은 간직하고 어떤 비밀을 밝히는가에 따라서 한 사람의 성숙도와 개인적 자유 정도를 측정할 수 있을 것이다. (폴 투르니에, 《비밀》, IVP, 65쪽)

하나님은 에녹에게 장차 일어날 심판의 비밀에 대해 말씀하셨습니다. 또한 그 비밀을 에녹의 아들 므두셀라의 이름 속에 담아 두셨습니다. 하나님은 친밀한 우정을 나누는 사람들에게 비밀을 미리 알려 주십니다.

"주 여호와께서는 자기의 비밀을 그 종 선지자들에게 보이지 아니하시고는 결코 행하심이 없으시리라" 암 3:7

넷째, 친밀한 사랑은 서로의 연약함을 드러낼 때 깊어집니다.

우정을 나눈다는 것은 친밀한 사랑 속으로 들어가는 것을 의미합니다. 친밀한 사랑을 나누기 위해서는 서로의 연약함을 드러낼 수 있어야 합니다. 친밀한 사랑은 서로가 완벽한 까닭에 이루어지는 것이 아니라 서로의 연약함을 드러낼 때 깊어집니다. 그런 면에서 연약함은 역설적으로 축복입니다. 연약함 때문에 연합하게 됩니다.

아름다운 결혼 생활과 친밀한 우정은 서로가 완벽해서 이루어지는 것이 아닙니다. 서로의 연약함을 인정하고, 그 연약함을 수용할 줄 알 때 친밀한 사랑을 나눌 수가 있습니다. 연약함과 약점을 서로 비난하는 것이 아니라 그것을 이해해 주고 품어 줄 때 친밀한 사랑이 깊어지는 것입니다.

여기서 우리는 사람이 연약하다는 것은 이해가 되지만 하나님이 어떻게 연약한 분이신가에 대해 이해가 안 될 수 있습니다. 하지만 하나님은 친히 우리와 동행하시기 위해 예수님을 통해 연약해지셨습니다. 예수님은 이 땅에 연약한 아기로 태어나셨습니다. 또한 예수님은 십자가에서 깨어짐으로 연약해지셨습니다. 예수님은 바로 그 연약함을 통해 우리와 동행하고 계십니다.

우리가 인격적인 관계 속에서 동행하기 위해서는 서로의 비밀을 간직할 수 있도록 도와줄 뿐만 아니라 적절한 때에 서로의 비밀을 드러내어 공유할 수 있어야 합니다. 지극히 연약하고 부끄러운 것까지도 서로 용납하는 단계에 들어갈 때 더욱 친밀함을 느끼게 됩니다. 하나님은 우리의 비밀을 다 아시지만 우리를 사랑하시기에 그 비밀을 스스로 드러낼 때까지 기다리십니다. 또한 그 비밀을 드러낼 때 그 비밀의 내용에 따라 용서하시고, 치유하시고, 위로해 주시고, 격려해 주십니다.

우리는 사람들과 동행하는 법을 배워야 합니다. 또한 하나님과 동행하는 법을 배워야 합니다. 인간은 홀로 살아갈 수 없습니다. 사람은 더불어 살아가야 합니다. 또한 사람은 인격적인 만남을 통해서 진정한 자아를 발견하고, 자신을 확장하게 됩니다.[1]

폴 투르니에는 《비밀》에서 사람은 다른 사람들뿐만 아니라 하나님과 인격적인 관계를 맺을 때 온전해질 수 있다고 강조했습니다.[2]

에녹은 사람들과 동행하면서 하나님과 동행했습니다. 그는 므두셀라 외에도 여러 자녀들을 낳았습니다(창 5:22). 에녹이 자녀들을 낳았다는 것은 그가 결혼 생활을 계속했다는 것을 의미합니다. 에녹은 하나님과 동행하면서 일상의 삶을 살았습니다. 그는 외딴섬에서 하나님과 동행한 것이 아닙니다. 하나님과 동행하기 위해서 세상을 버릴 필요가 없습니다. 우리는 세상 속에 살면서 얼마든지 하나님과 동행하는 삶을 살 수 있습니다.

에녹은 하나님과 동행함으로 죽음을 보지 않고 승천했습니다. 에녹은 하늘로 옮겨지기 전에 하나님을 기쁘시게 하는 자라는 증거를 받았습니다.

"믿음으로 에녹은 죽음을 보지 않고 옮겨졌으니 하나님이 그를 옮기심으로 다시 보이지 아니하였느니라 그는 옮겨지기 전에 하나님을 기쁘시게 하는 자라 하는 증거를 받았느니라" 히 11:5

성경은 하나님을 기쁘시게 하는 것이 있고, 하나님을 기쁘시게 할 수 없는 것이 있음을 알려 줍니다. 바울은 육신에 있는 자들은 하나님을 기쁘시게 할 수 없다고 말했습니다.

"육신의 생각은 하나님과 원수가 되나니 이는 하나님의 법에 굴복하지 아니할 뿐 아니라 할 수도 없음이라 육신에 있는 자들은 하나님을 기쁘시게 할 수 없느니라" 롬 8:7-8

하나님을 믿지 않고, 하나님을 대적하는 육신의 생각은 하나님과 원수가 됩니다. 하나님의 말씀을 거역합니다. 육신의 생각을 하는 사람은 육신에 있는 사람들이므로, 하나님을 기쁘게 할 수 없습니다. 그렇다면 어떻게 해야 하나님을 기쁘게 할 수 있을까요?

> 하나님과 동행하는 믿음은 하나님을 기쁘시게 하는 믿음입니다

첫째, 하나님의 살아 계심을 믿을 때 하나님을 기쁘게 할 수 있습니다.

하나님을 가장 기쁘게 하는 것은 믿음입니다. 하나님을 기쁘게 하는 믿음은 하나님이 살아 계심을 믿는 것입니다. 하나님을 온전히 신뢰하고 의지하는 것입니다. 하나님께 전적으로 자신을 맡기는 것입니다.

"하나님께 나아가는 자는 반드시 그가 계신 것과" 히 11:6중

둘째, 하나님의 기쁘신 뜻을 행함으로 하나님을 기쁘게 할 수 있습니다.

우리가 누군가를 기쁘게 하기 위해서는 그 사람의 뜻을 알아야 합니다. 무엇을 원하며, 무엇을 필요로 하며, 무슨 뜻을 가지고 살아가는지를 알아야 합니다. 상대방의 뜻과 의도와 필요를 알아 채워 줄 때 그 사람을 기쁘게 할 수 있습니다. 하나님과의 관계도 마찬가지입니다. 우리가 하나님의 뜻을 알고 그 뜻을 이룰 때 하나님은 기뻐하십니다. 성경은 하나님의 뜻에 대해 언급할 때 '기쁘신 뜻'이라는 말로 표현하고 있습니다(엡 1:5; 롬 12:2).

"너희 안에서 행하시는 이는 하나님이시니 자기의 기쁘신 뜻을 위하여 너희에게 소원을 두고 행하게 하시나니" 빌 2:13

하나님의 가장 기쁘신 뜻은 심판보다 구원에 있습니다. 에녹의 예언은 심판에 대한 예언이었습니다. 심판에 대한 예언은 심판 자체보다도 사람들이 심판의 예언의 말씀을 듣고 하나님께 돌아오게 하려는 것입니다. 그 예언의 말에 귀를 기울인 사람이 노아입니다. 노아는 방주를 예비함으로 구원을 받았습니다. 예수님은 하나님 아버지의 뜻을 분명히 밝히셨습니다.

"나를 보내신 이의 뜻은 내게 주신 자 중에 내가 하나도 잃어버리

지 아니하고 마지막 날에 다시 살리는 이것이니라 내 아버지의 뜻은 아들을 보고 믿는 자마다 영생을 얻는 이것이니 마지막 날에 내가 이를 다시 살리리라 하시니라" 요 6:39-40

바로 이것이 선교입니다. 우리가 예수님의 복음을 전할 때 사람들은 예수님을 믿고 영생을 얻게 됩니다. 그때 우리는 하나님의 뜻을 이루게 되는 것입니다.

셋째, 하나님을 즐거워함으로 하나님을 기쁘게 할 수 있습니다.

하나님을 기쁘게 하는 것은 하나님을 즐거워하는 것이며, 하나님을 좋아하는 것입니다. 하나님은 자기를 찾는 자들을 기뻐하십니다.

하나님을 기쁘게 하는 믿음은 하나님을 찾는 것입니다. 하나님을 찾는다는 것은 갈망하는 것을 의미합니다. 영어 성경을 보면 하나님을 '찾는다'라는 표현을 '열심히 찾는다'라고 번역했습니다. 하나님이 주시는 축복과 선물보다 하나님 자신을 갈망하고 즐거워할 때 하나님은 기뻐하십니다. 사람은 자신이 즐거워하는 것을 통해 자신이 누구인가를 보여 줍니다. 즐거워하는 대상에 따라 우리의 인격과 신앙의 정도가 달라집니다. 다윗은 하나님을 즐거워하고 기뻐했습니다.

"주께서 생명의 길을 내게 보이시리니 주의 앞에는 충만한 기쁨이 있고 주의 오른쪽에는 영원한 즐거움이 있나이다" 시 16:11

우리는 하나님을 더욱 깊이 알아 갈수록 하나님을 사랑하게 됩니다. 하나님의 사랑을 흡족히 받을수록 하나님을 즐거워하게 됩니다. 우리는 하나님을 잘 모르기 때문에 하나님을 두려워합니다. 가인처럼 하나님 앞을 떠나 살기를 원합니다. 하나님은 우리가 멀리해야 하는 분이 아닙니다. 우리가 가까이해야 할 분입니다. 우리가 즐거워하고 기뻐해야 할 분입니다. 하나님은 정말로 우리를 사랑하십니다. 그분은 우리를 믿어 주시고, 우리를 보고 기뻐하십니다. 우리의 죄악과 허물을 아십니다. 우리의 약점을 아십니다. 그래도 여전히 우리를 사랑하십니다. 하나님은 우리를 있는 모습 그대로 받으십니다. 그리고 더욱 아름답고 정결하게 만들어 가십니다.

하나님은 우리가 하나님 앞에 나아갈 때 우리를 예수님의 피로 정결하게 해 주십니다. 예수님의 의의 옷을 입혀 주십니다. 성령님을 보내셔서 죄악을 이길 힘을 주십니다. 미움을 이길 힘, 세상을 이길 힘을 주십니다.

"너의 하나님 여호와가 너의 가운데에 계시니 그는 구원을 베푸실 전능자이시라 그가 너로 말미암아 기쁨을 이기지 못하시며 너를 잠잠히 사랑하시며 너로 말미암아 즐거이 부르며 기뻐하시리라 하리라" 습 3:17

넷째, 하나님의 말씀을 즐거워함으로 하나님을 기쁘게 할 수 있습니다.

하나님을 믿는 것과 하나님의 말씀을 믿는 것은 떨어질 수 없는 관계입니다. 우리가 하나님을 믿는다면 그분의 말씀을 믿게 됩니다. 우리가 하나님을 즐거워한다면 하나님의 말씀도 즐거워할 수 있습니다. 우리는 누군가를 사랑하고 즐거워합니다. 우리는 누군가로부터 들은 말을 사랑하고 즐거워합니다. 자주 생각하며 묵상합니다. 그와 같이 우리는 하나님을 즐거워할 뿐만 아니라 하나님의 말씀을 즐거워할 수 있습니다. 성경은 하나님의 말씀을 즐거워했던 사람들을 기록하고 있습니다. 특별히 다윗은 하나님을 즐거워할 뿐 아니라 하나님의 말씀을 즐거워했습니다.

"오직 여호와의 율법을 즐거워하여 그의 율법을 주야로 묵상하는도다" 시 1:2

"주의 증거들은 나의 즐거움이요 나의 충고자니이다" 시 119:24

"주의 말씀의 맛이 내게 어찌 그리 단지요 내 입에 꿀보다 더 다니이다" 시 119:103

누군가가 제가 전한 하나님의 말씀을 듣고 은혜를 받았다고 말할 때 그것은 제게 큰 기쁨이 됩니다. 누군가가 제가 쓴 글이나 책을 읽고 큰 감동을 받았다고 할 때 제게 큰 기쁨이 됩니다. 하나님도 감정을 가지신 분입니다. 그래서 사울 왕이 하나님의 말씀을 버렸을 때 그를 버리셨습니다(삼상 15:23, 26). 반면에 다윗 왕이 하나님의 말씀을 사랑하고 즐거워하는 것을 보시고 그를 축복해 주셨습니다.

하나님과 동행할 때 누리는 상급

히브리서 11장 5절과 6절은 연결되어 있습니다. 에녹은 하나님과 동행했습니다. 하나님을 기쁘게 하는 자라는 증거를 얻었습니다. 그 말씀과 함께 6절은 하나님을 기쁘게 하는 자가 받는 상에 대해 언급하고 있습니다.

"하나님께 나아가는 자는…상 주시는 이심을 믿어야 할지니라" 히 11:6하

하나님은 하나님과 동행하는 자에게 어떤 상을 주시는 것일까요? 에녹의 생애와 신약성경의 말씀을 묵상하는 중에 다음과 같은 상을 주심을 깨닫게 되었습니다.

첫째, 하나님과 동행하면 사망에서 생명으로 옮겨지게 됩니다.

에녹이 하나님과 동행했을 때 하나님은 그가 죽음을 보지 않고 영원한 생명으로 들어가게 하셨습니다. 우리가 예수님을 믿을 때 우리도 같은 상을 받게 됩니다.

"내가 진실로 진실로 너희에게 이르노니 내 말을 듣고 또 나 보내신 이를 믿는 자는 영생을 얻었고 심판에 이르지 아니하나니 사망에서 생명으로 옮겼느니라" 요 5:24

둘째, 흑암의 권세에서 사랑의 아들의 나라로 옮겨지게 됩니다.

에녹은 하나님과 동행했을 때 죄악이 관영한 세상으로부터 하나님의 나라로 옮김을 받았습니다. 에녹이 살았던 당시에 사람들의 죄악은 온 땅에 퍼져 있었습니다. 하나님이 결국 홍수 심판을 내리실 수밖에 없는 상황이었습니다. 하나님은 그때 에녹을 먼저 하나님의 나라로 옮기신 것입니다. 우리가 예수님을 믿을 때 우리도 이 세상의 흑암의 권세에서 건짐을 받아 사랑의 아들의 나라로 옮김을 받게 됩니다.

"그가 우리를 흑암의 권세에서 건져 내사 그의 사랑의 아들의 나라로 옮기셨으니" 골 1:13

셋째, 하나님의 비밀을 아는 특권을 누리게 됩니다.

하나님은 에녹에게 장차 이루어질 일을 미리 알려 주셨습니다. 하나님은 구약의 선지자들 가운데 하나님과 친밀한 교제를 나누는 선지자들에게 장차 될 일을 미리 알려 주셨습니다. 다니엘이 예레미야서 말씀을 읽고 기도할 때 하나님은 이스라엘 백성을 향한 하나님의 계획을 알려 주셨습니다. 또한 장차 전개될 세상 나라와 하나님 나라의 비밀을 알려 주셨습니다.

넷째, 하나님의 능력과 지혜를 공급받게 됩니다.

우리가 하나님과 동행한다는 것은 하나님과 연합한다는 것을 의미합니다. 우리는 하나님과 연합할 때 하나님의 모든 능력과 지혜를 공급받을 수가 있습니다.

"지혜로운 자와 동행하면 지혜를 얻고 미련한 자와 사귀면 해를 받느니라" 잠 13:20

하나님과 연합할 때 우리는 풍성한 열매를 맺게 됩니다.

"나는 포도나무요 너희는 가지라 그가 내 안에, 내가 그 안에 거하면 사람이 열매를 많이 맺나니 나를 떠나서는 너희가 아무것도 할 수 없음이라" 요 15:5

다섯째, 하나님과 동행할 때 예수님을 닮게 됩니다.

우리는 동행하는 대상의 영향을 받게 되어 있습니다. 우리는 가까이에서 친밀하게 교제하는 대상을 닮을 수밖에 없습니다. 우리가 하나님과 동행할 때 점점 하나님을 닮게 됩니다. 하나님의 인격과 성품을 닮게 됩니다. 하나님의 성품을 닮는 것은 하루아침에 되는 것이 아닙니다. 일상의 작은 순간마다 하나님과 동행할 때 우리의 인격은 점점 예수님을 닮아 갑니다.

우리가 하나님과 동행할 때 누릴 수 있는 가장 큰 상급은 하나님의 아들 예

> 인격은 우리 삶의 작은 순간마다 형성된다.
> -필립스 브룩스

수님의 형상을 닮게 되는 것입니다. 하나님이 우리를 선택하시고 구원하신 것은 하나님의 아들의 형상을 본받게 하시기 위해서입니다.

"하나님이 미리 아신 자들을 또한 그 아들의 형상을 본받게 하기 위하여 미리 정하셨으니 이는 그로 많은 형제 중에서 맏아들이 되게 하려 하심이니라" 롬 8:29

멀리 있는 사람을 좋아하고 존경할 수 있고 흠모할 수 있습니다. 하지만 멀리 있는 사람의 영향을 지속적으로 받을 수는 없습니다. 우리에게 지속적으로 영향을 주는 사람은 가까이에 있는 사람입니다. 우리는 가장 사랑하고, 좋아하고, 즐거워하는 사람의 영향을 받게 되어 있습니다. 늘 바라보는 대상을 닮게 됩니다. 바울은 우리가 주의 영광을 바라볼 때 주님과 같은 형상으로 변화된다고 말합니다.

"우리가 다 수건을 벗은 얼굴로 거울을 보는 것같이 주의 영광을 보매 그와 같은 형상으로 변화하여 영광에서 영광에 이르니 곧 주의 영으로 말미암음이니라" 고후 3:18

예수님은
풍성한 생명을 주십니다

아벨은 예수님의 죽음을 보여 줍니다. 에녹은 예수님의 승천을 보여 줍니다. 하지만 예수님은 에녹보다 위대하십니다. 에녹은 죽음을 맛보지 않았습니다. 그것은 그에게 축복이었습니다. 하지만 에녹은 죽음의 두려움과 죽음에 직면한 사람의 고통을 모릅니다.

에녹과 달리 예수님은 죽음을 맛보셨습니다. 그리고 부활하셨습니다. 또한 승천하셨습니다. 때가 되면 다시 오실 것입니다. 예수님은 죽음에 직면한 사람들의 고통을 아십니다. 두려움과 혼돈을 아십니다. 하지만 예수님은 죽음을 이기셨습니다. 사망 권세를 이기셨습니다. 죽음을 정복하셨습니다. 예수님을 믿는 사람들에게 영생을 선물로 주셨습니다. 예수님을 믿는 사람은 죽어도 삽니다. 살아서 믿는 자는 영원히 죽지 아니합니다.

"예수께서 이르시되 나는 부활이요 생명이니 나를 믿는 자는 죽어도 살겠고 무릇 살아서 나를 믿는 자는 영원히 죽지 아니하리니 이것을 네가 믿느냐" 요 11:25-26

에녹은 죽음을 보지 않고 영생을 얻었습니다. 그리고 심판을 선포한 사람이었습니다. 에녹은 예언자의 삶을 살았습니다. 에녹은 자신의 생명은 얻었지만 다른 사람이 영생을 얻도록 돕지는 못했습니다. 반면에 예수님은 자신만 영생하신 것이 아니라 자신을 믿는 모든 사람에게 영생을 주십니다.

"하나님이 세상을 이처럼 사랑하사 독생자를 주셨으니 이는 그를 믿는 자마다 멸망하지 않고 영생을 얻게 하려 하심이라" 요 3:16

"도둑이 오는 것은 도둑질하고 죽이고 멸망시키려는 것뿐이요 내가 온 것은 양으로 생명을 얻게 하고 더 풍성히 얻게 하려는 것이라" 요 10:10

에녹은 심판을 선포했습니다. 그리고 아들의 이름을 므두셀라, '그가 죽으면 심판이 임한다'고 지었습니다. 반면에 하나님은 아들의 이름을 예수, '하나님은 구원이시다'로 지으셨습니다. 조금 더 복음적인 차원에서 풀어 설명한다면, '그가 십자가에서 죽으면 구원이 임한다'로 지으셨습니다. 예수님이 십자가에서 죽으시고 부활하심으로 구원이 임했습니다. 예수님은 심판을 선포하러 오신 것이 아니라 죄인을 구원하러 오셨습니다.

"하나님이 그 아들을 세상에 보내신 것은 세상을 심판하려 하심이 아니요 그로 말미암아 세상이 구원을 받게 하려 하심이라" 요 3:17

아담 안에서 모든 사람이 죽었습니다. 그러나 에녹은 아담의 족보 속에 특혜를 입은 유일한 사람이었습니다. 반면에 예수님 안에서 모든 사람이 생명을 얻게 됩니다.

"아담 안에서 모든 사람이 죽은 것같이 그리스도 안에서 모든 사람이 삶을 얻으리라" 고전 15:22

예수님은 우리와 함께하실 뿐 아니라 성령님을 보내 주셔서 우리와 영원토록 함께하십니다. 이것은 놀라운 메시지입니다. 우리는 가인처럼 자꾸 하나님 앞을 떠나 살려고 합니다. 하나님이 우리를 얼마나 사랑하시고 우리와 동행하기를 원하시는지 망각한 채 살아갑니다. 우리가 경험해서 알고 있는 것처럼 세상은 거칩니다. 사막과 광야와 같습니다. 오직 우리가 하나님과 동행할 때 거친 세상을 잘 살아갈 수 있습니다. 이 세상에서 천국을 경험하며 살 수 있습니다. 우리가 예수님을 믿을 때 우리는 이미 사망에서 생명으로 옮겨졌습니다. 흑암의 권세에서 사랑의 아들의 나라로 옮겨졌습니다.

하나님을 신뢰하십시오. 하나님과 동행하는 삶을 사십시오. 하나님과 그분의 말씀을 즐거워하십시오. 하나님의 뜻을 좇아 사십시오. 하나님이 하나님을 믿는 자들을 위해 예비하신 상을 기대하십시오. 예수님을 닮아 가는 것을 최고의 영광으로 여기십시오. 예수님은 우리에게 가장 소중한 약속을 주셨습니다. 그것은 우리와 영원토록 함께하겠다는 약속입니다. 그 약속을 믿으십시오. 하나님이 우리와 함께하십니다. 우리가 어디를 가든지 하나님이 함께하십니다. 하나님은 우리와 함께하시면서 우리를 인도하시고, 보호하십니다. 우리를 축복하시고 승리하게 하십니다. 임마누엘의 축복이 늘 함께하기를 바랍니다.

Chapter 4

구원의 방주를 준비한
노아의 믿음

히브리서 11:7
믿음으로 노아는 아직 보이지 않는 일에 경고하심을 받아 경외함으로 방주를 준비하여 그 집을 구원하였으니 이로 말미암아 세상을 정죄하고 믿음을 따르는 의의 상속자가 되었느니라

믿음은
거룩한 모험입니다

믿는다는 것은 모험입니다. 모험 중에서도 거룩한 모험입니다. 믿는다는 것은 우리의 전 생애를 맡기는 것입니다. 믿는다는 것은 우리의 영혼을 맡기는 것입니다. 우리의 영원한 미래를 맡기는 것입니다. 그런 면에서 믿음은 대단한 모험입니다.

엄밀한 의미에서 우리는 늘 모험하는 인생을 살아왔습니다. 모험에는 위험이 따릅니다. 결과를 잘 예측할 수가 없습니다. 전혀 알지 못하는 남자와 여자가 만나 결혼하는 것은 대단한 모험입니다. 누군가를 만나 인연을 맺는 것도 모험입니다. 자녀를 학교에 보내는 것도 모험입니다. 여행도 모험입니다. 선교도 모험입니다. 자신의 병든 몸을 의사 선생님의 손길에 맡기는 것도 모험입니다. 피땀 흘려 번 돈을 은행에 맡기는 것도 모험입니다. 투자가에게 맡기는 것도 모험입니다. 교회를 선택하는 것도, 목회자를 선택하는 것도, 직장을 선택하는 것도, 직원을 선택하는 것도 모험입니다.

모험 가운데 영원한 영향력을 주는 것이 믿음의 모험입니다. 히브리서 11장 7절은 노아의 믿음을 이렇게 압축해서 기록했습니다.

"믿음으로 노아는 아직 보이지 않는 일에 경고하심을 받아 경외함으로 방주를 준비하여 그 집을 구원하였으니 이로 말미암아 세상을 정죄하고 믿음을 따르는 의의 상속자가 되었느니라" 히 11:7

이 말씀은 짧지만 노아의 믿음을 잘 보여 주고 있습니다. 노아는 하나님을 믿었습니다. 아직 보이지 않는 일에 하나님의 경고하심을 받았습니다. 그는 한 번도 본 적도 없고, 들은 적도 없는 홍수 심판에 대해 경고를 받았습니다. 노아가 살던 당시에는 비가 내리지 않았습니다. 비를 본 적이 없었습니다. 그런데 보통 비 정도가 아니라 홍수 심판에 대해 경고하시는 하나님의 말씀을 믿는다는 것은 모험이었습니다. 해변도 아닌 곳에서 방주를 짓는 것은 모험이었습니다.

노아는 아무도 가지 않은 길을 갔습니다. 그의 가족 외에는 아무도 방주에 들어가지 않았습니다. 그 길은 외로운 길이었습니다. 그 길은 힘든 길이었습니다. 그 길은 좁은 길이었습니다. 믿음으로 산다는 것은 바로 그런 것입니다. 믿음의 세계로 들어가는 문은 넓은 문이 아니라 좁은 문입니다. 성경에 나오는 믿음의 사람들이 걸어간 길은 한결같이 좁은 길이었습니다.

하나님은 지금도 계속해서 거룩한 모험의 세계로 사람들을 초청하고 계십니다. 우리는 노아를 통해 모험하는 믿음이 어떤 것인가를 배우게 됩니다. 또한 하나님을 경외한 믿음을 통해 그가 받은 상에 대해 배우게 됩니다. 무엇보다 우리는 노아를 통해 장차 오실 예수님에 대해 배우게 됩니다.

노아의 믿음을 자세히 알기 위해서는 창세기 6-9장을 읽어 보아야 합니다. 하나님이 노아를 부르신 때는 아주 타락한 시대였습니다. 가인이 아벨을 죽인 후에 죄의 영향력은 점점 커지고 확산되었습니다. 가인은 하나님 앞을 떠나 살았습니다. 하나님을 떠나 만든 인간의 문명은 죄의 문명이었습니다. 죄악이 세상에 가득했습니다. 사람들의 마음의 생각과 모든 계획은 악했습니다(창 6:5). 하나님은 땅 위에 사람을 지으신 것을 한탄하시고 홍수를 통해 심판하신 뒤 노아와 더불어 새롭게 시작하기를 원하셨습니다.

"땅 위에 사람 지으셨음을 한탄하사 마음에 근심하시고 이르시되 내가 창조한 사람을 내가 지면에서 쓸어버리되 사람으로부터 가축과 기는 것과 공중의 새까지 그리하리니 이는 내가 그것들을 지었음을 한탄함이니라 하시니라" 창 6:6-7

이어지는 말씀은 노아의 믿음의 열쇠를 푸는 데 아주 핵심을 이루는 말씀입니다.

"그러나 노아는 여호와께 은혜를 입었더라" 창 6:8

노아의 생애는 하나님의 은혜로 시작됩니다. 노아가 믿음의 거룩한 모험을 할 수 있었던 것은 하나님의 은혜입니다. 노아가 받은 하나님의 은혜는 하나님의 선택을 받은 은혜입니다. 그 당시에 살았던 수많은 사람 가운데 하나님이 노아를 선택하셨습니다. 창세기 6장 9-10절 말씀은 앞의 8절 말씀을 떠나 읽어서는 안 됩니다.

"이것이 노아의 족보니라 노아는 의인이요 당대에 완전한 자라 그는 하나님과 동행하였으며 세 아들을 낳았으니 셈과 함과 야벳이라" 창 6:9-10

노아는 하나님의 은혜로 믿음을 갖게 되었습니다. 노아는 하나님의 은혜로 의인이 되었습니다. 노아는 하나님의 은혜로 당대에 완전한 자가 되었습니다. 노아는 하나님의 은혜로 하나님과 동행하면서 세 아들을 낳았습니다. 세 아들 가운데 셈이 있습니다. 셈은 하나님의 구속 역사에 아주 중요한 역할을 하게 될 아들입니다. 이 모든 것 속에 하나님의 은혜가 있습니다. 노아가 하나님을 믿은 것은 대단한 모험입니다. 하지만 그 전에 하나님이 노아를 선택하신 것도 대단한 모험임을 알아야 합니다.

우리가 하나님을 믿는 것만 모험이 아닙니다. 하나님이 우리를 선택하시고 믿음의 후사, 즉 의의 후사로 삼으신 것도 대단한 모험입니다. 하나님이 우리를 믿어 주시는 것 또한 대단한 모험입니다. 저는 우리가 하나님을 믿는 모험보다 하나님이 우리를 믿어 주시는 모험이 더욱 위험한 모험이라고 생각합니다.[1]

하나님이 노아를 선택하신 것은 모험입니다. 하나님이 아브라함을 선택하신 것은 모험입니다. 하나님이 우리를 선택하신 것도 모험입니다. 하나님은 지금도 하나님의 구원 역사를 함께 이루어 갈 사람들을 선택하고 계십니다.

우리가 믿음의 모험을 선택한 것은 엄밀한 의미에서 하나님의 은혜입니다. 우리가 구원받은 것은 하나님의 은혜입니다. 우리가 하나님을 선택하기 전에 하나님이 우리를 선택하신 것입니다. 우리가 모험을 시도하기 전에 하나님이 모험을 시작하신 것입니다. 하나님이 우리를 선택하신 후에 얼마나 가슴 조이는 모험을 하고 계시는지 우리는 깨달아야 합니다. 하나님의 관점에서 우리의 생애를 바라본다면 우리의 인생 이야기는 아주 새로운 관점으로 다가오게 됩니다.

거룩한 모험은 하나님의 은혜로 시작됩니다

하나님은 노아에게 아직 보이지 않는 일에 대해 경고하셨습니다. 하나님은 온 땅이 하나님 앞에 부패한 것을 보셨습니다. 모든 혈육 있는 자의 행위가 부패한 것을 보셨습니다(창 6:11-12).

하나님은 노아를 부르셔서 하나님의 계획을 미리 알려 주셨습니다.

"하나님이 노아에게 이르시되 모든 혈육 있는 자의 포악함이 땅에 가득하므로 그 끝 날이 내 앞에 이르렀으니 내가 그들을 땅과 함께 멸하리라" 창 6:13

하나님이 계획하신 것은 홍수 심판입니다. 또한 방주를 통한 구원입니다. 하나님의 계획 속에는 심판만 있는 것이 아니라 구원도 함께 있습니다.

"너는 고페르 나무로 너를 위하여 방주를 만들되 그 안에 칸들을 막고 역청을 그 안팎에 칠하라 네가 만들 방주는 이러하니 그 길이는 삼백 규빗, 너비는 오십 규빗, 높이는 삼십 규빗이라 거기에 창을 내되 위에서부터 한 규빗에 내고 그 문은 옆으로 내고 상중하 삼 층으로 할지니라" 창 6:14-16

하나님은 노아에게 방주를 어떻게 만들 것인지를 말씀하신 후에 홍수 심판에 대해 말씀하셨습니다.

"내가 홍수를 땅에 일으켜 무릇 생명의 기운이 있는 모든 육체를 천하에서 멸절하리니 땅에 있는 것들이 다 죽으리라" 창 6:17

하나님은 노아에게 이전에 한 번도 들은 적도 없고, 본 적도 없는 홍수에 대해 말씀하셨습니다. 홍수를 통한 심판에 대해 말씀하셨습니다. 장차 임하게 될 홍수는 아직 보이지 않는 일이었습니다.

"믿음으로 노아는 아직 보이지 않는 일에 경고하심을 받아 경외함으로 방주를 준비하여 그 집을 구원하였으니 이로 말미암아 세상을 정죄하고 믿음을 따르는 의의 상속자가 되었느니라" 히 11:7

믿음은 아직 보이지 않는 것을 믿는 것입니다. 보이는 것을 믿는 것은 누구나 가능합니다. 물론 본다고 보는 것이 아니고, 본다고 믿는 것이 아닙니다. 그런 면에서 믿음은 신비에 속합니다. 어떤 사람은 보고도 믿지 않습니다. 믿지 않기로 선택한 사람들이 있습니다. 하지만 노아는 아직 보이지 않는 일을 믿었습니다. 그는 비를 보지 못했고, 홍수를 보지 못했습니다. 방주를 보지도 못했습니다. 하지만 그는 하나님의 말씀을 믿었습니다. 믿음은 보이지 않는 것들을 바라보며 믿는 것입니다.

"믿음은 바라는 것들의 실상이요 보이지 않는 것들의 증거니" 히 11:1

모세는 보이지 않는 하나님을 보는 것처럼 믿었습니다.

"믿음으로 애굽을 떠나 왕의 노함을 무서워하지 아니하고 곧 보이지 아니하는 자를 보는 것같이 하여 참았으며" 히 11:27

보이지 않는 것을 보는 것처럼 믿는 사람은 하나님이 하시는 말씀에 순종하게 됩니다. 하나님은 노아에게 홍수 심판에 대해 말씀하시면서 방주를 만들어 예비하라 명하셨습니다. 또한 방주에 들어갈 각종 생명 있는 동물들을 준비시키도록 명하셨습니다. 노아는 하나님을 믿었습니다. 노아에게서 참된 믿음이란 어떤 것인지 배우게 됩니다.

첫째, 참된 믿음은 경외하는 믿음입니다.

"경외함으로 방주를 준비하여" 히 11:7

노아는 하나님을 경외했습니다. 하나님을 경외한다는 것은 하나님의 말씀을 경외한다는 것을 의미합니다. 이는 하나님의 말씀을 무게 있게 대한다는 의미입니다. 하나님의 말씀을 믿을 뿐만 아니라 하나님의 말씀이 장차 말씀하신 그대로 이루어질 것을 믿는 것입니다. 많은 사람이 하나님의 말씀을 가볍게 여겨 농담처럼 생각합니다. 소돔과 고모라가 멸망할 때 롯의 사위들은 하나님의 심판의 말씀을 농담처럼 여겼습니다(창 19:14).

노아는 120년 동안 방주를 지으면서 하나님의 의를 전파했습니다. 노아는 하나님의 심판을 선포하는 설교자였습니다. 또한 하나님의 심판과 함께 하나님을 믿는 자를 의롭다 하시는 하나님의 의를 선포했습니다. 하지만 사람들은 노아가 전하는 하나님의 말씀을 가볍게 여겼습니다.

"옛 세상을 용서하지 아니하시고 오직 의를 전파하는 노아와 그 일곱 식구를 보존하시고 경건하지 아니한 자들의 세상에 홍수를 내리셨으며" 벧후 2:5

그 결과는 홍수 심판이었습니다. 그 당시 사람들이 하나님의 경고의 말씀을 가볍게 여겼던 까닭은 하나님의 심판이 더디 임했기 때문이었습니다. 하나님은 120년에 걸쳐 방주를 짓게 만드셨습니다. 하나님이 그리하신 것은 심판을 더디 하심으로 사람들이 회개하고 하나님께 돌아오기를 원하셨기 때문입니다. 하지만 사람들은 하나님의 오래 참으시고, 오래 기다리시는 사랑에 감격하기보다는 오히려 불순종하는 모습을 보였습니다.

"그들은 전에 노아의 날 방주를 준비할 동안 하나님이 오래 참고 기다리실 때에 복종하지 아니하던 자들이라 방주에서 물로 말미암아 구원을 얻은 자가 몇 명뿐이니 겨우 여덟 명이라" 벧전 3:20

아담과 하와에서 시작해서 사람들은 하나님의 말씀을 있는 그대로 믿으려고 하지 않습니다. 하나님의 말씀을 왜곡합니다. 하나님의 말씀을 조롱합니다. 그리함으로 하나님의 말씀을 일부러 잊으려 합니다(벧후 3:3-5). 그 결과는 비극입니다.

둘째, 참된 믿음은 구원의 방주를 준비하는 믿음입니다.

"경외함으로 방주를 준비하여" 히 11:7

믿는 자는 다가올 미래를 준비합니다. 노아의 믿음은 미래를 준비하는 믿음입니다. 미래를 준비하는 것이 믿음이요, 또한 지혜입니다. 하나님이 예비하신 것은 홍수 심판과 구원의 방주에 대한 계획이었습니다. 구원의 방주에 대한 청사진이었습니다. 하지만 방주를 하나님이 말씀하신 대로 만드는 일은 노아가 해야 할 일이었습니다.

"너는 고페르 나무로 너를 위하여 방주를 만들되 그 안에 칸들을 막고 역청을 그 안팎에 칠하라" 창 6:14

하나님은 방주뿐만 아니라 홍수 심판 기간 동안에 먹을 모든 양식을 저축하라고 명하셨습니다.

"너는 먹을 모든 양식을 네게로 가져다가 저축하라 이것이 너와 그들의 먹을 것이 되리라" 창 6:21

우리는 하나님이 하실 일과 우리가 해야 할 일을 잘 분별해야 합니다. 하나님은 우리가 할 일을 대신해 주시지 않습니다. 하나님은 노아를 대신해서 방주를 만들어 주시지 않았습니다. 하나님은 방주의 설계를 준비해 주셨습니다. 그 설계를 따라 방주를 짓는 책임은 노아에게 주어졌습니다. 방주에 함께 들어갈 가족들과 모든 생물의 양식을 준비하는 책임은 노아에게 맡기셨습니다. 하나님이 미래를 주관하시지만 그 미래를 우리 또한 준비해야 합니다. 하나님은 준비된 자에게 기회를 주십니다.

셋째, 참된 믿음은 하나님의 명령에 온전히 순종하는 믿음입니다.

노아는 하나님이 명하신 대로 다 준행했습니다. 성경은 이 사실을 두 번이나 강조하고 있습니다. 노아의 순종은 부분적인 순종이 아닙니다. 온전한 순종입니다.

"노아가 그와 같이 하여 하나님이 자기에게 명하신 대로 다 준행하였더라" 창 6:22

"노아가 여호와께서 자기에게 명하신 대로 다 준행하였더라" 창 7:5

노아는 하나님이 보여 주신 방주의 식양(式樣)대로 방주를 만들었습니다. 하나님이 명하신 재료를 따라 방주를 만들었습니다. 노아는 자기 생각을 따라 방주를 지은 것이 아니라 말씀대로 순종했습니다.

여기서 우리는 믿음의 사람들을 통해서 믿음의 점진적인 발전을 보게 됩니다. 아벨의 믿음은 하나님 앞에 가인보다 더 나은 예물을 드린 믿음이었습니다. 에녹의 믿음은 하나님과 동행하는 믿음이었습니다. 노아의 믿음은 하나님과 동행하는 믿음을 넘어서 하나님이 명하신 일에 온전히 순종하는 믿음이었습니다. 또한 노아의 믿음은 구원의 방주를 예비하는 귀한 과업을 성취하는 믿음이었습니다.

참된 믿음은 온전한 순종으로 나타납니다

노아는 그의 집과 가족을 구원했습니다. 노아의 믿음은 그의 가족들에게 영향을 끼쳤습니다.

"방주를 준비하여 그 집을 구원하였으니" 히 11:7중

하나님은 우리를 개인적으로 구원하실 뿐만 아니라 가족적으로 구원하기 원하신다는 사실을 기억해야 합니다. 하나님은 가족적인 구원을 통해 신앙의 세대 계승을 원하십니다. 사도행전은 이 사실을 아주 중요하게 밝히고 있습니다. 복음의 약속은 우리와 우리 자녀들

과 이방인들까지 위한 것입니다.

"이 약속은 너희와 너희 자녀와 모든 먼 데 사람 곧 주 우리 하나님이 얼마든지 부르시는 자들에게 하신 것이라 하고"행 2:39

하나님은 고넬료를 구원하실 때 그와 온 집을 구원하셨습니다(행 11:13-14). 하나님은 자주 옷감 장수 루디아를 구원하실 때 그와 그 집을 다 구원하셨습니다(행 16:14-15). 하나님은 빌립보 감옥의 간수장과 그 집의 모든 사람을 구원하셨습니다.

"그들을 데리고 나가 이르되 선생들이여 내가 어떻게 하여야 구원을 받으리이까 하거늘 이르되 주 예수를 믿으라 그리하면 너와 네 집이 구원을 받으리라 하고 주의 말씀을 그 사람과 그 집에 있는 모든 사람에게 전하더라"행 16:30-32

하나님의 본래적 의도는 가족 공동체의 구원입니다. 구약이나 신약에서 부모의 신앙이 자녀에게 계승되기를 원하십니다. 또한 가족적인 구원이 이루어지기를 원하십니다. 그런 까닭에 우리는 자녀들에게 신앙을 잘 전수하기 위한 교육에 힘써야 합니다.

"오늘 내가 네게 명하는 이 말씀을 너는 마음에 새기고 네 자녀에게 부지런히 가르치며 집에 앉았을 때에든지 길을 갈 때에든지 누워 있을 때에든지 일어날 때에든지 이 말씀을 강론할 것이며"신 6:6-7

방주 속에 담긴 구원의 비밀

노아의 믿음은 노아가 만든 구원의 방주와 밀접한 관계가 있습니다. 우리는 노아가 만든 방주를 구원의 방주라고 말합니다. 우리는 교회를 위해 기도할 때마다 구원의 방주가 되게 해 달라고 기도합니다. 노아가 만든 방주 속에는 구원의 비밀이 담겨 있습니다. 곧 복음의 비밀이 담겨 있습니다.

첫째, 방주를 만들 때 사용한 역청은 심판을 막아 내는 은혜의 도구였습니다.

하나님은 방주를 만들 때 역청으로 그 안팎을 칠하라고 명하셨습니다(창 6:14). 그 이유가 무엇일까요?

모세의 부모가 모세를 위해 준비한 것이 갈대 상자입니다. 갈대 상자를 만들 때 그냥 만들지 않았습니다. 그때도 역청을 사용했습니다. "더 숨길 수 없게 되매 그를 위하여 갈대 상자를 가져다가 역청과 나무 진을 칠하고 아기를 거기 담아 나일 강가 갈대 사이에 두고"

출 2:3

모세의 부모는 모세를 죽음으로부터 보호하기 위해 역청으로 갈대 상자를 만들었습니다. 갈대 상자는 모세를 구원하는 구원의 방주였습니다. 또한 모세가 갈대 상자를 통해 구원을 받음으로 이스라엘 민족이 바로 왕의 손에서 구원을 받았습니다.

데오도르 H. 에프(Theodore H. Epp)는 하나님이 방주를 만들 때 역청을 그 안팎에 칠하라고 명하신 것에는 깊은 뜻이 있다고 강조합니다.

─ '역청'이란 말의 히브리어는 '덮기 위한'이란 의미를 지니고 있는데, 또한 이 말의 일반적인 의미는 '속죄하다' 혹은 '보상하다'라는 것이다. 이 역청이 심판의 물로부터 노아와 다른 생명체들을 보호하였던 것같이, 속죄의 피가 정죄로부터 모든 신자들을 보호해 주는 것을 상징한다 하겠다. (데오도르 H. 에프,《창조의 하나님, 하권》, 바울서신사, 126쪽)

역청은 '속죄하다'라는 의미를 가지고 있습니다. '속죄하다'란 '덮다'라는 뜻을 가지고 있습니다. 곧 '구속하다'라는 말과 같은 의미를 가집니다. 하나님이 우리의 죄를 속하신다고 할 때 그것은 곧 죄를 덮어 주신다는 뜻을 내포합니다. 죄는 심판을 끌어옵니다. 하지만 속죄는 죄를 덮어 줌으로써 심판을 막아 줍니다. 마치 출애굽 할 때 유월절 어린 양의 피가 장자의 죽음을 막아 준 것과 같습니다. 지금은 예수님의 피가 모든 저주와 심판과 재앙을 막아 줍니다.

둘째, 노아의 방주에는 문이 하나 있었습니다.

노아와 그의 가족, 그리고 노아가 예비한 생물들이 들어간 후에 하나님이 친히 문을 닫으셨습니다(창 7:16). 구원의 방주로 들어가는 문은 오직 하나였습니다. 그리고 그 문은 때가 되었을 때 하나님이 친히 닫으셨습니다. 예수님은 구원의 문이십니다.

"내가 문이니 누구든지 나로 말미암아 들어가면 구원을 받고 또는 들어가며 나오며 꼴을 얻으리라" 요 10:9

예수님만이 구원의 길로 들어가는 유일한 문이십니다. 구원을 얻을 수 있는 다른 문은 없습니다. 오직 예수님만이 길이요, 진리요, 생명이십니다. 예수님을 통하지 않고는 어느 누구도 구원을 받을 수 없습니다.

셋째, 방주 안에 들어간 사람만 구원을 얻었습니다.

하나님이 방주를 만드신 것은 심판하시기 위해서가 아니라 구원하시기 위해서였습니다. 그런데 사람들은 하나님의 구원의 손길을 외면했습니다. 오직 방주 안에 들어간 노아와 그의 가족만 구원을 받았습니다. 이제는 오직 예수님 안에 거하는 자만이 구원을 받습니다. 노아의 방주가 구원한 사람은 8명에 불과했습니다. 하지만 예수님 안에 들어가 구원받은 사람은 수없이 많습니다. 누구든지 그리스도 안에 있으면 정죄함이 없습니다. 바울이 가장 많이 사용한 단어 중에 하나가 '그리스도 예수 안에'입니다.

"그러므로 이제 그리스도 예수 안에 있는 사에게는 결코 정죄함이 없나니 이는 그리스도 예수 안에 있는 생명의 성령의 법이 죄와 사망의 법에서 너를 해방하였음이라" 롬 8:1-2

넷째, 성령님을 상징하는 비둘기가 홍수 심판이 끝난 것을 알려 주었습니다.

노아는 홍수가 끝났는지를 알아보기 위해 먼저 까마귀를 내놓았습니다. 그다음에 비둘기를 내놓았습니다. 처음에 나갔던 비둘기는 발붙일 곳을 찾지 못해 다시 돌아왔습니다. 또 7일을 기다려 다시 비둘기를 방주에서 내놓았을 때 그 입에 감람나무 새 잎사귀가 있었습니다. 다시 7일 후에 비둘기를 내놓으매 다시 돌아오지 않았습니다(창 8:8-12). 홍수 심판이 끝이 나고 새로운 인류가 시작된 것입니다.

성경학자들은 비둘기와 감람나무 새 잎사귀가 성령님을 상징한다는 사실에 주목합니다. 예수님이 요단강에서 세례를 받고 올라오실 때 성령님이 비둘기처럼 임하셨습니다. 또한 구약의 성전에서 사용하는 기름은 감람유, 즉 올리브기름이었습니다. 성경에서 감람나무로 만든 기름은 성령님을 상징합니다. 기름을 붓는다는 것은 곧 성령님의 기름 부으심을 상징합니다.

이것은 참으로 놀라운 일입니다. 하나님이 홍수 심판을 끝내고 새로운 역사를 시작하실 때 비둘기와 감람나무 새 잎사귀를 증표로 사용하신 것입니다. 예수님의 구원 사역은 성령님과 함께 시작되었고, 성령님을 통해 완성되었습니다. 예수님이 태어나시고, 십자가에 죽으시고, 부활하신 구원의 사건 속에 성령님이 역사하셨습니다. 또한 예수님이 승천하신 후에 오순절 다락방에 보내 주신 성령님의 역사를 통해 구원의 방주와 같은 교회가 시작되었습니다.

다섯째, 하나님은 노아를 통해 무지개 언약을 주셨고, 예수님을 통해 피의 언약을 주셨습니다.

하나님이 노아에게 주신 무지개 언약은 다시는 홍수 심판을 내리지 않으시겠다는 언약입니다.

"내가 내 무지개를 구름 속에 두었나니 이것이 나와 세상 사이의 언약의 증거니라" 창 9:13

무지개 언약도 축복의 언약입니다. 하지만 무지개 언약만으로는 부족합니다. 예수님이 우리에게 주신 새 언약은 피의 언약입니다. 전 인류의 죄를 용서하시고, 하나님의 심판을 대신 담당하신 피의 언약입니다.

"식후에 또한 그와 같이 잔을 가지시고 이르시되 이 잔은 내 피로 세운 새 언약이니 이것을 행하여 마실 때마다 나를 기념하라 하셨으니" 고전 11:25

여섯째, 노아는 믿음을 따르는 의의 상속자가 되었습니다.

"믿음을 따르는 의의 상속자가 되었느니라" 히 11:7하

노아는 믿음으로 의롭다 하심을 얻는 복음을 경험했습니다. 베드로는 노아가 오직 의를 전파했다고 말했습니다.

"옛 세상을 용서하지 아니하시고 오직 의를 전파하는 노아와 그 일곱 식구를 보존하시고 경건하지 아니한 자들의 세상에 홍수를 내리셨으며" 벧후 2:5

노아의 의는 믿음으로 말미암은 것입니다. 히브리서는 노아가 분명히 믿음을 따르는 의의 상속자가 되었다고 말합니다. 창세기에서는 노아를 당대에 완전한 자라고 표현했지만 노아의 완전함은 그의 인격이나 행위에 있었던 것이 아닙니다. 하나님을 믿는 믿음에 의해 그가 의롭게 된 것을 표현한 것입니다. 노아의 생애 후반에 그가 포도주를 과하게 마신 후에 술에 취해 그의 수치를 드러낸 것을 보면 노아도 온전하지 못한 사람임을 알 수 있습니다. 노아가 의롭다 하심을 얻은 것은 하나님을 믿었기 때문입니다. 그는 하나님을 믿음으로 의롭다 하심을 얻은 것입니다.

"이제는 율법 외에 하나님의 한 의가 나타났으니 율법과 선지자들에게 증거를 받은 것이라 곧 예수 그리스도를 믿음으로 말미암아 모든 믿는 자에게 미치는 하나님의 의니 차별이 없느니라" 롬 3:21-22

우리는 예수님이 오심으로 하나님의 의가 나타난 것을 알고 있습니다. 그 의는 예수님을 믿음으로 말미암아 모든 믿는 자에게 미치는 하나님의 의입니다. 노아의 의나 우리의 의나 모두 예수님으로 말미암은 것입니다. 예수님으로부터 상속된 의인 것입니다.

일곱째, 하나님은 노아의 후손을 통해 구원자 예수님을 보내 주셨습니다.

노아의 믿음과 구원의 방주 사건의 절정은 노아의 세 아들들 가운데 셈을 통해 드러납니다. 노아의 인생 후반부에 그는 감추고 싶은 실수를 범했습니다. 포도주에 취해 장막 안에서 벌거벗은 것입니다

(창 9:20-21). 그때 함이 아버지의 수치를 보고 밖으로 나가서 그의 두 형제에게 알렸습니다(창 9:22).

함은 아버지의 수치를 보고 덮어 준 것이 아니라 두 형제에게 알렸습니다. 그때 셈과 야벳이 옷을 가져다가 어깨에 메고 뒷걸음쳐 들어가서 아버지의 하체를 덮어 주었습니다. 끝까지 아버지의 수치를 보지 않았습니다(창 9:23).

노아는 술이 깬 후에 작은아들이 자기에게 행한 일을 알고 그를 저주했습니다. 반면에 아버지의 수치를 덮어 준 셈과 야벳은 축복했습니다. 두 형제를 축복하는 중에 그 무게 중심이 셈에게 더 가 있었습니다. 셈에 대한 축복은 "셈의 하나님 여호와를 찬송하리로다"라는 말로 시작됩니다.

"또 이르되 셈의 하나님 여호와를 찬송하리로다 가나안은 셈의 종이 되고 하나님이 야벳을 창대하게 하사 셈의 장막에 거하게 하시고 가나안은 그의 종이 되게 하시기를 원하노라 하였더라" 창 9:26-27

노아가 셈을 특별히 축복한 이유는 셈이 아버지의 허물을 덮어 주는 데 중요한 역할을 한 까닭입니다. 그렇다면 왜 셈이 중요할까요? 그 이유는 아브라함이 바로 셈의 후손이기 때문입니다. 창세기 11장에 셈의 족보가 나옵니다. 셈의 족보의 마지막 부분에 아브라함의 아버지 데라가 등장합니다.

"셈의 족보는 이러하니라…데라는 칠십 세에 아브람과 나홀과 하란을 낳았더라" 창 11:10, 26

아브라함은 셈의 후손으로 믿음의 조상이 되었습니다. 아브라함은 히브리서 11장에서 노아 다음으로 나오는 믿음의 조상입니다. 하나님은 바벨탑 사건 후에 구속사를 새롭게 여는 인물로 아브라함을 선택하셨습니다. 그리고 아브라함의 후손으로 예수님이 태어나게 하셨습니다.

"아브라함과 다윗의 자손 예수 그리스도의 계보라" 마 1:1

그렇다면 셈과 예수님을 연결시켜 복음의 비밀을 깨달아야 합니다. 셈이 아버지의 수치를 덮어 준 것같이 예수님이 오신 것은 우리의 수치를 덮어 주시기 위함입니다. 마치 하나님이 아담과 하와의 수치를 덮어 주시기 위해 가죽옷을 만들어 입히신 것처럼, 예수님은 십자가에서 흘리신 피로 우리의 수치를 덮어 주신 것입니다.

셈이 행한 일은 복음의 한 면을 보여 주는 것에 불과합니다. 왜냐하면 예수님은 우리의 수치를 덮어 주실 뿐만 아니라 우리의 죄의 수치를 아주 없애 주신 까닭입니다. 수치는 죄로부터 옵니다. 그런데 수치의 근본인 죄를 없이해 주신 분이 예수님이십니다.

하나님은 예수님의 보혈로 우리의 죄와 허물을 덮어 주십니다. 또한 예수님의 보혈로 인해 우리의 죄를 영원히 보지 않기로 작정하셨습니다. 그래서 우리를 불리하게 만드는 모든 죄의 목록을 완전히 없애 버리셨습니다.

"또 범죄와 육체의 무할례로 죽었던 너희를 하나님이 그와 함께 살리시고 우리의 모든 죄를 사하시고 우리를 거스르고 불리하게 하는 법조문으로 쓴 증서를 지우시고 제하여 버리사 십자가에 못 박으시고" 골 2:13-14

예수님은
구원의 방주이십니다

하나님은 노아를 통해 사람들을 구원의 방주로 초청하기를 원하셨습니다. 노아의 하나님이 지금은 우리를 선택하셨습니다. 우리를 통해 사람들을 구원의 방주이신 예수님께로 인도하기를 원하십니다. 예수님은 구원의 방주이십니다. 구원의 방주는 교회입니다. 왜냐하면 교회는 예수님의 몸이기 때문입니다.

우리가 예수님을 믿는 것은 거룩한 모험입니다. 우리가 예수님을 믿고 교회를 다니는 것도 거룩한 모험입니다. 교회 공동체 안에서 우리와 우리 자녀들이 함께 성장하는 것은 거룩한 모험입니다. 또한 예수님의 피가 우리의 모든 죄를 사하고, 예수님이 우리를 대신해서 심판을 받으신 것을 믿는 것도 거룩한 모험입니다.

우리가 예수님을 믿음으로 아직 보지 못한 천국에 들어갈 것을 믿는 것도 거룩한 모험입니다. 예수님의 이름으로 기도하면 우리의 기도에 응답하실 것을 믿는 것도 거룩한 모험입니다. 우리가 어디를 가든지 예수님이 함께하겠다고 말씀하신 약속을 믿는 것도 거룩한 모험입니다. 우리의 생애를 온전히 드려 우리 자신을 예수님께 헌신하는 것도 거룩한 모험입니다. 하지만 이것들은 우리 편에서 생각하는 모험입니다.

하나님의 모험은 우리가 생각하는 것보다 훨씬 더 위험한 모험입니다. 우리 같은 죄인을 구원하시기 위해 아들을 희생시키신 것은 정말 놀라운 모험입니다. 하나님이 상한 갈대와 같고 꺼져 가는 등불과 같은 인간을 선택하시고 사명을 맡기시는 것은 정말 놀라운 모험입니다. 하나님이 노아에게 구원의 방주를 짓는 사명을 맡기신 것은 정말 놀라운 모험입니다. 노아가 하나님이 명하신 대로 온전히 순종하지 못하고 자기 생각을 가미해서 마음대로 방주를 지었다면 방주는 홍수 심판을 견디지 못했을 것입니다.

하나님은 우리를 선택하신 후에 우리를 끝까지 믿어 주십니다. 우리가 죄를 지을 때에도 우리를 믿어 주십니다. 우리가 실수하고 실패할 때도 우리를 믿어 주십니다. 우리가 쓰러지고 넘어질 때도 우리를 믿어 주십니다. 하나님의 사랑은 신뢰하는 사랑입니다. 하나님의 은사와 부르심에는 후회가 없습니다.

"하나님의 은사와 부르심에는 후회하심이 없느니라" 롬 11:29

우리는 그동안 쓰러지고 넘어질 때도 많았습니다. 하지만 우리가 아직도 하나님을 믿고 있는 것은 우리의 믿음 때문이 아니라 우리를 향한 하나님의 믿음 때문입니다. 우리를 결코 포기하지 않으시는 하나님의 믿음 때문입니다. 하나님의 은혜 때문입니다. 하나님의 은혜가 우리 안에서 역사함으로 우리의 믿음이 유지되고, 견고하게 되고, 성장하는 것입니다.

하나님의 은혜는 붙잡아 주시는 은혜입니다. 쓰러진 자를 일으켜 세워 주시는 은혜입니다. 하나님의 은혜는 하나님의 말씀에 순종할 수 있는 힘을 공급해 주시는 은혜입니다. 하나님의 은혜는 말씀을 통해 우리의 믿음을 성장시켜 주시는 은혜입니다. 하나님의 은혜는 모험하는 신앙을 갖도록 도와주시는 은혜입니다. 노아의 시작과 마지막은 하나님의 은혜입니다.

"그러나 노아는 여호와께 은혜를 입었더라" 창 6:8

노아처럼 우리를 선택하시고 구원하신 하나님을 찬양합시다. 그 은혜를 찬양합시다. 노아처럼 믿음의 길을 걸어가게 하신 하나님께 영광을 돌립시다. 믿음의 상을 베풀어 주신 하나님께 영광을 돌립시다. 믿음은 결과를 낳습니다. 하나님의 상을 받게 합니다. 믿음으로 늘 승리할 수 있기를 바랍니다.

아브라함과 사라의 믿음은 겨자씨와 같았습니다.
하나님은 그들을 거듭 찾아오셨습니다.
그리고 약속의 말씀으로 겨자씨와 같은 믿음에
물을 주심으로 굳센 믿음으로 키우셨습니다.

Part 2　　말씀은 믿음에
　　　　　　물을 준다

Chapter 5

부르심에 순종한 아브라함의 믿음

히브리서 11:8-10
믿음으로 아브라함은 부르심을 받았을 때에 순종하여 장래의 유업으로 받을 땅에 나아갈새 갈 바를 알지 못하고 나아갔으며 믿음으로 그가 이방의 땅에 있는 것같이 약속의 땅에 거류하여 동일한 약속을 유업으로 함께 받은 이삭 및 야곱과 더불어 장막에 거하였으니 이는 그가 하나님이 계획하시고 지으실 터가 있는 성을 바랐음이라

믿음의 삶은
하나님의 방문으로 시작됩니다

아브라함은 믿음의 조상입니다. 바울은 아브라함이 모든 믿는 자의 조상이며, 우리 믿는 사람들은 그의 믿음의 자취를 따라가야 한다고 말합니다.

"믿는 모든 자의 조상이 되어" 롬 4:11중

"우리 조상 아브라함이 무할례 시에 가졌던 믿음의 자취를 따르는 자들에게도 그러하니라" 롬 4:12

믿음의 길에 들어선 우리는 믿음의 조상이 누구인가를 알고, 그의 발자취를 따라가야 합니다. 바울은 갈라디아서에서도 이 사실을 매우 강조했습니다. 믿음으로 말미암은 우리는 아브라함의 자손인 줄 알라고 말합니다.

"그런즉 믿음으로 말미암은 자들은 아브라함의 자손인 줄 알지어다" 갈 3:7

또한 바울은 믿음으로 말미암은 자는 아브라함과 함께 복을 받는다고 말합니다.

"그러므로 믿음으로 말미암은 자는 믿음이 있는 아브라함과 함께 복을 받느니라" 갈 3:9

아브라함이 모든 믿는 자의 조상이라면 우리는 그의 믿음에 주목할 필요가 있습니다. 과연 아브라함의 믿음은 언제, 어떻게 시작되었을까요? 성경은 아브라함의 믿음이 아브라함에게서 시작된 것이 아니라 하나님으로부터 시작된 것임을 밝히고 있습니다. 아브라함이 하나님을 찾은 것이 아니라 하나님이 아브라함을 먼저 찾아오신 것입니다.

"스데반이 이르되 여러분 부형들이여 들으소서 우리 조상 아브라함이 하란에 있기 전 메소보다미아에 있을 때에 영광의 하나님이 그에게 보여" 행 7:2

아브라함이 메소보다미아에 있을 때 영광의 하나님이 그를 찾아오셨습니다. 하나님은 아브라함에게 자신을 계시해 주셨습니다. 우리는 믿음의 사람들을 공부할 때 믿음은 하나님께로부터 시작된다는 사실을 반복해서 배우게 됩니다. 하나님이 아브라함을 찾아오시는 날, 믿음의 삶은 시작되었습니다. 우리도 마찬가지입니다. 우리가 하나님을 찾은 것이 아닙니다. 하나님이 우리를 찾아오신 것입니다. 하나님이 자신을 보여 주시고, 우리 안에 믿음을 넣어 주시고, 우리를 사랑으로 설득하시고, 인도하신 것입니다.

아브라함은 하나님이 찾아오셨을 때 어떻게 반응했을까요? 하나님의 말씀에 어떻게 반응했을까요? 그의 믿음은 어떤 믿음이었을까요? 그의 믿음은 어떤 열매를 맺었을까요? 그의 믿음의 결국은 무엇이었을까요?

참된 믿음은 하나님의 부르심에 순종합니다

하나님은 어느 날 아브라함을 찾아오셨습니다. 하나님은 아브라함을 부르셨습니다. 아브라함은 하나님의 부르심에 순종으로 반응했습니다.

"믿음으로 아브라함은 부르심을 받았을 때에 순종하여 장래의 유업으로 받을 땅에 나아갈새 갈 바를 알지 못하고 나아갔으며" 히 11:8

믿음은 부르신 분에게 순종으로 반응하는 것입니다. 아브라함은 처음 하나님을 믿었을 때 하나님을 잘 알지 못했습니다. 그는 하나님의 부르심에 순종으로 반응하면서 하나님을 점점 알아 가게 되었습니다. 여기서 우리는 아주 중요한 질문을 하게 됩니다. 하나님의 부르심은 무엇을 의미하는 것일까요? 하나님은 아브라함을 왜 부르셨을까요? 무엇을 위해 부르셨을까요?

하나님이 아브라함을 부르신 사건을 가장 잘 보여 주는 말씀은 창세기 12장입니다.

"여호와께서 아브람에게 이르시되 너는 너의 고향과 친척과 아버지의 집을 떠나 내가 네게 보여 줄 땅으로 가라" 창 12:1

첫째, 하나님의 부르심은 새로운 변화에로의 부르심입니다.

하나님은 아브라함에게 그의 고향과 친척과 아버지의 집을 떠나 하나님이 보여 주실 땅으로 가라고 말씀하셨습니다. 이것은 엄청난 변화입니다. 아브라함이 경험했던 변화는 익숙한 곳을 떠나 낯선 곳을 향해 나아가는 것이었습니다. 하나님은 아브라함에게 그가 섬겼던 우상을 떠나 참되신 하나님을 섬기라고 부르셨습니다.

"여호수아가 모든 백성에게 이르되 이스라엘의 하나님 여호와께서 이같이 말씀하시기를 옛적에 너희의 조상들 곧 아브라함의 아버지, 나홀의 아버지 데라가 강 저쪽에 거주하여 다른 신들을 섬겼으

나"수 24:2

아브라함의 변화는 그가 숭배했던 우상에게서 떠나 참되신 하나님께로 돌아서는 변화였습니다. 그 변화는 하나님이 그를 부르심으로 가능했습니다. 하나님의 부르심의 특징은 세상적으로 대단한 사람을 부르시는 것이 아니라 오히려 세상에서 대단하지 않은 사람들을 선택해서 부르신다는 것입니다. 그리고 부르신 그를 위대하게 만드신다는 것입니다. 하나님은 주로 주변인, 소외된 사람, 경계선에서 사는 사람 등 변두리 인생을 변화시켜 위대하게 만드심으로 영광을 받으십니다.

"형제들아 너희를 부르심을 보라 육체를 따라 지혜로운 자가 많지 아니하며 능한 자가 많지 아니하며 문벌 좋은 자가 많지 아니하도다"고전 1:26

누구든지 하나님을 만나면 변화됩니다. 하나님을 만난 사람의 인생을 살펴보십시오. 하나님을 만나기 전과 하나님을 만난 후의 인생이 전혀 다릅니다. 아브라함의 생애는 하나님을 만나기 전과 만난 후로 나눠집니다. 하나님을 만난 후에 그의 인생은 전 인류 역사를 변화시킬 만큼 충격적으로 변화되었습니다.

> 하나님을
> 만나는 것은
> 변화하는 것이다.
> - 디트리히 본회퍼

새로운 만남이 새로운 변화를 창조합니다. 새로운 변화를 원하면 새로운 만남을 가져야 합니다. 아브라함이 하나님을 만난 것은 새로운 만남이었습니다. 아브라함이 하나님을 만나는 순간 새로운 변화가 시작되었습니다. 누구든지 예수님을 만나는 순간에 새로운 피조물이 됩니다.

"그런즉 누구든지 그리스도 안에 있으면 새로운 피조물이라 이전 것은 지나갔으니 보라 새것이 되었도다" 고후 5:17

둘째, 하나님의 부르심은 축복에로의 부르심입니다.

하나님이 아브라함을 부르신 것은 그를 축복하시기 위해서입니다. 우리를 부르신 하나님은 복을 주시는 분입니다. 하나님의 복은 하나님의 생명입니다. 하나님의 복이 임하면 생명이 풍성해집니다. 하나님이 아브라함에게 주신 복은 세 가지로 압축할 수 있습니다.

먼저, 하나님은 땅의 복을 허락해 주셨습니다. 하나님은 아브라함을 부르셔서 하나님이 보여 주실 땅으로 가라고 명하셨습니다. 하나님의 축복은 땅과 밀접한 관련이 있습니다. 땅은 하나님이 주시는 기업입니다. 땅은 생명을 공급해 주는 원천입니다. 하나님은 자기 백성을 축복할 때 땅을 주심으로 축복하십니다. 하나님은 아브라함에게 반복해서 땅을 기업으로 줄 것을 약속해 주셨습니다.

"롯이 아브람을 떠난 후에 여호와께서 아브람에게 이르시되 너는 눈을 들어 너 있는 곳에서 북쪽과 남쪽 그리고 동쪽과 서쪽을 바라보라 보이는 땅을 내가 너와 네 자손에게 주리니 영원히 이르리라" 창 13:14-15

하나님은 이스라엘 백성을 출애굽 시키신 후 가나안 땅으로 인도하실 때 가나안 땅을 가리켜 젖과 꿀이 흐르는 땅이라고 말씀하셨습니다.

"이스라엘아 듣고 삼가 그것을 행하라 그리하면 네가 복을 받고 네 조상들의 하나님 여호와께서 네게 허락하심같이 젖과 꿀이 흐르는

땅에서 네가 크게 번성하리라" 신 6:3

또한 하나님은 후손의 복을 허락해 주셨습니다. 하나님은 땅의 복과 함께 후손을 번영하게 하셨습니다. 하나님은 아브라함에게 큰 민족을 이루도록 해 주겠다고 약속하셨습니다.

"내가 너로 큰 민족을 이루고 네게 복을 주어 네 이름을 창대하게 하리니 너는 복이 될지라" 창 12:2

하나님은 아브라함의 후손이 땅의 티끌처럼, 하늘의 별처럼, 바닷가의 모래처럼 번영하도록 축복해 주겠다고 약속하셨습니다. 하나님은 그림 언어를 사용하시면서 그의 상상력을 극대화시키셨습니다.

"내가 네 자손이 땅의 티끌 같게 하리니 사람이 땅의 티끌을 능히 셀 수 있을진대 네 자손도 세리라" 창 13:16

"그를 이끌고 밖으로 나가 이르시되 하늘을 우러러 뭇별을 셀 수 있나 보라 또 그에게 이르시되 네 자손이 이와 같으리라" 창 15:5

"내가 네게 큰 복을 주고 네 씨가 크게 번성하여 하늘의 별과 같고 바닷가의 모래와 같게 하리니 네 씨가 그 대적의 성문을 차지하리라" 창 22:17

하나님은 아브라함의 복이 이삭과 야곱에게로 계속해서 이어지도록 도와주셨습니다. 아브라함에게 약속하신 후손의 복은 예수님께 와서 절정을 이루게 됩니다.

그리고 하나님은 이름이 창대하게 되는 복을 허락해 주셨습니다. 하나님은 아브라함의 이름을 창대하게 해 주셨습니다. 지금도 아브라함은 유대인의 조상이요, 이슬람의 조상이요, 그리스도교의 조상으로 알려져 있습니다. 그 이름의 영향력은 정말 대단합니다.

셋째, 하나님의 부르심은 선교적인 사명에로의 부르심입니다.

하나님은 아브라함에게 복을 주시고, 복이 되라고 말씀하셨습니다. 복은 사명을 의미합니다. 하나님이 주시는 복은 결코 우리 자신만을 위한 이기적인 복이 아닙니다. 하나님은 아브라함을 복의 근원으로 삼으셨습니다.

"내가 너로 큰 민족을 이루고 네게 복을 주어 네 이름을 창대하게 하리니 너는 복이 될지라" 창 12:2

하나님은 아브라함에게 땅의 모든 족속이 그를 통해 복을 얻을 것이라고 말씀하셨습니다(창 12:3). 또한 하나님은 아브라함의 씨로 말미암아 천하 만민이 복을 받으리라고 말씀하셨습니다(창 22:18). 이 말씀은 신약에 와서 예수님을 통해 성취됩니다. 베드로는 그의 설교에서 이 사실을 밝히고 있습니다.

"너희는 선지자들의 자손이요 또 하나님이 너희 조상과 더불어 세우신 언약의 자손이라 아브라함에게 이르시기를 땅 위의 모든 족속이 너의 씨로 말미암아 복을 받으리라 하셨으니" 행 3:25

하나님이 주시는 복은 사명을 위한 복입니다. 나눔을 위한 복입니다. 복의 통로가 되는 복입니다. 복은 멈추면 안 됩니다. 복은 멈추면 점점 소멸됩니다. 복은 흘러가야 합니다. 복은 나눌수록 더욱 풍성해집니다. 하나님은 아브라함에 복을 주시고, 그 복을 만민에게 나누라고 말씀하셨습니다. 아브라함은 선교적인 삶을 살도록 부름을 받았습니다.

믿는 사람은 안전 대신 모험을 택합니다

아브라함은 하나님의 부르심에 순종으로 응답했습니다. 그는 갈 바를 알지 못한 채 갈대아 우르를 떠났습니다.

"믿음으로 아브라함은 부르심을 받았을 때에 순종하여 장래의 유업으로 받을 땅에 나아갈새 갈 바를 알지 못하고 나아갔으며" 히 11:8

첫째, 아브라함의 모험은 익숙한 땅을 떠나는 모험이었습니다.

"너의 고향과 친척과 아버지의 집을 떠나" 창 12:1

사람은 안전을 좋아합니다. 익숙한 것을 좋아합니다. 사람 안에 모험 본능이 있는 것은 사실이지만 모험을 좋아하는 존재는 아닙니다. 우리는 안정된 삶을 추구하며, 안주해 정착하기를 원합니다. 하지만 믿음으로 산다는 것은 떠나는 것입니다. 믿음으로 산다는 것은 안전을 내려놓고 모험을 시작하는 것입니다.

둘째, 아브라함의 모험은 낯선 땅을 향해 나아가는 모험이었습니다.

"내가 네게 보여 줄 땅으로 가라" 창 12:1

떠나는 것만 강조해서는 안 됩니다. 떠난 후에는 하나님이 보여 주는 땅으로 가야 합니다. 떠날 때 새로운 땅을 얻게 됩니다. 떠남이 있을 때 새로운 만남이 있습니다. 아브라함에게 떠나는 것도 모험이었지만 갈 바를 알지 못한 채 한 걸음씩 나아간 것도 대단한 모험이었습니다.

셋째, 아브라함의 모험은 말씀을 따라가는 모험이었습니다.

아브라함은 그를 부르신 하나님을 믿었습니다. 또한 하나님의 말씀을 믿었습니다. 참된 신앙은 믿음의 대상이 분명합니다. 또한 믿음의 내용인 하나님의 말씀이 있습니다. 아브라함은 하나님의 말씀을 따라갔습니다.

"이에 아브람이 여호와의 말씀을 따라갔고 롯도 그와 함께 갔으며 아브람이 하란을 떠날 때에 칠십오 세였더라" 창 12:4

말씀을 따라가는 것은 모험이지만 그 결과는 영광스럽습니다. 아브라함이 갈 바를 알지 못한 채 하나님의 말씀에 의지해서 갈대아 우르를 떠난 믿음의 선택은 놀라운 결과를 가져왔습니다.[1]

하나님을 믿는다는 것은 대단한 모험입니다. 아브라함은 뒤를 돌아보거나 물러서지 않았습니다. 잠시 멈추거나 방황하긴 했지만 바벨론 땅으로 돌아가지 않았습니다. 모험하는 인생을 살기 위해서는 뒤를 돌아보아서는 안 됩니다.[2]

엄밀한 의미에서 우리는 날마다 모험하는 인생을 살고 있습니다. 또한 모험하는 삶으로 초청을 받고 있습니다. 우리가 경험하는 놀라운 경험과 놀라운 깨달음은 모험의 풍성한 열매입니다. 삼중고의 고통을 겪으며 살았던 헬렌 켈러(Helen Keller)는 모험이 주는 축복에 대해 다음과 같은 말을 남겼습니다.

― 안전이란 대체로 우상과 같다. 본질적으로 안전은 존재하지 않으며, 인간의 후손들은 모두 안전을 경험하지 못한다. 위험을 피하려는 것은 정면으로 위험과 맞서는 것보다 안전하지 못하다. 인생은 대단한 모험이거나 아니면 아무것도 아니다.

믿는 사람은 머물지 않고 순례합니다

아브라함은 외국인과 나그네로 살았습니다. 하나님은 아브라함을 가나안 땅으로 인도하셨습니다. 하지만 그는 가나안 땅에 정착하지 않았습니다. 아브라함이 정착하지 않았다는 사실은 이삭과 야곱과 더불어 장막에 거했다는 사실을 보면 알 수 있습니다.

"믿음으로 그가 이방의 땅에 있는 것같이 약속의 땅에 거류하여 동일한 약속을 유업으로 함께 받은 이삭 및 야곱과 더불어 장막에 거하였으니" 히 11:9

창세기에 나오는 아브라함과 이삭과 야곱의 생애를 연구해 보면 그들이 장막에 거했다는 사실을 거듭 발견할 수 있습니다.

"이에 아브람이 장막을 옮겨 헤브론에 있는 마므레 상수리 수풀에 이르러 거주하며 거기서 여호와를 위하여 제단을 쌓았더라" 창 13:18

"이삭이 그곳을 떠나 그랄 골짜기에 장막을 치고 거기 거류하며" 창 26:17

장막은 잠시 머물다가 이동하는 데 필요한 도구입니다. 이스라엘 민족은 유목 민족입니다. 히브리 문화의 특징은 유목 문화입니다. 유목민에게 정착은 죽음을 의미합니다. 반대로 유목민에게 이동은 삶을 의미합니다. 왜 정착은 죽음을 의미하며, 이동은 삶을 의미하는 것일까요?

유목민은 목축업을 통해 살아갑니다. 유목민은 양과 소에게 꼴을 먹이기 위해 푸른 초장을 찾아 나섭니다. 푸른 초장을 만나면 그곳에 머물면서 양과 소에게 꼴을 먹입니다. 더 이상 꼴을 먹일 수 없으면 그곳을 떠나 다시 푸른 초장을 찾아 나섭니다. 반면에 농경문화는 정착하는 문화입니다. 자신이 소유한 땅에 씨앗을 심고, 가꾸고, 열매를 맺으면 그 열매를 먹고 삽니다. 농경문화에서 떠남은 죽음을 의미합니다. 떠남은 땅을 버리는 것이요, 땅을 버리는 것은 삶의 원천을 상실했다는 것을 의미합니다. 농경문화에서 떠남은 방황을 의미합니다. 떠남은 고향을 버리는 것을 의미합니다.

하나님이 부르신 믿음의 조상 아브라함은 장막에 살았습니다. 그는 한곳에 정착하지 않고 순례자의 삶을 살았습니다. 아브라함은 아내 사라가 죽었을 때 막벨라 굴을 샀습니다. 그때 가나안 사람들에게 자신이 나그네라고 고백했습니다.

"나는 당신들 중에 나그네요 거류하는 자이니 당신들 중에서 내게 매장할 소유지를 주어 내가 나의 죽은 자를 내 앞에서 내어다가 장사하게 하시오" 창 23:4

아브라함은 약속의 땅에 들어갔지만 그 땅에 정착하지 않고 나그네로 살았습니다. 왜냐하면 더 나은 본향을 알았기 때문입니다.

"이는 그가 하나님이 계획하시고 지으실 터가 있는 성을 바랐음이라" 히 11:10

히브리서 기자는 아브라함의 믿음을 이야기하면서 아브라함처럼 외국인과 나그네로 살았던 믿음의 사람들은 한결같이 더 나은 본향을 사모했다고 말합니다.

"이 사람들은 다 믿음을 따라 죽었으며 약속을 받지 못하였으되 그것들을 멀리서 보고 환영하며 또 땅에서는 외국인과 나그네임을 증언하였으니 그들이 이같이 말하는 것은 자기들이 본향 찾는 자임을 나타냄이라 그들이 나온 바 본향을 생각하였더라면 돌아갈 기회가 있었으려니와 그들이 이제는 더 나은 본향을 사모하니 곧 하늘에 있는 것이라 이러므로 하나님이 그들의 하나님이라 일컬음 받으심을

부끄러워하지 아니하시고 그들을 위하여 한 성을 예비하셨느니라" 히 11:13-16

'나그네'라는 말보다 더 좋은 표현은 '순례자'입니다. 영적 순례자는 본향을 향해 가는 사람입니다. 목적지를 알고, 그 목적지를 향해 길을 떠난 사람입니다. 길을 떠났지만 목적지가 없는 사람은 방황합니다. 목적지가 없는 사람은 순례자가 아닙니다. 많은 사람이 시작은 했지만 끝을 모릅니다. 그래서 방황합니다. 믿음의 사람들은 분명한 목적지가 있습니다. 더 나은 본향입니다. 우리의 본향은 하늘입니다. 그래서 우리는 하늘의 부르심을 받은 사람들인 것입니다.

"그러므로 함께 하늘의 부르심을 받은 거룩한 형제들아 우리가 믿는 도리의 사도이시며 대제사장이신 예수를 깊이 생각하라" 히 3:1

하늘의 부르심을 받은 사람들은 왜 예수님을 깊이 생각해야 할까요? 예수님이 순례자의 삶을 사셨기 때문입니다. 예수님은 하나님의 보내심을 받아 이 땅에 오셨습니다. 예수님은 이 세상에 뿌리를 내리지 않으셨습니다. 예수님은 하늘에서 오셨고, 하늘로 올라가실 것을 아셨기 때문입니다. 순례자의 삶은 선교적 삶을 의미합니다. 하나님은 아브라함을 부르셔서 천하 만민을 복되게 하는 선교사로 부르셨습니다. 예수님도 이 땅에 선교사로 오셨습니다.

장막 인생의 특징은 늘 이동하는 삶을 산다는 것입니다. 이동하는 삶을 산다는 것은 계속해서 모험하는 인생을 산다는 것을 의미합니다. 장막 인생은 늘 하나님의 인도를 따라 삽니다. 하나님이 머물라고 하시면 머물고, 떠나라고 하시면 떠납니다. 오직 하나님의 인도를 따라 움직입니다. 장막 인생은 삶을 가볍게 삽니다. 많은 것을 축적하지 않습니다. 그렇다고 재산이 전혀 없다는 의미가 아닙니다. 아브라함은 재산이 있었습니다.

"아브람에게 가축과 은과 금이 풍부하였더라" 창 13:2

하지만 아브라함은 소유에 집착하지 않았습니다. 그는 단순하고 가볍게 살았습니다. 여행을 잘 다니는 사람의 특징은 짐을 가볍게 하는 것입니다. 너무 많은 것을 가진 사람은 떠나지 못합니다. 집착하면 떠나지 못합니다. 장막 인생을 살려면 집착하지 않아야 합니다. 내려놓을 줄 알아야 합니다. 얽매이기 쉬운 것들이 없어야 합니다.

선교적인 삶을 사는 사람의 특징은 자유로움에 있습니다. 소유에 매이지 않습니다. 언젠가는 떠날 것을 압니다. 소유보다는 자유를 좋아합니다. 물론 그 자유가 방종을 의미하지는 않습니다. 예수님은 소유에 집착하지 않으셨습니다. 왜냐하면 떠날 것을 아셨기 때문입니다. 끝을 아셨기 때문입니다.

왜 히브리서에서 나그네의 삶을 강조하고 있는 것일까요? 왜 아브라함을 순례자의 모범으로 묘사하고 있는 것일까요? 그 당시 수많은 사람들이 예수님을 믿는 것 때문에 핍박을 받아 흩어져서 살았기 때문입니다. 히브리서를 기록한 기자는 순례자로 살아가는 삶이 결코 비극이 아니며, 믿음의 길을 걸어가는 사람에게 마땅한 것임을 강조한 것입니다. 계속해서 순례자의 길을 걸어갈 것을 권면합니다.[3]

순례자의 삶을 살아가는 이유는 선교를 위해서입니다. 하나님이 이스라엘 민족을 가끔 흩으신 것은 흩어진 그들이 가서 하나님을 전하도록 하시기 위해서였습니다. 이스라엘 민족은 포로로 끌려간 나라에서 하나님의 영광을 드러냈습니다. 이방인들에게 하나님이 누구이신가를 전했습니다.

선교문명사에 지대한 영향을 끼친 인물 가운데 한 사람은 성 패트

릭(Saint Patrick)입니다. 그는 켈트족에게 노예로 끌려가서 많은 고생을 한 후에 탈출했습니다. 나중에 하나님의 은혜를 체험하고 다시 자기를 노예로 삼았던 켈트족을 찾아갔습니다. 그들을 하나님께로 인도하고, 그들의 거친 문명을 기독교 문명으로 바꾸는 일에 지대한 역할을 했습니다.

그가 주도했던 선교 운동을 '켈틱 운동'이라고 부릅니다. 켈틱 운동의 표어 가운데 하나가 "골방과 작은 배"(the cell and the coracle)였습니다. '골방'은 묵상 기도를 드리는 장소를 말합니다. 그들은 골방에서 하나님 앞에 홀로 있는 시간을 보냈습니다. 아일랜드 수도원 생활의 핵심을 이루는 골방은 그들이 하나님과 친밀한 관계를 맺기 위해 깊이 헌신했던 것을 잘 보여 줍니다. 다른 한편으로, '작은 배'란 용골이 없이 둥그렇고 바닥이 평평한 배를 의미합니다. 이 배는 동물 가죽이나 캔버스 천을 덮은 나무를 엮어 타르로 방수 처리를 한 것입니다. 그들은 작은 배를 타고 선교의 모험을 떠났습니다.[4]

성 패트릭의 영향을 받은 켈트인들의 선교는 대단했습니다. 하나님은 그들의 용맹스러운 기질을 선교에 선용하셨습니다. 그들은 순례자의 삶을 살았습니다. 하나님을 의지하고 작은 배에 그들의 몸을 실었습니다. 그리고 배가 해안가에 머물면 그곳에서 복음을 전했습니다. 그 지역에 복음을 전한 후에는 다시 배를 타고 다른 해안가를 향해 나아갔습니다.

참된 믿음은 초월하고 돌파합니다

하나님을 믿는 믿음, 하나님의 말씀을 따라 사는 믿음은 대단한 능력입니다. 아브라함의 생애를 통해 믿음이 얼마나 놀라운 능력을 가지고 있는가를 배우게 됩니다.

첫째, 참된 믿음은 과거를 초월합니다.

아브라함은 과거에 우상 숭배자였습니다. 그의 아버지는 우상을 만드는 사람이었습니다. 하지만 하나님을 만난 후로 과거를 떠났으며, 과거에 머물지 않았습니다. 과거를 초월해서 미래를 향해 전진했습니다. 우리가 과거를 떠날 때 하나님은 새로운 일을 행하십니다. "너희는 이전 일을 기억하지 말며 옛날 일을 생각하지 말라 보라 내가 새 일을 행하리니 이제 나타낼 것이라 너희가 그것을 알지 못하겠느냐 반드시 내가 광야에 길을 사막에 강을 내리니" 사 43:18-19

많은 사람이 과거의 줄에 사로잡혀 살고 있습니다. 우리를 붙잡아 매고 있는 과거를 떠날 수 있는 길은 오직 믿음뿐입니다. 믿음으로 과거를 떠나십시오. 미래를 향해 전진하십시오.

둘째, 참된 믿음은 나이를 초월합니다.

아브라함이 하나님의 부르심을 받았을 때 그의 나이는 75세였습니다. 아브라함이 이삭을 낳았을 때 그의 나이는 100세가 되었습니다. 사람은 나이를 의식하며 살 수밖에 없는 존재입니다. 하지만 믿음은 우리의 나이를 초월할 수 있는 능력을 제공해 줍니다. 하나님을 만나면, 또 믿음을 갖게 되면 새로운 꿈을 꾸게 됩니다. 갈렙은 85세의 나이에 "이 산지를 지금 내게 주소서"(수 14:12)라고 외쳤습니다.

셋째, 참된 믿음은 육체의 한계를 초월합니다.

건강한 사람을 보면 참 부럽습니다. 하지만 하나님이 쓰신 인물들이 다 건강했던 것은 아닙니다. 믿음으로 산다는 것은 육체의 한계까지도 초월함을 의미합니다. 바울은 육체에 가시가 있었습니다. 하지만 믿음으로 육체의 한계를 극복했습니다. 오히려 그는 육체의 가시를 통해 겸손해졌습니다. 약함 때문에 오히려 그리스도의 능력을 힘입게 되었습니다.

넷째, 참된 믿음은 어려운 환경을 초월합니다.

아브라함이 걸어간 믿음의 길은 결코 쉽고, 편안하고, 안락하고, 안전한 길이 아니었습니다. 그는 어려운 환경을 초월해서 믿음의 길을 걸어갔습니다. 갈대아 우르에서 가나안 땅까지 가는 길은 결코 쉬운 여정이 아니었습니다. 참된 믿음은 어려운 환경을 초월하고, 난관을 돌파하고, 장애물을 극복하는 능력입니다.

요셉은 형제들에게 미움을 받아 애굽에 끌려가서 보디발의 집에서 종살이를 했습니다. 보디발의 아내의 유혹을 물리친 까닭에 감옥에 들어갔습니다. 다니엘은 바벨론에 포로로 끌려갔습니다. 다니엘의 세 친구는 뜨거운 용광로에 던져졌습니다. 다니엘도 사자 굴에 던져졌습니다. 바울은 죄수가 되어 로마로 압송되었습니다. 로마로 가는 길에 유라굴로라는 광풍을 만났습니다. 로마에 가서는 감옥에서 쇠사슬에 묶인 채 복음을 전했습니다. 믿음의 사람들은 환경을 탓하지 않았습니다. 위기를 기회로 보았습니다. 믿음의 사람들은 어려운 환경에서 더욱 빛을 발했습니다.

다섯째, 참된 믿음은 환경을 초월해서 풍성한 열매를 맺습니다.

참된 믿음에는 항상 상이 따라옵니다. 그 결과가 좋습니다. 참된 믿음이란 환경을 따라 사는 것이 아니라 하나님을 신뢰하는 믿음을 따라 사는 것입니다. 믿음의 사람은 환경에 뿌리를 내리는 사람이 아니라 하나님께 뿌리를 내린 사람입니다. 하나님께 뿌리를 내린 사람은 환경을 초월해서 풍성한 열매를 맺습니다.

"요셉은 무성한 가지 곧 샘 곁의 무성한 가지라 그 가지가 담을 넘었도다" 창 49:22

요셉은 애굽에 끌려가 종살이를 하고 옥살이까지 했습니다. 하지만 그는 하나님께 뿌리를 내리고 살았습니다.

"그러나 무릇 여호와를 의지하며 여호와를 의뢰하는 그 사람은 복을 받을 것이라 그는 물가에 심어진 나무가 그 뿌리를 강변에 뻗치고 더위가 올지라도 두려워하지 아니하며 그 잎이 청청하며 가무는 해에도 걱정이 없고 결실이 그치지 아니함 같으리라" 렘 17:7-8

하나님께 뿌리를 내린 사람은 조급하지 않습니다. 믿음은 낭상 어떤 결과를 가져오지 않습니다. 때로는 즉각적인 기적이 있을 수도 있습니다. 하지만 하나님은 약속하신 것을 이루어 주시기까지 오래 참게 하십니다. 참된 믿음은 그 결과와 영향력이 장기적으로 나타납니다. 참된 믿음은 반드시 결과를 낳습니다. 그런 까닭에 인내해야 합니다. 아브라함이 하나님이 약속하신 복을 받은 것은 오래 참음의 열매였습니다. 믿음과 오래 참음은 잘 어울릴 것 같지 않은 동반자입니다. 하지만 믿음과 오래 참음이 결합될 때 풍성한 열매를 맺게 됩니다.

"우리가 간절히 원하는 것은 너희 각 사람이 동일한 부지런함을 나타내어 끝까지 소망의 풍성함에 이르러 게으르지 아니하고 믿음과 오래 참음으로 말미암아 약속들을 기업으로 받는 자들을 본받는 자 되게 하려는 것이니라 하나님이 아브라함에게 약속하실 때에 가리켜 맹세할 자가 자기보다 더 큰 이가 없으므로 자기를 가리켜 맹세하여 이르시되 내가 반드시 너에게 복 주고 복 주며 너를 번성하게 하고 번성하게 하리라 하셨더니 그가 이같이 오래 참아 약속을 받았느니라." 히 6:11-15

하나님은 지금도 사랑의 모험을 하십니다

하나님은 아브라함을 부르셔서 살아야 할 이유를 말씀하셨습니다. 그것은 선교였습니다. 선교란 만민을 복되게 하는 것입니다. 선교의 핵심은 사랑에 있습니다. 우리가 살아야 할 이유는 사랑하기 위해서입니다. 사랑의 극치는 선교입니다. 하나님은 선교의 하나님이십니다. 하나님은 독생자를 이 땅에 선교사로 파송하셨습니다. 또한 성령님을 이 땅에 선교사로 파송하셨습니다. 하나님은 예수님과 성령님을 보내심으로 영혼을 구원하는 사랑을 이루셨습니다.

사랑이란 무엇일까요? 상처를 받는 것입니다. 거절을 당하는 것입니다. 예수님은 우리를 사랑하셔서 이 땅에 오셨습니다. 그런데 사람들은 예수님을 환영하지도, 영접하지도 않았습니다. 예수님을 거절했습니다. 예수님을 십자가에 못 박았습니다.

가장 큰 모험은 사랑의 모험입니다. 우리는 사랑하다가 상처를 받고, 오해를 받고, 거절을 당한 경험 때문에 사랑을 포기하려고 합니다. 그래도 사랑해야 합니다. 사랑한다는 것은 위험한 일이고, 손해를 보는 일이고, 희생하고 헌신하는 일입니다. 상처 받지 않고 사랑할 수 없습니다. 거절당하지 않고 사랑할 수 없습니다. 사랑이 곧 선교입니다. 우리가 살아야 할 이유입니다.

하나님은 우리를 사랑하신 까닭에 독생자 예수님을 내어 주셨습니다. 그것은 하나님의 최대의 모험이었습니다. 예수님의 생애는 사랑으로 가득 찬 모험이었습니다. 간음 현장에서 붙잡힌 여인을 사랑하신 것, 사마리아 여인을 사랑하신 것, 일곱 귀신 들렸던 막달라 마리아를 사랑하신 것은 모험이었습니다. 어부들을 제자로 선택해 사도로 삼으신 것은 모험이었습니다. 하나님은 지금도 사랑의 모험을 계속하고 계십니다. 하나님이 우리를 선택해서 하나님의 자녀로 삼으신 것도 모험입니다.

예수님을 영접한 우리 안에는 예수님의 DNA가 들어 있습니다. 예수님의 DNA 안에는 모험 본능이 들어 있습니다. 그러므로 그리스도의 제자들은 모험하는 사람들이며, 교회도 모험하는 교회가 되어야 합니다.[4]

세상에 안전한 곳은 없습니다. 오직 모험이 있을 뿐입니다. 모험이 있는 곳에 기회가 있습니다. 하나님의 부르심에 순종으로 응답하십시오. 하나님의 부르심을 따라 살아가십시오. 장막 인생으로 살아가십시오. 예수님처럼 믿음의 모험, 사랑의 모험을 하며 살아가십시오.

Chapter 6

웃음을 선물로 받은
사라의 믿음

히브리서 11:11-12

믿음으로 사라 자신도 나이가 많아 단산하였으나 잉태할 수 있는 힘을 얻었으니 이는 약속하신 이를 미쁘신 줄 알았음이라 이러므로 죽은 자와 같은 한 사람으로 말미암아 하늘의 허다한 별과 또 해변의 무수한 모래와 같이 많은 후손이 생육하였느니라

믿음의 계보에
여인이 있는 이유

히브리서 11장에 나오는 믿음의 영웅들 가운데 여인들이 몇 명 등장합니다. 그중에 첫 번째 인물이 사라입니다.

"믿음으로 사라 자신도 나이가 많아 단산하였으나 잉태할 수 있는 힘을 얻었으니 이는 약속하신 이를 미쁘신 줄 알았음이라" 히 11:11

왜 하나님은 믿음의 여인들 가운데 사라를 제일 먼저 등장시키신 것일까요? 왜 믿음의 남자들만 기록하지 않고 믿음의 여인들을 기록하게 하신 것일까요? 그 이유는 믿음의 여인들을 통해서 하나님이 계획하신 일이 있기 때문입니다. 그 일은 전 인류를 구원하시기 위한 계획입니다. 아담과 하와가 타락한 후에 하나님이 타락한 인류를 위해 세우신 첫 번째 언약이 창세기 3장에 나옵니다.

"내가 너로 여자와 원수가 되게 하고 네 후손도 여자의 후손과 원수가 되게 하리니 여자의 후손은 네 머리를 상하게 할 것이요 너는 그의 발꿈치를 상하게 할 것이니라 하시고" 창 3:15

하나님은 장차 태어날 여자의 후손을 통해 뱀의 머리를 상하게 할 것을 말씀하셨습니다. 그리함으로 타락한 인류를 다시 회복시키고 구원하기 위한 계획을 세우신 것입니다. 성경학자들은 창세기 3장 15절을 '원복음'이라고 말합니다. 타락 직후에 주어진 복음으로, 가장 먼저 이 땅에 계시된 말씀입니다.

조나단 에드워즈는 《구속사》에서 아담과 하와의 타락으로 세상이 완전한 흑암 속으로 들어갔다고 말합니다. 그 흑암 중에 들어온 복음의 빛이 바로 창세기 3장 15절이라고 강조합니다.[1]

창세기 3장 15절은 장차 여자의 후손으로 오실 예수님에 대해 예언하고 있습니다. 예수님이 여자의 후손으로 오신다는 것은 구원의 역사에 여인의 역할이 아주 중요하다는 것을 의미합니다. 그 이유는 오직 여인을 통해 메시아가 오신다는 뜻이기 때문입니다. 그런 의미에서 성경은 예수님을 이 땅에 태어나게 할 믿음의 여인들의 계보를 아주 중요하게 다루고 있습니다. 그중에 사라는 믿음의 여인들의 어머니입니다. 또한 믿음의 사람들의 어머니입니다. 바울은 갈라디아서에서 하갈과 사라에 대해 언급하는 중에 사라가 우리 어머니라고 말합니다.

"오직 위에 있는 예루살렘은 자유자니 곧 우리 어머니라" 갈 4:26

여기서 중요한 질문을 하게 됩니다. 사라가 어떻게 믿음의 어머니가 되었을까요? 창세기에 나오는 사라의 첫 모습은 믿음의 여인처럼 보이지 않습니다. 처음에 사라는 의심도 하고 회의도 했습니다. 육적인 생각으로 실수도 저질렀습니다. 하지만 그런 사라가 나중에 믿음이 성장해서 믿음장에 등장한 것입니다.

히브리서 11장 11절과 12절은 연결되어 있지만, 사라의 믿음을 집중적으로 담은 말씀은 11절입니다. 우리는 이 한 절을 통해 사라의 믿음을 추적해야 합니다. 이것은 아주 흥미로운 일이며, 놀라운 드라마를 함께 읽어 나가는 것과 같은 일입니다.

참된 믿음은 의심을 극복하면서 성장합니다

히브리서 11장 11절은 "사라 자신도 나이가 많아 단산하였으나"라는 말로 시작합니다. 사라는 90세가 되도록 아이를 갖지 못했습니다. 그 당시 문화에서 불임은 수치요, 고통이었습니다.

> 셈족의 세계에 있어서 불임이란 여자에게 내려지는 가장 불명예스런 일이었고, 모성이란 하나님이 여인에게 내려 주시는 최대의 선물이었다. (수잔 데 디트리히, 《성서로 본 성서》, 컨콜디아사, 49쪽)

그런데 사라가 90세가 되었을 때 하나님이 그녀에게 아들 이삭을 주셨습니다. 사라가 90세에 아들을 얻는 과정에서 우리가 먼저 볼 수 있는 것은 사라의 의심입니다. 그런데 사라만 의심한 것이 아닙니다. 아브라함도 의심했습니다. 하나님이 아브라함의 나이 99세 때 그를 찾아오셔서 사라를 통해 아들을 주겠다고 말씀하셨습니다.

"내가 그에게 복을 주어 그가 네게 아들을 낳아 주게 하며 내가 그에게 복을 주어 그를 여러 민족의 어머니가 되게 하리니 민족의 여러 왕이 그에게서 나리라" 창 17:16

이 말씀을 받은 아브라함의 반응을 보십시오. 그는 엎드려 웃었습니다. 마음속으로 그것은 불가능하다고 말했습니다. 의심과 대화를 나눈 것입니다.

"아브라함이 엎드려 웃으며 마음속으로 이르되 백 세 된 사람이 어찌 자식을 낳을까 사라는 구십 세니 어찌 출산하리요 하고" 창 17:17

아브라함은 하나님께 이스마엘이나 하나님 앞에 살기를 원한다고 반응했습니다(창 17:18). 하나님은 다시 한 번 확고히 말씀하셨습니다. 하갈의 몸에서 태어난 이스마엘이 아니고, 사라의 몸에서 아들이 태어날 것인데 그 이름을 이삭이라고 하라고 말씀하셨습니다.

"하나님이 이르시되 아니라 네 아내 사라가 네게 아들을 낳으리니 너는 그 이름을 이삭이라 하라 내가 그와 내 언약을 세우리니 그의 후손에게 영원한 언약이 되리라" 창 17:19

"내 언약은 내가 내년 이 시기에 사라가 네게 낳을 이삭과 세우리라" 창 17:21

하나님은 사라를 통해 약속의 아들을 주겠다고 강조하셨습니다. 하나님이 아브라함의 연약한 믿음, 의심하는 믿음을 설득해서 굳센 믿음을 갖도록 도와주신 것입니다.

창세기 18장에는 하나님의 약속의 말씀에 대한 사라의 반응이 나옵니다. 세 명의 천사가 아브라함을 찾아왔습니다. 아브라함은 그들을 극진히 대접했습니다. 극진한 대접을 받은 천사들은 하나님의 말씀을 대언했습니다.

"그들이 아브라함에게 이르되 네 아내 사라가 어디 있느냐 대답하되 장막에 있나이다 그가 이르시되 내년 이맘때 내가 반드시 네게로 돌아오리니 네 아내 사라에게 아들이 있으리라 하시니 사라가 그 뒤 장막 문에서 들었더라" 창 18:9-10

그 당시 아브라함과 사라는 나이가 많아 늙었습니다. 사라는 여성의 생리가 끊어졌습니다(창 18:11). 사라는 하나님의 말씀을 엿듣고 속으로 웃었습니다. 그녀의 웃음은 불가능하다는 뜻이었습니다. 그녀도 아브라함처럼 의심과 대화를 나누었습니다.

"사라가 속으로 웃고 이르되 내가 노쇠하였고 내 주인도 늙었으니

내게 무슨 즐거움이 있으리요." 창 18:12

하나님은 이제 사라를 설득하셨습니다. 하나님께는 능치 못할 일이 없다고 설득하셨습니다.

"여호와께서 아브라함에게 이르시되 사라가 왜 웃으며 이르기를 내가 늙었거늘 어떻게 아들을 낳으리요 하느냐 여호와께 능하지 못한 일이 있겠느냐 기한이 이를 때에 내가 네게로 돌아오리니 사라에게 아들이 있으리라" 창 18:13-14

사라는 두려워서 자신이 웃었음을 부인했습니다. 그때 하나님이 "네가 웃었느니라"라고 말씀하셨습니다. 아주 재미있는 대화가 오고 갔습니다(창 18:15). 이 사건에서 우리가 배우는 것은 하나님이 아브라함과 사라의 믿음을 키우고 계신다는 것입니다. 그들의 믿음은 겨자씨와 같았습니다. 하나님은 그들을 거듭 찾아오셔서 하나님의 약속의 말씀으로 겨자씨와 같은 믿음에 물을 주심으로 굳센 믿음으로 키우셨습니다. 여기서 우리는 믿음이 성장하는 과정에서 의심과 두려움이 찾아올 수 있다는 것을 기억해야 합니다.

불신은 좋지 않습니다. 불신은 무조건 믿지 않겠다는 것입니다. 하지만 의심은 믿고 싶은데 아직 정보와 확신이 부족하다는 것을 의미합니다. 하나님은 의심하거나 두려워하는 사람을 정죄하시지 않습니다. 오히려 의심하지 않도록 도와주시고, 두려워하지 않도록 도와주십니다.[2]

믿음이 성장하는 과정에서 의심이 찾아오지만 의심을 주인으로 모시는 것은 어리석습니다. 의심을 선택하지 말고 오히려 의심을 의심하는 지혜가 필요합니다. 의심보다는 믿음을 선택하는 것이 지혜롭습니다.[3]

의심을 통해 더 깊은 진리에 이를 수 있지만, 의심을 찬양하지 마십시오. 의심을 의지하지 마십시오. 오직 의인은 믿음으로 삽니다. 믿음이 기적을 일으킵니다. 믿음의 기적이 불가능을 가능하게 만듭니다. 하나님은 사라의 의심을 정죄하지 않으셨습니다. 오히려 그녀의 의심을 이해하시고, 그녀를 설득하심으로 굳센 믿음을 갖도록 도와주셨습니다.

믿을 때 하나님의 능력이 나타납니다

성경은 아브라함과 사라가 이삭을 낳은 것은 불가능을 가능하게 하시는 하나님의 능력에 있었음을 강조합니다.

"믿음으로 사라 자신도 나이가 많아 단산하였으나 잉태할 수 있는 힘을 얻었으니 이는 약속하신 이를 미쁘신 줄 알았음이라 이러므로 죽은 자와 같은 한 사람으로 말미암아 하늘의 허다한 별과 또 해변의 무수한 모래와 같이 많은 후손이 생육하였느니라" 히 11:11-12

이 말씀이 보여 주는 메시지는 무엇입니까? 사라는 나이가 많았습니다. 그녀의 불임은 아주 오래되었습니다. 90세가 되어 여성의 생리가 끝이 났습니다. 아브라함은 죽은 자와 같았습니다. 이 사실을 바울은 다음과 같이 기록하고 있습니다.

"그가 백 세나 되어 자기 몸이 죽은 것 같고 사라의 태가 죽은 것 같음을 알고도 믿음이 약하여지지 아니하고" 롬 4:19

아브라함과 사라의 몸은 죽은 것과 같았습니다. 생산할 능력이 없었습니다. 그런데 하나님이 그들에게 강한 믿음을 갖게 하신 것입니다. 사라가 잉태할 수 있는 힘을 얻었다는 것은 그 힘이 외부로부터,

즉 하나님으로부터 왔다는 사실을 강조합니다.

여기서 우리는 "왜 하나님은 아브라함과 사라의 몸이 죽은 것 같은 때에 찾아오셨을까?"라는 질문을 갖게 됩니다. 하나님이 아브라함을 찾아오신 때가 그의 나이 99세입니다. 사라가 내어 준 하갈을 통해 이스마엘을 낳은 지 13년이 지난 후입니다. 하나님은 13년을 침묵하셨습니다. 하갈을 통해 이스마엘을 낳은 것은 아브라함과 사라가 조급해서 인간의 방법, 즉 육의 방법으로 만들어 낸 작품이었습니다. 그것은 하나님의 작품이 아니었습니다. 하나님의 능력이 아니었습니다. 하나님은 분명히 아브라함에게 아들을 주실 것을 약속하셨습니다. 그 아들은 사라를 통해 주실 것이었습니다.

창세기 15장에서 아브라함은 하나님께 그의 충성된 종 엘리에셀을 상속자로 삼겠다고 말씀드렸습니다. 그때 하나님이 그 사람이 아니라 아브라함의 몸에서 날 자가 상속자가 될 것을 말씀하셨습니다.

"여호와의 말씀이 그에게 임하여 이르시되 그 사람이 네 상속자가 아니라 네 몸에서 날 자가 네 상속자가 되리라 하시고" 창 15:4

하나님의 음성을 분명히 들었던 아브라함이 창세기 16장에서 하나님의 음성이 아닌 사라의 음성을 듣고 하갈을 통해 이스마엘을 낳았습니다. 사라는 아브라함을 통해 분명한 하나님의 뜻을 전달받지 못한 것 같습니다. 아니면 조급한 나머지 육신의 생각으로 하갈을 통해 상속자를 만들 생각을 했던 것이 분명합니다. 그때 아브라함의 나

> 지혜로운 사람은 외부의 힘을 빌려 올 줄 아는 사람입니다.
> 지혜로운 사람은 하나님의 능력을 힘입을 줄 아는 사람입니다.

이가 86세였습니다(창 16:16). 하나님은 13년을 침묵하신 후에 아브라함의 나이 99세가 되었을 때 그를 찾아오셨습니다.

"아브람이 구십구 세 때에 여호와께서 아브람에게 나타나서 그에게 이르시되 나는 전능한 하나님이라 너는 내 앞에서 행하여 완전하라" 창 17:1

왜 하나님은 13년을 기다리셨을까요? 왜 아브라함과 사라의 몸이 죽은 것 같은 때까지 기다리셨을까요? 왜 인간의 소망이 끝난 때에 찾아오셨을까요? 그래야만 하나님의 전능하심이 드러나기 때문입니다. 그래야만 하나님이 불가능을 가능하게 하시는 전능하신 하나님임이 드러나기 때문입니다.

그런데 여기서 또 하나 기억해야 할 것이 있습니다. 하나님은 전능하시지만 우리의 믿음이 없이는 전능하심을 드러내지 않으신다는 사실입니다. 그래서 하나님은 아브라함과 사라의 믿음을 키우신 것입니다. 하나님의 약속이 아무리 확고해도 믿지 않는다면 그 약속은 성취될 수 없습니다. 그것은 하나님의 원리입니다.

"그러므로 우리는 두려워할지니 그의 안식에 들어갈 약속이 남아 있을지라도 너희 중에는 혹 이르지 못할 자가 있을까 함이라 그들과 같이 우리도 복음 전함을 받은 자이나 들은 바 그 말씀이 그들에게 유익하지 못한 것은 듣는 자가 믿음과 결부시키지 아니함이라" 히 4:1-2

하나님은 아브라함과 사라의 의심을 이해하셨습니다. 하지만 거기

> 아무리 약속이 위대하다고 해도 약속만으로는 그 성취를 실제로 볼 수 없으며 반드시 믿음이 합해져야 합니다.
> - 토머스 이클리

에 머물지 않으셨습니다. 그들을 약속의 말씀으로 거듭 설득하셨습니다. 아브라함과 사라의 믿음을 키워 주심으로 그들은 의심을 극복할 수 있었습니다. 어떻게 아브라함과 사라는 의심을 극복하고 굳세고 참된 믿음에 이르게 되었을까요? 과연 참된 믿음은 무엇일까요?

첫째, 참된 믿음은 하나님의 신실하신 성품을 믿는 것입니다.

사라는 하나님의 능력을 믿기 전에 하나님의 신실하심을 믿었습니다. 곧 하나님의 능력을 믿기 전에 하나님의 신실하신 성품을 믿었습니다.

"이는 약속하신 이를 미쁘신 줄 알았음이라" 히 11:11하

사라는 자신에게 약속을 주시는 하나님이 미쁘신 것을 알았습니다. 하나님이 미쁘시다는 것은 하나님이 진실하신 분임을 의미합니다.

"그가 약속하신 분을 신실하신 분으로 생각했기 때문입니다" 히 11:11하, 새번역성경

하나님은 신실하신 분입니다. 약속한 것을 반드시 지키시는 분입니다. 그래서 우리가 하나님을 신뢰하는 것입니다.

"하나님은 사람이 아니시니 거짓말을 하지 않으시고 인생이 아니시니 후회가 없으시도다 어찌 그 말씀하신 바를 행하지 않으시며 하신 말씀을 실행하지 않으시랴" 민 23:19

둘째, 참된 믿음은 전능하신 하나님의 능력을 믿는 것입니다.

하나님은 99세가 된 아브라함에게 찾아오셔서 "나는 전능한 하나님이라"라고 말씀하셨습니다. '전능한 하나님'이란 '엘 샤다이'라는 하나님의 이름입니다. 하나님은 신실하실 뿐만 아니라 전능하십니

다. 사라는 하나님이 아들을 주겠다고 말씀하실 때 웃으면서 "내가 늙었거늘 어떻게 아들을 낳으리요"(창 18:13)라고 속으로 말했습니다. 그때 하나님이 사라에게 주신 말씀을 우리는 기억해야 합니다.

"여호와께 능하지 못한 일이 있겠느냐 기한이 이를 때에 내가 네게로 돌아오리니 사라에게 아들이 있으리라" 창 18:14

특별히 하나님의 이름 가운데 '엘 샤다이'는 복된 이름입니다.[4]

하나님은 능력이 많으실 뿐만 아니라 자원이 풍부하십니다. 하나님의 젖가슴은 얼마나 풍족한지 열방이 모두 그 품에서 만족을 누릴 수 있습니다. 그 젖을 넉넉히 빨 수 있습니다. 하나님의 영광은 하나님의 풍성함에 있습니다.

"너희가 젖을 빠는 것같이 그 위로하는 품에서 만족하겠고 젖을 넉넉히 빤 것같이 그 영광의 풍성함으로 말미암아 즐거워하리라 여호와께서 이와 같이 말씀하시되 보라 내가 그에게 평강을 강같이, 그에게 뭇 나라의 영광을 넘치는 시내같이 주리니 너희가 그 성읍의 젖을 빨 것이며 너희가 옆에 안기며 그 무릎에서 놀 것이라" 사 66:11-12

하나님은 핍절하신 분이 아닙니다. 하나님은 그 능력이 무한하십니다. 그 자원이 무한하십니다. 하나님께는 불가능이 없습니다. 아브라함과 사라는 전능하신 하나님을 믿었습니다. 그들은 그들의 몸에 나타난 하나님의 능력을 경험했습니다. 하나님이 그들에게 능력으로 임하셨을 때 노쇠했던 아브라함의 몸에 변화가 일어났습니다. 회춘의 역사가 나타난 것입니다. 99세의 나이였지만 청년과 같은 힘이 생긴 것입니다. 하나님이 얼마나 강력하게 역사하셨으면 사라가 죽은 후에 아브라함이 또 결혼해서 자녀들을 낳았습니다. 정말 놀라운 일입니다. 하나님의 능력이 육체 가운데 임할 때 90세가 된 사라의 몸에 생리가 다시 시작되었습니다. 사라에게서 여성의 생리가 분명히 끝이 났는데 다시 회복된 것입니다.

하나님이 원하시고, 또한 필요하다고 여기시면 하나님은 우리의 육체 가운데 능력을 부어 주십니다. 병든 몸을 강건하게 고치십니다. 약한 몸을 강하게 하십니다. 노쇠한 몸을 젊게 만드십니다. 아브라함과 사라는 그들의 몸에서 부활의 능력을 일찍이 경험한 것입니다.

참된 믿음은 하나님의 성품과 하나님의 능력을 믿는 것입니다. 하나님의 풍부한 자원을 믿는 것입니다.

셋째, 참된 믿음은 하나님의 말씀에 기초한 믿음입니다.

사라의 연약한 믿음은 점점 성장했습니다. 그가 아들 이삭을 낳았을 때 그의 신앙 고백은 절정에 이르렀습니다.

"여호와께서 말씀하신 대로 사라를 돌보셨고 여호와께서 말씀하신 대로 사라에게 행하셨으므로"창 21:1

하나님은 말씀하신 대로 사라를 돌보아 주셨습니다. 말씀하신 대로 행하셨습니다. 하나님이 약속을 지켜 주신 것입니다. 하나님은 말씀하신 시기가 되었을 때 아들을 주셨습니다(창 21:2).

참된 믿음은 언제나 그 대상이 분명합니다. 아브라함과 사라는 하나님이 누구이신가를 알았고, 그 하나님을 신뢰했습니다. 또한 참된 믿음은 믿음의 내용이 분명합니다. 믿음의 내용은 약속의 말씀입니다. 아브라함과 사라는 하나님의 약속의 말씀을 신뢰했습니다.

"기록된 바 내가 너를 많은 민족의 조상으로 세웠다 하심과 같으니 그가 믿은 바 하나님은 죽은 자를 살리시며 없는 것을 있는 것으로 부르시는 이시니라 아브라함이 바랄 수 없는 중에 바라고 믿었으니

이는 네 후손이 이 같으리라 하신 말씀대로 많은 민족의 조상이 되게 하려 하심이라" 롬 4:17-18

"믿음이 없어 하나님의 약속을 의심하지 않고 믿음으로 견고하여져서 하나님께 영광을 돌리며 약속하신 그것을 또한 능히 이루실 줄을 확신하였으니 그러므로 그것이 그에게 의로 여겨졌느니라" 롬 4:20-22

하나님은 죽은 자를 살리십니다. 없는 것을 있는 것처럼 부르십니다. 하나님은 창조주 하나님이십니다. 또한 부활의 하나님이십니다. 하나님은 약속하신 것을 반드시 지키시는 분입니다.

하나님은 벼랑 끝에서 일을 시작하십니다

사라는 벼랑 끝에서 웃었습니다. 그녀는 자신이 아들을 낳지 못할 때 애굽에서 데려온 여종 하갈을 아브라함에게 내어 주어 아들을 낳게 했습니다. 그때의 심정을 생각해 보십시오. 여종 하갈은 아브라함을 통해 아들을 잉태한 다음에 사라를 멸시했습니다(창 16:4).

여종이 주인을 멸시했습니다. 그 당시에 아이를 갖는 것과 갖지 못하는 것은 이토록 큰 차이를 만들어 냈습니다. 사라는 모욕을 당했을 때 아브라함을 탓했습니다.

"사래가 아브람에게 이르되 내가 받는 모욕은 당신이 받아야 옳도다 내가 나의 여종을 당신의 품에 두었거늘 그가 자기의 임신함을 알고 나를 멸시하니 당신과 나 사이에 여호와께서 판단하시기를 원하노라" 창 16:5

하갈이 이스마엘을 낳은 후 13년은 사라에게 고통스러운 세월이었

> 인간의 절망의 때에 하나님의 희망은 시작됩니다.
> 인간의 능력이 끝난 때에 하나님의 능력이 역사합니다.
> 하나님은 벼랑 끝에서 일을 시작하십니다.

습니다. 아브라함은 이스마엘을 사랑했습니다. 하나님이 나중에 이삭을 주겠다고 말씀하셨을 때 "이스마엘이나 하나님 앞에 살기를 원하나이다"(창 17:18)라고 고백했습니다. 사라는 13년 동안 눈에 눈물이 촉촉이 고여 있었습니다. 낙이 없었습니다. 웃음이 없었습니다. 사라는 나이가 90세가 되고 여성의 생리가 끊어졌을 때 웃음을 잃어버린 여인이 되었습니다. 바로 그때 하나님이 사라를 찾아오셨습니다.

하나님이 벼랑 끝에 서 있는 사라를 찾아와 아들을 주겠다고 하셨을 때 그녀는 웃었습니다. 그 웃음은 의심의 웃음이었습니다. 하나님이 유머가 많으시다는 생각으로 웃었던 것입니다. 비록 의심의 웃음이지만 사라에게는 아주 모처럼 웃을 수 있는 순간이었습니다. 하나님이 왜 웃느냐고 물었을 때 그녀는 두려운 나머지 웃지 않았다고 말했습니다. 하나님도 대단하십니다. 그냥 넘어가시는 법이 없습니다.

"아니라 네가 웃었느니라" 창 18:15하

하나님은 여기서 끝내시지 않았습니다. 아들을 낳으면 그 이름을 이삭이라고 명하라고 말씀하셨습니다.

— '이삭'이란 이름은 '웃음'이란 뜻입니다.

하나님은 유머가 많으신 분입니다. 사탄은 유머가 없지만 하나님은 유머가 많으십니다. "네가 웃지 않았다고 하니 네 아들의 이름을 '웃음'으로 지으라"라고 명하신 것 같은 느낌입니다. 하나님은 사라에게 웃음을 선물로 주셨습니다.

"아브라함이 그에게 태어난 아들 곧 사라가 자기에게 낳은 아들을 이름하여 이삭이라 하였고" 창 21:3

"사라가 이르되 하나님이 나를 웃게 하시니 듣는 자가 다 나와 함께 웃으리로다 또 이르되 사라가 자식들을 젖먹이겠다고 누가 아브라함에게 말하였으리요마는 아브라함의 노경에 내가 아들을 낳았도다 하니라" 창 21:6-7

사라는 이삭을 낳은 후에 하나님의 능력을 경험했습니다. 벼랑 끝에서 웃게 하시는 하나님을 경험했습니다. 여기서 우리는 소중한 교훈을 마음에 새겨야 합니다.

― 나이가 많아도 하나님의 기적은 계속됩니다.
하나님은 가장 좋은 것을 더디 주십니다.
하나님이 끝났다고 말씀하시기 전에는 끝난 것이 아닙니다.
하나님이 웃게 하시면 우리는 웃게 됩니다.
하나님은 기다리는 자에게 최상의 것을 허락해 주십니다.

하나님의 약속과 성취 사이에는 기다림이 있음을 기억하십시오. 기다리면 길이 열립니다. 기다렸더니 사라의 태가 열렸습니다. 믿는 사람은 기다릴 줄 압니다. 기다림 중에 주시는 하나님의 축복은 가장 큰 기쁨을 가져옵니다. 하나님이 일하시는 장소는 벼랑 끝입니다. 하나님은 벼랑 끝에서 우리에게 날개를 달아 주십니다. 벼랑 끝에서 추락하는 것이 아니라 비상하게 만드십니다.

예수님은
웃음을 주러 오셨습니다

사라가 이삭을 낳은 것은 예수님이 이 땅에 태어나신 것의 모형입니다. 엄밀한 의미에서 사라는 육의 힘이 아니라 하나님의 능력으로 이삭을 낳은 것입니다. 이삭은 초자연적인 하나님의 능력으로 사라에게서 태어난 것입니다.

아브라함의 아들 이삭은 장차 오실 메시아의 씨를 의미했습니다. 예수님은 이 땅에 오실 때 마리아의 몸에 성령님을 통해 잉태되셨습니다. 예수님은 초자연적인 능력으로 태어나신 것입니다. 사라가 믿음의 여인이었다면, 예수님을 잉태한 마리아 또한 믿음의 여인이었습니다. 처녀가 잉태해 아들을 낳는 것은 불가능한 일입니다. 하지만 하나님은 구속의 역사를 위해 그 일을 계획하셨습니다. 예수님은 창세기 3장 15절의 원복음에 의하면 반드시 여자의 몸에서 태어나셔야 했습니다. 그래서 여자의 몸에서 태어나신 것입니다.

"때가 차매 하나님이 그 아들을 보내사 여자에게서 나게 하시고 율법 아래에 나게 하신 것은" 갈 4:4

여자의 후손 가운데 메시아가 오실 것을 예언하신 하나님은 처녀의 몸에서 메시아가 오실 것을 예언하셨습니다.

"그러므로 주께서 친히 징조를 너희에게 주실 것이라 보라 처녀가 잉태하여 아들을 낳을 것이요 그의 이름을 임마누엘이라 하리라"
사 7:14

예수님은 여자의 후손으로 오셨고, 처녀에게서 태어나셨습니다. 어떻게 처녀에게서 아들이 태어날 수 있습니까? 그것은 오직 성령님이 처녀에게 임하심으로 가능했습니다. 천사가 사라를 찾아온 것처럼, 천사가 마리아를 찾아와서 놀라운 소식을 전했습니다.

"보라 네가 잉태하여 아들을 낳으리니 그 이름을 예수라 하라"
눅 1:31

마리아는 놀라면서 의혹에 가득 찬 반응을 보였습니다.

"마리아가 천사에게 말하되 나는 남자를 알지 못하니 어찌 이 일이 있으리이까" 눅 1:34

너무나 당연한 반응입니다. 남자를 알지 못하는데 어찌 아들을 낳을 수 있느냐는 질문은 정말 타당한 질문입니다. 합리적이며 이성적인 질문입니다. 천사는 의혹에 찬 마리아에게 하나님의 약속의 말씀을 전했습니다.

"천사가 대답하여 이르되 성령이 네게 임하시고 지극히 높으신 이의 능력이 너를 덮으시리니 이러므로 나실 바 거룩한 이는 하나님의 아들이라 일컬어지리라" 눅 1:35

약한 믿음을 가지고 있는 마리아의 믿음을 굳세게 하기 위해 천사가 그녀를 설득했습니다. 하나님이 천사를 통해 그녀의 믿음을 굳세게 하신 것입니다.

"보라 네 친족 엘리사벳도 늙어서 아들을 배었느니라 본래 임신하지 못한다고 알려진 이가 이미 여섯 달이 되었나니" 눅 1:36

그다음 말씀을 주의해 보십시오.

"대저 하나님의 모든 말씀은 능하지 못하심이 없느니라" 눅 1:37

하나님이 사라에게 들려주신 말씀과 비슷합니다.

"여호와께 능하지 못한 일이 있겠느냐" 창 18:14상

이 말씀은 하나님이 예레미야에게 하신 말씀이기도 합니다.

"나는 여호와요 모든 육체의 하나님이라 내게 할 수 없는 일이 있겠느냐" 렘 32:27

마리아는 하나님의 말씀을 듣고 순종으로 반응했습니다.

"마리아가 이르되 주의 여종이오니 말씀대로 내게 이루어지이다 하매 천사가 떠나가니라" 눅 1:38

마리아는 하나님의 말씀을 듣고 엘리사벳을 찾아갔습니다. 그때 엘리사벳이 마리아를 축복해 주었습니다.

"주께서 하신 말씀이 반드시 이루어지리라고 믿은 그 여자에게 복이 있도다" 눅 1:45

누가 복이 있는 여인입니까? 하나님의 약속의 말씀이 반드시 이루어질 것을 믿는 여인입니다. 하나님은 믿음의 여인 마리아를 통해 예수님을 우리에게 선물로 허락해 주셨습니다. 예수님은 복음이십니다. 복음은 좋은 소식, 기쁜 소식, 복된 소식입니다. 그분을 믿기만 하면 죄 사함을 받습니다. 새로운 피조물이 됩니다. 전능하신 하나님의 도움을 받게 됩니다. 복음을 들으면 웃게 됩니다. 예수님은 우리에게 웃음을 주러 오셨습니다. 예수님은 벼랑 끝에서 웃게 하시는 하나님입니다.

사라의 삶은 역전의 생애였습니다. 하나님은 사라의 마지막을 역전의 드라마로 만드셨습니다. 아이가 없던 사라에게 아이를 주셨습니다. 슬픔 속에 살았던 사라에게 기쁨을 주셨습니다. 미소를 상실했

던 사라에게 웃음을 주셨습니다. 모든 믿는 이의 어머니가 되게 하셨습니다.

아브라함의 하나님, 사라의 하나님이 우리의 하나님이십니다. 하나님은 전능한 하나님이십니다. 엘 샤다이 하나님이십니다. 하나님은 신실하십니다. 하나님은 능력이 무한하십니다. 자원이 무한하십니다. 하나님은 풍성한 하나님이십니다. 우리의 필요를 넉넉히 채워 주는 분이십니다.

하나님은 여인을 소중히 여기십니다. 여인의 사명을 과소평가하지 마십시오. 하나님은 여인을 통해 구세주가 오게 하셨습니다. 여인이 없다면 구세주가 없습니다. 여인이 없다면 우리의 육신의 생명도 없습니다. 그런데 왜 많은 사람이 여인의 사명을 과소평가하는 것일까요? 예수님 안에서 남자와 여자는 같습니다. 예수님은 부활의 증인으로 여인들을 선택하셨습니다. 하나님의 나라를 확장하는 데 여인들의 역할은 지대합니다. 중보 기도를 드리는 일에 여인들의 역할은 지대합니다. 훌륭한 하나님의 사람들을 키우고 내조하는 데 여인들의 역할은 지대합니다.

나이가 많다고 낙심하지 마십시오. 육체가 노쇠했다고 낙담하지 마십시오. 아직 인생의 게임은 끝나지 않았습니다. 하나님은 노년의 계절에 더 위대하고, 더 아름다운 일들을 계획하고 계십니다. 더욱 기쁨이 충만하고, 웃게 할 일들을 계획하고 계십니다. 오직 믿음으로 살 때 전능하신 하나님의 능력을 경험할 수 있습니다. 믿음은 반드시 결과를 가져옵니다. 사라의 믿음의 결과, 사라가 받은 보상을 보십시오.

"이러므로 죽은 자와 같은 한 사람으로 말미암아 하늘의 허다한 별과 또 해변의 무수한 모래와 같이 많은 후손이 생육하였느니라"

히 11:12

우리는 사라의 믿음의 혜택을 누리는 사람들입니다. 사라를 통해 결국 이삭이 태어났고, 야곱이 태어났고, 유다가 태어났고, 예수님이 태어나신 것입니다. 믿음의 영향력은 무한합니다. 믿음의 사람이 되고 자손만대가 복을 받기를 바랍니다. 또한 열방을 복되게 하는 복의 통로가 되기를 원합니다.

Chapter 7

죽은 자의 부활을 믿은 아브라함의 믿음

히브리서 11:17-19

아브라함은 시험을 받을 때에 믿음으로 이삭을 드렸으니 그는 약속들을 받은 자로되 그 외아들을 드렸느니라 그에게 이미 말씀하시기를 네 자손이라 칭할 자는 이삭으로 말미암으리라 하셨으니 그가 하나님이 능히 이삭을 죽은 자 가운데서 다시 살리실 줄로 생각한지라 비유컨대 그를 죽은 자 가운데서 도로 받은 것이니라

아브라함의 믿음의 핵심, 부활 신앙

우리는 믿음이 하나님의 선물임을 압니다. 또한 우리는 하나님의 은혜로 그리스도 안에서 창세전에 택함을 받았습니다. 하나님의 은혜로 우리는 하나님을 믿게 되었습니다. 하나님이 우리 안에 믿음의 씨앗을 심어 주실 때 그 씨앗은 겨자씨와 같습니다. 겨자씨와 같은 우리 믿음이 하나님의 은혜와 하나님을 아는 지식을 통해 점점 성장하게 됩니다. 씨앗이 자라는 것처럼 믿음도 자랍니다. 베드로는 믿음이 성장하는 비밀을 알았습니다. 그래서 그의 서신에서 다음과 같이 기록하고 있습니다.

"오직 우리 주 곧 구주 예수 그리스도의 은혜와 그를 아는 지식에서 자라 가라 영광이 이제와 영원한 날까지 그에게 있을지어다" 벧후 3:18

예수님은 성경의 주제이시며, 역사의 주인이십니다. 히브리서는 처음부터 끝까지 예수님이 어떤 분이신가를 보여 주고 있습니다. 히브리서 11장에 나오는 믿음의 영웅들도 한결같이 예수님과 관련을 맺고 있습니다. 예수님은 성경을 읽는 열쇠입니다. 성경을 읽는 눈과 같은 분입니다. 예수님을 통해 구약과 신약을 읽지 않으면 성경을 깨달을 수가 없습니다. 바울은 그 당시의 유대인들이 구약성경을 깨닫지 못하는 이유가 예수님을 통해 구약을 보지 않기 때문이라는 사실을 강조합니다. 우리가 예수님께로 돌아갈 때 성경의 계시를 아주 분명하게 깨닫게 된다는 사실을 강조합니다.

"그러나 그들의 마음이 완고하여 오늘까지도 구약을 읽을 때에 그 수건이 벗겨지지 아니하고 있으니 그 수건은 그리스도 안에서 없어질 것이라" 고후 3:14

"그러나 언제든지 주께로 돌아가면 그 수건이 벗겨지리라" 고후 3:16

수건을 얼굴에 쓰면 볼 수가 없습니다. 얼굴에 덮인 수건을 벗을 때 볼 수가 있습니다. 바울은 예수님께 돌아가면 얼굴에 덮인 수건이 벗겨져서 성경을 밝히 알 수 있다고 가르칩니다.

이 책은 계속해서 히브리서 11장에 등장하는 믿음의 영웅들의 생애를 예수님과 관련시켜서 이야기하고 있습니다. 그것이 히브리서를 기록한 성경 기자가 의도한 바이며, 성경 전체를 기록하도록 영감을 주신 성령님이 의도하신 바이기 때문입니다. 성령님은 예수님을 증거하시는 영입니다. 성경 전체를 통해 예수님이 누구이신가를 증언해 주시는 분이십니다.

히브리서 11장 17-19절은 아브라함의 부활 신앙을 증거하고 있습니다. 아브라함이 믿은 하나님은 죽은 자를 살리시는 하나님입니다. 아브라함의 부활 신앙은 그가 믿은 하나님이 부활의 하나님이심을 믿은 데서 기인한 것입니다. 바울은 이 사실을 로마서에서 증거하고 있습니다. 이 말씀은 아브라함의 믿음을 이해하는 데 핵심을 이루는 구절입니다.

"그가 믿은 바 하나님은 죽은 자를 살리시며 없는 것을 있는 것으로 부르시는 이시니라" 롬 4:17하죽은 자를 살리시며 없는 것을 있는 것으로 부르시는 하나님을 믿은 아브라함의 믿음은 곧 예수님을 죽은 자 가운데서 살리신 하나님을 믿는 믿음입니다. 로마서 4장의 마지막 부분에서 바울은 이 사실을 힘주어 말하고 있습니다.

"의로 여기심을 받을 우리도 위함이니 곧 예수 우리 주를 죽은 자 가운데서 살리신 이를 믿는 자니라 예수는 우리가 범죄한 것 때문에 내줌이 되고 또한 우리를 의롭다 하시기 위하여 살아나셨느니라" 롬 4:24-25

바울은 아브라함을 통해 복음을 증거하는 중에 아브라함의 부활 신앙과 예수님의 부활을 연결시켜 설명했습니다. 그렇다면 우리의 질문은 "아브라함이 어떻게 부활 신앙을 갖게 되었는가?"에 초점을 두게 됩니다. 어떤 과정을 통해 그가 인류 역사상 최초로 부활 신앙을 갖게 되었는지에 대한 질문을 가지고 말씀을 함께 상고하면 좋겠습니다.

참된 믿음은 시험을 통과함으로써 성장합니다

아브라함은 그가 받은 시험을 통해서 부활 신앙을 경험했습니다. 히브리서 11장 17절은 아브라함이 시험을 받을 때 믿음으로 이삭을 드렸다고 말합니다.

"아브라함은 시험을 받을 때에 믿음으로 이삭을 드렸으니 그는 약속들을 받은 자로되 그 외아들을 드렸느니라" 히 11:17

아브라함이 받은 시험은 무슨 시험이었을까요? 그가 받은 시험에 대한 자세한 내용이 창세기 22장에 기록되어 있습니다.

"그 일 후에 하나님이 아브라함을 시험하시려고 그를 부르시되 아브라함아 하시니 그가 이르되 내가 여기 있나이다 여호와께서 이르시되 네 아들 네 사랑하는 독자 이삭을 데리고 모리아 땅으로 가서 내가 네게 일러 준 한 산 거기서 그를 번제로 드리라" 창 22:1-2

하나님은 아브라함을 시험하기 위해 부르셨습니다. 아브라함이 받은 시험은 엄청난 시험이었습니다. 그것은 그가 정말 사랑하는 아들 독자를 모리아 땅으로 가서 하나님이 일러 준 한 산에서 번제로 드리라는 것이었습니다. 번제는 불에 태워 드리는 제사를 의미합니다. 아브라함은 그동안 하나님께 번제를 드림으로 예배를 드렸습니다. 아브라함이 여호와께 제단을 쌓았다는 것은 하나님께 번제를 드렸다는 것을 의미합니다.

"거기서 벧엘 동쪽 산으로 옮겨 장막을 치니 서쪽은 벧엘이요 동쪽은 아이라 그가 그곳에서 여호와께 제단을 쌓고 여호와의 이름을 부르더니" 창 12:8

아브라함은 이삭이 태어난 후에도 자주 번제를 드렸던 것이 분명합니다. 아브라함이 하나님의 말씀에 순종해 아들 이삭을 데리고 모리아산에 번제를 드리러 갈 때 이삭이 아버지께 물었습니다.

"이삭이 이르되 불과 나무는 있거니와 번제할 어린 양은 어디 있나이까" 창 22:7하

하나님이 아브라함을 불러 내리신 시험은 사랑하는 독생자 이삭을, 그것도 번제로 드리라는 것이었습니다. 하나님의 목소리가 조금 떨리는 듯합니다.

"네 아들 네 사랑하는 독자 이삭을…번제로 드리라" 창 22:2

'네 아들 네 사랑하는 독자 이삭'이라는 하나님의 표현을 보십시

오. 하나님은 아브라함이 이삭을 얼마나 사랑하는지 알고 계셨습니다. 하나님의 표현을 보면 알 수 있습니다. 아브라함은 처음 하나님의 말씀을 들었을 때 자신의 귀를 의심했을 것입니다. 그것은 결코 이해할 수 있는 일이 아니었기 때문입니다. 왜냐하면 이삭을 주신 분은 하나님입니다. 하나님은 이삭을 그냥 주신 것이 아니라 약속의 자녀로 주셨습니다. 이 사실을 히브리서 11장 18절은 이렇게 밝히고 있습니다.

"그에게 이미 말씀하시기를 네 자손이라 칭할 자는 이삭으로 말미암으리라 하셨으니" 히 11:18

하나님이 아브라함에게 이 말씀을 주신 때는 이삭이 태어나서 막 성장했을 때였습니다. 이삭이 태어나서 장성하는 중에 하갈이 낳은 아들 이스마엘이 이삭을 놀렸습니다. 그 모습을 본 사라는 아브라함에게 하갈과 이스마엘을 쫓아내라고 말했습니다.

사라의 말을 들은 아브라함은 이스마엘 때문에 고심했습니다. 왜냐하면 그가 이스마엘도 사랑했던 까닭입니다. 이삭을 낳기 전 13년 동안 이스마엘은 아브라함에게 큰 기쁨을 준 아들이었습니다. 비록 하갈이라는 여종에게서 태어났지만 상속자로 여길 만큼 사랑하는 아들이었습니다. 그런데 하나님이 아브라함에게 사라의 말을 들으라고 말씀하셨습니다. 그때 주신 말씀은 구속의 역사에 아주 중요합니다.

"하나님이 아브라함에게 이르시되 네 아이나 네 여종으로 말미암아 근심하지 말고 사라가 네게 이른 말을 다 들으라 이삭에게서 나는 자라야 네 씨라 부를 것임이니라" 창 21:12

여기서 '씨'는 아주 중요한 단어입니다. 히브리서 11장 18절에는 우리말로 '자손'이라고 번역되었습니다. 하지만 헬라어 성경에는

'씨'(seed)로 번역되었습니다. 바울은 하나님이 아브라함에게 말씀하신 '씨'가 장차 이 땅에 오실 그리스도를 의미한다고 말했습니다.

"이 약속들은 아브라함과 그 자손에게 말씀하신 것인데 여럿을 가리켜 그 자손들이라 하지 아니하시고 오직 한 사람을 가리켜 네 자손이라 하셨으니 곧 그리스도라" 갈 3:16

바울이 강조하는 것은 이삭에게서 날 '씨'가 복수가 아니라 단수라는 것입니다. 그 단수, 바로 한 사람이 그리스도라는 것입니다. 왜 이 사실이 중요할까요? 하나님이 아브라함에게 이삭을 통해서 씨를 주겠다고 하신 것은 하나님의 소중한 약속입니다. 이삭이 없으면 장차 오실 그리스도도 없는 것입니다.

아브라함이 직면했던 시험은 아주 힘들고, 또한 이해하기 어려운 시험이었습니다. 하지만 우리는 여기서 하나님이 왜 아브라함에게 이 시험을 주셨는가에 대한 의도를 이해하는 것이 중요합니다. 우리가 시험을 치를 때 시험 문제 출제자의 의도를 파악하는 것이 중요합니다. 그럴 때 우리는 시험을 잘 치를 수가 있습니다. 그렇다면 아브라함에게 닥친 시험은 어떤 시험일까요?

첫째, 선물을 주시는 분을 사랑할 것인지, 아니면 선물을 사랑할 것인지에 대한 시험입니다.

조나단 에드워즈는 영적 감정에 있어서 하나님에 대한 사랑을 아주 소중히 여겼습니다. 참된 믿음의 열매는 하나님에 대한 사랑으로 나타난다는 것입니다. 아브라함은 하나님을 사랑했던 사람입니다. 그런데 어느 날부터 하나님보다 더 사랑하는 사람이 생겼습니다. 그것은 이삭이었습니다. 100세의 나이에 사라의 몸에서 태어난 아들

이삭은 정말 사랑스러웠습니다. 할아버지의 나이에 손자가 아닌 아들을 낳았습니다. 그 느낌은 할아버지가 손자나 손녀를 품에 안을 때의 느낌을 상상해 보면 알 수 있습니다.

하나님은 어느 날부터 아브라함에게 이상한 문제가 생긴 것을 발견하셨습니다. 그의 눈길이 하나님보다는 이삭에게 머물고 있었습니다. 이삭 때문에 염려하고, 이삭에게 지나치게 집착하고 있는 것을 발견했습니다. 선물을 주신 분보다 선물에 집착하고 있는 모습을 발견한 것입니다. 이삭이 어느 날부터 아브라함의 우상이 된 것입니다. 우상이란 우리와 하나님 사이를 막고 있는 것입니다. 하나님보다 더 우리의 관심을 빼앗고 있는 것이면 우상이 됩니다.

아브라함은 축복을 주신 분보다 축복에 더 관심을 갖게 되었습니다. 그것은 아브라함을 복되게 하는 일이 아니었습니다. 그의 생명을 풍성하게 하는 일이 아니었습니다. 그를 오히려 파멸로 몰고 가는 것이었습니다. 하나님이 우리를 시험하실 때 그것은 하나님을 위한 것이 아니라 사실은 우리를 위한 것입니다. 시험을 통해 우리를 진정으로 자유롭게 하시고, 우리를 진정으로 부요하게 하시기 위함입니다.

둘째, 하나님의 말씀에 순종할 것인지, 아니면 불순종할 것인지에 대한 시험입니다.

믿음은 순종과 밀접한 관계가 있습니다. 믿음이란 하나님의 말씀에 순종으로 반응하는 것입니다. 믿음의 크기는 순종의 크기입니다. 믿음의 성장은 순종의 성장입니다. 아브라함의 믿음은 순종하는 믿음이었습니다. 히브리서는 아브라함의 믿음이 순종하는 믿음임을 강조합니다.

"믿음으로 아브라함은 부르심을 받았을 때에 순종하여 장래의 유업으로 받을 땅에 나아갈새 갈 바를 알지 못하고 나아갔으며" 히 11:8

하지만 아브라함의 순종이 처음부터 온전했던 것은 아닙니다. 그의 순종은 여러 가지 시험을 통과하는 중에 더욱 성숙해지고, 더욱 온전해졌습니다. 하나님이 처음 아브라함을 부르셨을 때 그의 순종은 사실 온전한 순종이 아니었습니다. 하나님은 그에게 고향과 친척과 아버지의 집을 떠나라고 말씀하셨습니다. 하지만 아브라함은 아버지와 동행했고, 조카 롯을 데리고 길을 떠났습니다. 결국 아버지 데라는 하란에서 죽었고, 조카 롯은 소돔과 고모라로 떠났습니다.

하나님이 아브라함에게 자녀를 주겠다고 하셨을 때 그는 믿었습니다. 하나님은 그의 믿음을 의로 여기셨습니다. 하지만 그의 믿음은 온전하지 못했습니다. 그는 온전히 순종하지 못했습니다. 사라의 말을 듣고 하갈을 통해 이스마엘을 낳았습니다.

아브라함은 두 번이나 자기 아내 사라를 누이라고 속였습니다. 애굽 왕과 그랄 왕 아비멜렉을 거짓말로 위험에 빠뜨렸습니다. 사라마저 위험에 처하게 했습니다. 그는 하나님을 믿었지만 두려움 때문에 거짓말을 했습니다. 물론 그의 거짓말은 반쪽 거짓말이었지만, 거짓말은 거짓말이었습니다. 아브라함과 사라는 하나님을 온전히 신뢰하지 못했기 때문에 서로 거짓말을 공유함으로 살아남을 길을 모색했습니다. 아브라함이 그랄 왕 아비멜렉에게 한 말을 들어 보십시오.

"아브라함이 이르되 이곳에서는 하나님을 두려워함이 없으니 내 아내로 말미암아 사람들이 나를 죽일까 생각하였음이요 또 그는 정말로 나의 이복누이로서 내 아내가 되었음이니라 하나님이 나를 내 아버지의 집을 떠나 두루 다니게 하실 때에 내가 아내에게 말하기를 이후로 우리의 가는 곳마다 그대는 나를 그대의 오라비라 하라 이것이 그대가 내게 베풀 은혜라 하였었노라" 창 20:11-13

아브라함과 사라의 모습 속에서 우리의 모습을 봅니다. 연약한 믿음과 두려움 때문에 부부가 함께 어느 정도의 거짓말을 묵인하면서 살아갑니다. 하지만 하나님은 사라를 보호해 주셨고, 아브라함의 거짓말과 실수에도 불구하고 놀라운 은혜를 베풀어 주셨습니다. 하나님은 한량없는 은혜를 통해 그의 믿음을 키워 주시고, 순종의 사람으로 점점 더 성숙시켜 주셨습니다.

아브라함은 이런 과정을 통해 하나님이 좋으신 하나님임을 깨닫게 됩니다. 하나님의 선하심을 맛보아 알게 됩니다. 하나님을 점점 신뢰하게 됩니다. 바로 그 시점에서 하나님이 아브라함에게 최고 어려운 시험 문제를 내신 것입니다. 이번에 아브라함에게 주어진 순종의 시험은 온전한 순종을 요구했습니다. 즉각적인 순종을 요구했습니다. 물론 그 과정에서 아브라함은 엄청난 고뇌의 시간을 거쳤을 것입니다. 하지만 그 어려운 시험을 온전한 순종으로 이겨 냈습니다. 창세기 22장 3절에서 우리는 온전히 순종하기 위해 아침 일찍 모리아산을 향해 떠나는 아브라함의 모습을 보게 됩니다.

"아브라함이 아침에 일찍이 일어나 나귀에 안장을 지우고 두 종과 그의 아들 이삭을 데리고 번제에 쓸 나무를 쪼개어 가지고 떠나 하나님이 자기에게 일러 주신 곳으로 가더니" 창 22:3

아브라함은 모리아산에서 정말로 그의 아들 이삭을 번제로 드리게 됩니다. 그는 어려운 시험을 통과한 것입니다.

"하나님이 그에게 일러 주신 곳에 이른지라 이에 아브라함이 그곳에 제단을 쌓고 나무를 벌여 놓고 그의 아들 이삭을 결박하여 제단 나무 위에 놓고 손을 내밀어 칼을 잡고 그 아들을 잡으려 하니"창 22:9-10

정말 놀라운 장면입니다. 아브라함이 하나님을 얼마나 사랑했는가를 보여 주는 장면입니다. 상상을 초월한 장면입니다. 아브라함은 온전한 순종을 통해 하나님이 그에게 낸 시험을 통과했습니다. 여기서 우리는 "어떻게 아브라함이 아들을 바치는 순종의 자리에 이르렀을까?"라는 질문을 하게 됩니다.

부활 전에 죽는 경험이 먼저입니다

아브라함의 믿음은 순종하는 믿음이었습니다. 또한 부활을 믿는 믿음이었습니다. 히브리서는 아브라함의 믿음이 부활 믿음임을 증언하고 있습니다.

"그가 하나님이 능히 이삭을 죽은 자 가운데서 다시 살리실 줄로 생각한지라 비유컨대 그를 죽은 자 가운데서 도로 받은 것이니라"히 11:19

이 말씀을 기록한 히브리서 기자는 '비유컨대'라는 표현을 썼습니다. 모리아산에서 아브라함이 이삭을 바친 사건은 비유컨대 예수님의 십자가에서의 죽으심과 부활과 비슷하다는 것을 의미합니다. 여기서 우리는 아브라함이 부활 믿음을 가지고 이삭을 번제로 드렸다는 사실을 조금 더 자세히 살펴볼 필요가 있습니다.

첫째, 부활 믿음은 죽음을 통해 부활을 경험한 사람이 갖는 믿음입니다.

아브라함은 두 번의 죽음을 경험한 사람입니다. 첫 번째 죽음은 하나님이 그에게 찾아오셔서 아들을 주겠다고 하셨을 때 그의 몸에서 경험한 죽음입니다. 아브라함과 사라의 상태는 자녀를 생산할 능력이 없는, 죽음에 이른 것과 같았습니다. 아브라함은 100세가 되어 노쇠했습니다. 사라는 여성의 생리가 끊어졌습니다. 아브라함의 상태는 히브리서와 로마서에 잘 나와 있습니다.

"이러므로 죽은 자와 같은 한 사람으로 말미암아 하늘의 허다한 별과 또 해변의 무수한 모래와 같이 많은 후손이 생육하였느니라" 히 11:12

히브리서 기자는 아브라함이 죽은 자와 같은 사람이었다고 말했습니다. 바울이 로마서에서 사용한 표현도 같습니다.

"그가 백 세나 되어 자기 몸이 죽은 것 같고 사라의 태가 죽은 것 같음을 알고도 믿음이 약하여지지 아니하고" 롬 4:19

여기서 반복되는 표현이 '죽은 것 같고'라는 말입니다. 아브라함은 이미 자신의 몸을 통해 죽음을 경험했습니다. 그런데 하나님이 그의 몸을 소생시키신 것입니다. 사라의 몸을 소생시키신 것입니다. 아브라함과 사라는 그들의 몸을 통해 부활을 경험했습니다. 죽은 것과 같았던 그들의 몸에서 다시 살아나는 것을 경험했습니다. 그런 까닭에 아브라함은 부활 믿음을 가질 수가 있었습니다.

아브라함의 두 번째 죽음은 이삭을 데리고 모리아산을 올라가기 전날 밤에 있었습니다. 아브라함이 이삭을 데리고 모리아산으로 올라가는 것은 결코 쉬운 일이 아니었습니다. 에이든 토저(A. W. Tozer)는 《하나님을 추구함》에서 모리아산으로 떠나기 전날 밤 아브라함의 고뇌를

예수님의 겟세마네 동산에서의 기도와 연결시킵니다.¹

그날 밤 아브라함은 죽었습니다. 이삭을 제물로 드린다는 것은 곧 자신의 죽음을 의미했습니다. 아브라함은 이삭을 드리는 것보다 자신을 드리는 것이 훨씬 쉬웠을 것입니다. 그는 이제 나이가 들었지만 이삭은 그의 미래였습니다. 아니, 하나님의 약속의 자녀요, 하나님의 미래였습니다. 그가 이삭을 바친다는 것은 자신이 죽는 것이었습니다. 또한 그의 마음속에서 이삭을 하나님께 드리는 것이었습니다. 모리아산으로 향하는 3일 길을 떠나기 전에 아브라함의 마음속에서 이삭은 이미 죽은 것입니다. 그리고 사흘 후에 다시 죽은 이삭이 부활한 것입니다.²

예수님도 부활이 있기 전에 십자가의 죽음이 먼저 있었습니다. 우리의 삶에도 마찬가지입니다. 부활을 경험하기 위해서는 죽는 경험이 먼저 있어야 합니다. 예수님을 믿는 우리는 이미 예수님과 함께 십자가에서 죽고, 예수님과 함께 부활한 사람들입니다. 다음과 같은 바울의 고백은 곧 우리의 고백입니다.

"내가 그리스도와 함께 십자가에 못 박혔나니 그런즉 이제는 내가 사는 것이 아니요 오직 내 안에 그리스도께서 사시는 것이라 이제 내가 육체 가운데 사는 것은 나를 사랑하사 나를 위하여 자기 자신을 버리신 하나님의 아들을 믿는 믿음 안에서 사는 것이라" 갈 2:20

둘째, 부활 믿음은 부활의 권능으로 역사하시는 하나님을 신뢰하는 믿음입니다.

부활이 있기 전에 죽음이 있습니다. 아브라함과 사라의 경우에는 죽은 것 같음을 느낀 경험이 있었습니다. 비유로 말하면 그들의 몸은 죽었던 것입니다. 그리고 다시 살아난 것입니다. 이것이 부활의 신비입니다. 아브라함이 모리아산을 향해 떠날 때 그는 죽었고, 그의 마음속에서 이삭도 죽었습니다. 하지만 아브라함은 모리아산에 이르렀을 때 부활의 믿음을 갖게 되었습니다. 그가 부활의 믿음을 갖게 된 것을 어떻게 알 수 있을까요? 그가 이삭을 번제로 드리기 위해 하나님이 정하신 곳으로 갈 때 동행했던 두 명의 종들과 나눈 대화 속에서 알 수 있습니다.

"이에 아브라함이 종들에게 이르되 너희는 나귀와 함께 여기서 기다리라 내가 아이와 함께 저기 가서 예배하고 우리가 너희에게로 돌아오리라 하고" 창 22:5

이 대화를 깊이 묵상해 보면 놀랍습니다. 아브라함은 이삭을 번제로 드리기 위해 예배하는 곳으로 갔습니다. 그가 이삭을 번제로 드린다면 이삭은 죽습니다. 그런데 아브라함은 종들에게 "내가 아이와 함께 저기 가서 예배하고 '우리'가 너희에게로 돌아오리라"라고 말했습니다. 아브라함이 부활의 믿음을 갖지 못했다면 "내가 아이와 함께 저기 가서 예배하고 '내'가 너희에게로 돌아오리라"라고 말했어야 합니다. 그런데 아브라함은 '우리'가 돌아오리라고 말했습니다. 여기서 아브라함의 부활의 생각을 읽을 수 있습니다.

"그가 하나님이 능히 이삭을 죽은 자 가운데서 다시 살리실 줄로 생각한지라" 히 11:19상

아브라함은 인류 역사상 최초로 부활 신앙을 가진 사람입니다. 그리고 부활을 경험한 사람입니다. 그는 죽은 자를 살리시는 하나님을 믿었습니다. 그는 정말로 이삭을 죽은 자 가운데서 도로 받은 것입니다.

"그를 죽은 자 가운데서 도로 받은 것이니라" 히 11:19하

하나님은 아브라함이 이삭을 번제로 드린 것으로 간주하셨습니다. 예배의 절정은 드림에 있습니다. 드림이 먼저입니다. 그때 받음이 있습니다. 예배는 드리고 받는 것입니다. 아브라함은 이삭을 드렸고, 드린 후에 놀라운 복을 받았습니다.

믿음의 시험 후에는 하나님의 상이 있습니다

우리가 상을 받기 위해 믿는 것은 아니지만 하나님은 믿는 자를 위해 늘 상을 예비하십니다. 아브라함이 이삭을 희생 제물로 죽이려고 했을 때 하나님이 그를 막으셨습니다. 그가 시험을 잘 통과했다는 사실을 알려 주셨습니다.

"하나님이 그에게 일러 주신 곳에 이른지라 이에 아브라함이 그곳에 제단을 쌓고 나무를 벌여 놓고 그의 아들 이삭을 결박하여 제단 나무 위에 놓고 손을 내밀어 칼을 잡고 그 아들을 잡으려 하니 여호와의 사자가 하늘에서부터 그를 불러 이르시되 아브라함아 아브라함아 하시는지라 아브라함이 이르되 내가 여기 있나이다 하매 사자가 이르시되 그 아이에게 네 손을 대지 말라 그에게 아무 일도 하지 말라 네가 네 아들 네 독자까지도 내게 아끼지 아니하였으니 내가 이제야 네가 하나님을 경외하는 줄을 아노라" 창 22:9-12

하나님이 천사를 통해 아브라함에게 시험을 잘 통과했다는 사실을 전해 주었을 때 아브라함은 눈이 열려 한 숫양을 보게 되었습니다. 그 숫양을 이삭을 대신해서 번제로 드렸습니다.

"아브라함이 눈을 들어 살펴본즉 한 숫양이 뒤에 있는데 뿔이 수풀에 걸려 있는지라 아브라함이 가서 그 숫양을 가져다가 아들을 대신

하여 번제로 드렸더라" 창 22:13

시험을 통과한 후에 숫양이 보였습니다. 순종하기 전에 잘 보이지 않았던 것이 순종하면 보이게 됩니다. 여기서 아브라함이 숫양을 본 것은 아주 중요한 사건입니다. 여기 나오는 숫양은 하나님의 계시의 절정이기 때문입니다. 이 숫양은 예수님의 모형입니다.

순종할 때 눈이 열립니다. 하나님의 말씀에 순종할 때 계시가 임합니다. 순종할 때마다 한 단계 높은 차원으로 올라가게 됩니다. 불순종하면 눈이 가려집니다. 하나님의 계시의 영이 역사하지 않습니다. 사탄은 우리의 눈과 귀를 어둡게 만듭니다. 반면에 성령님은 순종의 영이십니다. 순종의 영이신 성령님이 도와주시면 눈이 열리고, 귀가 열립니다. 그래서 이전에 못 보던 것을 보게 됩니다. 안 보이던 것을 보게 됩니다. 듣지 못하던 것을 듣게 됩니다. 하나님은 이삭을 대신해서 죽을 숫양을 예비하셨습니다. 이 사건을 통해 하나님은 자신의 이름을 '여호와 이레'로 드러내셨습니다.

"아브라함이 그 땅 이름을 여호와 이레라 하였으므로 오늘날까지 사람들이 이르기를 여호와의 산에서 준비되리라 하더라" 창 22:14

하나님은 아브라함이 이삭을 번제로 드리기로 고심하며 준비하는 동안에 이삭을 대신할 숫양을 준비하고 계셨습니다.

우리는 하나님을 오해할 때가 많습니다. 하나님은 우리가 좋아하고 사랑하는 것을 빼앗아 가는 분으로 오해할 때가 있습니다. 역경과

> '여호와 이레'란 '미리 준비하시는 하나님'이란 뜻입니다.
> 하나님은 우리에게 최고의 것을 주시기 원하십니다.

시련과 질병과 실패가 찾아오면 그런 오해가 생깁니다. 억울한 일을 만나고, 죽음의 현실에 직면하게 되면 그런 오해를 하게 됩니다. 하나님께 기도했던 일들이 응답되지 않을 때, 기다려도 소원하던 것들이 이루어지지 않을 때 그런 오해를 하게 됩니다. 하나님이 오랫동안 침묵하실 때, 어두운 밤이 지속될 때 그런 오해를 하게 됩니다.

그럴 때 우리의 믿음은 시험을 받게 됩니다. 사탄이 와서 우리에게 의심을 불어넣습니다. 그런 오해를 극복하는 길은 성경을 깊이 묵상하는 것입니다. 성경을 공부하는 중에 하나님의 선하심을 묵상하는 것입니다. 인생을 단면적으로 보지 말고 모든 것을 합력해서 선을 이루시는 하나님의 섭리의 관점으로 우리의 현실을 바라보는 것입니다.

우리가 성경에 나오는 인물들을 지속적으로 연구하는 이유는 그들의 생애를 통해 하나님이 어떻게 역사하시는지를 배우기 위해서입니다. 요셉이 목동 시절에 경험했던 시련은 고통이요, 절망이었습니다. 요셉이 형제들에게 미움을 받아 팔려 가는 순간만을 생각하면 하나님을 오해할 수 있습니다. 하지만 그 사건을 통해 요셉이 애굽의 국무총리가 되고 만인의 생명을 살리는 결과를 가져온 사실을 알게 되면 하나님에 대한 오해가 풀리게 됩니다.

하나님은 아브라함에게 좋은 것을 주기 원하셨습니다. 하지만 아브라함은 늘 차선의 것에 만족하려고 했습니다. 하나님은 사라를 통해 아브라함에게 약속의 자손을 주기 원하셨습니다. 하지만 아브라함은 약속의 성취가 늦어지자 조카 롯을 상속자로 생각했습니다. 조카 롯이 떠났을 때 그의 종 엘리에셀을 상속자로 생각했습니다. 하나님이 엘리에셀은 상속자가 될 수 없다고 말씀하시자 하갈을 통해 낳은 이스마엘을 상속자로 생각했습니다. 하나님은 이스마엘이 그의 상속자가 될 수 없고 오직 사라의 몸에서 태어날 자, 곧 이삭이 그의 상속자가 될 것을 말씀하셨습니다. 오랜 기다림 속에 하나님은 아브라함에게 이삭을 선물로 주셨습니다.

그런데 하나님은 아브라함에게 이삭보다 더 좋은 것이 있음을 알려 주고 싶으셨습니다. 그것은 숫양이었습니다. 이삭을 대신해서 희생을 당한 숫양입니다. 숫양은 이삭이 찾았던 어린 양이었습니다. 어린 양은 장차 이 땅에서 전 인류의 죄를 대신 담당하실 예수님의 모형이었습니다.

"이튿날 요한이 예수께서 자기에게 나아오심을 보고 이르되 보라 세상 죄를 지고 가는 하나님의 어린양이로다" 요 1:29

예수님은 아브라함이 예수님의 때를 미리 보고 기뻐했다고 말씀하셨습니다.

"너희 조상 아브라함은 나의 때 볼 것을 즐거워하다가 보고 기뻐하였느니라" 요 8:56

예수님은 아브라함이 모리아 산에서 숫양을 통해 장차 오실 예수님을 보았다고 말씀하신 것입니다. 바울은 아브라함이 하나님으로부터 복음을 미리 받았다고 말합니다.

"또 하나님이 이방을 믿음으로 말미암아 의로 정하실 것을 성경이 미리 알고 먼저 아브라함에게 복음을 전하되 모든 이방인이 너로 말미암아 복을 받으리라 하였느니라" 갈 3:8

복음이 무엇입니까? 복음은 예수님입니다. 복음은 어린양 예수님이 이 땅에 오셔서 우리를 대신해서 십자가를 지심으로 우리 죄를 용서하신다는 사실입니다. 또한 죽으신 후에 사흘 만에 부활하신다는 사실입니다. 부활하신 예수님이 오순절에 성령님을 보내 주신다는 사실입니다. 그러므로 예수님을 믿으면 예수님의 대속의 은혜를 통해 죄 사함을 받고, 영생을 얻으며, 성령님을 선물로 받게 된다는 것이 복음입니다. 뿐만 아니라 우리도 부활의 권능에 참여하게 된다는 것입니다.

하나님은 아브라함이 이삭을 바쳤을 때 큰 복을 예비해 그에게 부어 주셨습니다. 하나님이 주시는 복에는 작은 복이 있고, 큰 복이 있음을 이 말씀을 통해 깨닫게 됩니다.

"내가 네게 큰 복을 주고 네 씨가 크게 번성하여 하늘의 별과 같고 바닷가의 모래와 같게 하리니 네 씨가 그 대적의 성문을 차지하리라 또 네 씨로 말미암아 천하 만민이 복을 받으리니 이는 네가 나의 말을 준행하였음이니라 하셨다 하니라" 창 22:17-18

여기서 '씨'는 이삭을 가리키면서, 동시에 장차 오실 그리스도를 가리키고 있습니다. 그 비밀은 신약에서 바울을 통해 자세히 밝혀지게 됩니다. 하나님이 아브라함에게 주신 최고의 상은 바로 예수님이셨습니다. 우리는 사실 이미 큰 복을 받은 사람들입니다. 예수님이 복음입니다. 예수님이 큰 복입니다. 우리는 예수님 안에서 큰 복을 누리고 있습니다. 풍성한 생명을 누리고 있습니다.

아브라함은 이삭을 바친 후에 자유로워졌습니다. 하나님은 아브라함이 이삭을 바쳤을 때 이삭을 다시 돌려주셨습니다. 하지만 그 이후로 아브라함은 이삭으로부터 자유로워졌습니다. 왜냐하면 이삭은 더 이상 그의 우상이 아니었기 때문입니다. 하나님께 이삭을 바친 후로 아브라함은 이삭을 하나님께 맡겼습니다. 그는 모든 소유로부터 자유로워졌습니다.

우리는 우리가 소유한 것에 노예가 되어 살고 있습니다. 소유 때문

에 노심초사합니다. 하지만 모든 것을 하나님께 맡길 때 우리는 참으로 자유로울 수 있습니다.³

모리아산에서 만나는 예수님

창세기 22장은 우리가 자주 묵상하는 말씀입니다. 왜냐하면 그곳에서 예수님을 만날 수 있기 때문입니다. 창세기 22장의 사건은 예수님의 십자가 죽음과 부활을 미리 보여 주는 말씀입니다. 하나님이 이삭을 바치도록 정하신 모리아산은 예루살렘입니다. 하나님은 모리아산에다 솔로몬의 성전을 건축하게 하셨습니다.

"솔로몬이 예루살렘 모리아 산에 여호와의 전 건축하기를 시작하니 그곳은 전에 여호와께서 그의 아버지 다윗에게 나타나신 곳이요 여부스 사람 오르난의 타작마당에 다윗이 정한 곳이라" 대하 3:1

신약성경에서 요한은 예수님이 친히 성전이 되신다고 했습니다. 예수님은 베들레헴에서 태어나셨지만 반드시 예루살렘에서 죽으셔야 했습니다. 왜냐하면 바로 예루살렘이 하나님이 이삭을 바치도록 명하신 곳이기 때문입니다. 이삭을 대신해서 희생을 당한 어린양처럼 예수님은 전 인류의 죄를 대신 담당하신 희생양으로서 예루살렘, 곧 모리아산에서 죽임을 당하셨습니다.

이삭을 바친 후로 아브라함은 하나님의 벗이 되었습니다(대하 20:7 개역한글; 사 41:8; 약 2:23 참조). 왜냐하면 인류 역사상 독생자를 희생시킨 경험을 한 사람이 아브라함이기 때문입니다. 하나님은 아브라함을 위해서는 숫양을 미리 준비하셨지만 자기의 독생자 예수님을 위해서는 숫양을 준비하지 않으시고 친히 죽임을 당하도록 내어 주셨습니다. 하지만 하나님은 십자가에 죽으신 예수님을 3일 만에 부활시켜 주셨습니다. 마치 모리아산을 떠나기 전에 아브라함의 마음에 죽었던 이삭을 3일 만에 부활시켜 주신 것과 같습니다.

우리는 창세기 22장의 마지막 부분에서 하나님이 이삭을 위해 준비해 놓으신 리브가를 만나게 됩니다. 이것은 참으로 놀라운 일입니다. 아브라함이 이삭을 번제물로 바치려고 할 때 하나님은 이삭의 신붓감을 예비해 놓으셨던 것입니다.

"이 일 후에 어떤 사람이 아브라함에게 알리어 이르기를 밀가가 당신의 형제 나홀에게 자녀를 낳았다 하였더라" 창 22:20

"이 여덟 사람은 아브라함의 형제 나홀의 아내 밀가의 소생이며 브두엘은 리브가를 낳았고" 창 22:23

이 사실에 대해 데이비드 윌커슨은 그의 책에서 다음과 같이 기록했습니다.

> 아브라함이 이삭을 내리치려던 바로 그 순간, 브두엘은 하나님이 이삭의 아내로 예비하신 딸을 키우고 있었습니다. 그것은 성령께서 아브라함에게 마치, "그렇다. 내가 너의 아들을 구해 냄으로 네게 약속한 씨를 보존했다. 또한 네 씨를 위해 마련한 것이 있다. 네 동생에게서 태어난 딸이 이삭과 결혼하게 될 것이다"라고 말씀하시는 것 같았습니다. (데이비드 윌커슨,《하나님의 이름에 비상구가 있다》, 생명의말씀사, 34-35쪽)

이 말씀을 묵상하는 중에 예수님의 신부가 되는 교회를 생각하게 되었습니다. 하나님이 이삭의 신부로 리브가를 준비하신 것처럼, 하나님은 예수님의 신부로 교회를 준비하셨던 것입니다. 예수님이 십자가에 돌아가실 때 하나님 아버지께서는 독생하신 예수님의 신부가 될 교회를 준비하고 계셨습니다. 바울은 남편과 아내의 관계를 그리스도와 신부 된 교회의 관계로 설명합니다.

"남편들아 아내 사랑하기를 그리스도께서 교회를 사랑하시고 그 교회를 위하여 자신을 주심같이 하라 이는 곧 물로 씻어 말씀으로 깨끗하게 하사 거룩하게 하시고 자기 앞에 영광스러운 교회로 세우사 티나 주름 잡힌 것이나 이런 것들이 없이 거룩하고 흠이 없게 하려 하심이라" 엡 5:25-27

"이 비밀이 크도다 나는 그리스도와 교회에 대하여 말하노라" 엡 5:32

예수님은 신랑이십니다. 교회는 예수님의 신부입니다. 예수님은 신부 되는 교회를 위해 희생을 당하셨습니다. 그리고 부활하셨습니다. 예수님은 신부 된 교회를 거룩하게 하시고, 아름답게 하시고, 영광스럽게 하십니다. 신부 된 교회가 할 일은 신랑 되신 예수님과 하나가 되는 것입니다. 신랑 되신 예수님을 사랑하는 것입니다. 신랑 되신 예수님이 기뻐하시는 일을 감당하는 것입니다. 우리가 예수님의 교회를 소중히 여기고 예수님의 교회를 위해 헌신해야 하는 이유는 바로 교회가 예수님의 신부가 되기 때문입니다. 예수님의 관심은 늘 신부 되는 교회에 있고, 교회를 통해 모든 만물을 충만하게 하는 데 있습니다.

하나님이 아브라함의 믿음과 사랑을 시험하신 모리아산의 사건은 전 인류 역사의 구원 사건을 보여 주는 예표입니다. 또한 어린양 되신 예수님과 신랑 되신 예수님의 모습을 보여 주는 예표입니다. 또한 신부 되는 교회를 보여 주는 예표입니다.

히브리서를 자세히 읽어 보면 예수님의 부활을 여러 곳에서 증언하고 있음을 알 수 있습니다. 예수님의 죽으심과 부활, 그리고 승천에 대해 자주 언급하고 있습니다. 특별히 히브리서 12장 2절은 예수님의 죽으심과 부활의 영광을 보여 줍니다.

"믿음의 주요 또 온전하게 하시는 이인 예수를 바라보자 그는 그 앞에 있는 기쁨을 위하여 십자가를 참으사 부끄러움을 개의치 아니하시더니 하나님 보좌 우편에 앉으셨느니라" 히 12:2

이 말씀 속에 담긴 '앞에 있는 기쁨'은 부활의 즐거움이요, 부활의 영광입니다. 또한 히브리서의 축도 속에도 예수님의 부활이 담겨 있습니다(히 13:20-21). 하나님은 죽은 자를 살리시는 분입니다. 하나님은 없는 것을 있는 것처럼 부르시는 분입니다. 하나님의 부활의 권능은 지금도 역사하고 있습니다. 우리는 부활의 권능을 믿습니다. 죽으신 예수님 안에서 역사했던 부활의 권능이 지금 우리 안에 역사하고 있음을 믿으십시오. 어떤 어려운 시련도 부활 신앙으로 극복할 수 있습니다. 부활 신앙으로 승리하는 우리가 되기를 바랍니다.

Chapter 8

장차 있을 일을
축복한 이삭의 믿음

히브리서 11:20
믿음으로 이삭은 장차 있을 일에 대하여 야곱과 에서에게 축복하였으며

이삭,
예수를 보여 주는 믿음의 사람

믿음을 이야기할 때 우리 믿음의 근거는 성경에 기초해야 합니다. 성경에 기초한 믿음이란 무엇을 의미할까요? 그것은 예수님께 기초한 믿음입니다. 성경은 예수님에 대한 기록입니다.

"너희가 성경에서 영생을 얻는 줄 생각하고 성경을 연구하거니와 이 성경이 곧 내게 대하여 증언하는 것이니라" 요 5:39

우리가 성경을 연구하는 목적은 예수님을 만나는 것입니다. 요한복음 5장 39절에서 예수님이 말씀하신 성경은 그 당시의 구약을 의미했습니다. 예수님 당시에는 아직 신약이 기록되지 않았습니다. 예수님은 구약성경이 예수님에 대해 증언하고 있다고 말씀하셨습니다. 그렇다면 우리는 구약을 읽을 때 예수님을 만나기 위해 읽어야 합니다. 구약 속에는 예수님이 감춰진 비밀처럼 담겨 있습니다. 예수님을 통해 구약을 깨닫는 문이 열립니다. 예수님은 성경을 이해하는 관점입니다. 예수님의 눈으로 구약과 신약을 읽을 때 하나님의 의도를 바로 깨달을 수 있습니다.

히브리서 11장에 나오는 믿음의 사람들은 대부분 구약의 인물들입니다. 우리는 그 구약의 인물들과 그들의 믿음과 증언을 통해 예수님을 만날 수 있어야 합니다. 우리는 아브라함이 모리아산에서 이삭을 드린 사건을 통해 숫양을 만났습니다. 모리아산에서 일어난 사건을 통해 어린양 예수님의 죽음과 부활을 만났습니다. 또한 창세기 22장 마지막 부분에 나오는 이삭의 신부 리브가를 통해 예수님의 신부가 되는 교회를 만났습니다.

특별히 우리는 이삭을 통해 예수님의 모습을 보게 됩니다. 이삭은 장차 오실 예수님의 모습을 보여 준 믿음의 사람입니다. 워치만 니는 《주의 형상을 닮아》에서 이삭을 그리스도의 모형이라고 강조합니다.[1]

우리는 이삭을 통해 예수님의 모습을 볼 수 있어야 합니다. 히브리서 11장에 나오는 이삭의 믿음은 한 절로 적혀 있습니다.

"믿음으로 이삭은 장차 있을 일에 대하여 야곱과 에서에게 축복하였으며" 히 11:20

하지만 이 짧은 말씀 속에는 하나님의 구원 역사에 대한 놀라운 비밀이 담겨 있습니다. 이삭이 장차 있을 일에 대하여 야곱과 에서에게 축복한 믿음이 왜 중요한 것일까요? 도대체 이삭이 그의 아들들에게 축복한 일과 구속사와는 어떤 관계가 있는 것일까요? 우리가 이 말씀을 이해하기 위해서는 히브리서 11장에 나오는 아브라함과 사라를 통해 태어난 이삭의 이야기와 아브라함이 이삭을 모리아산에서 바쳤던 사건과 연결시켜야 합니다. 그래야 이삭의 믿음에 대한 선명한 이해가 우리에게 임하게 됩니다.

좋은 믿음을 전수하십시오

이삭의 믿음은 아버지의 좋은 믿음의 모범을 전수받은 것입니다. 특별히 모리아산에서 그가 아버지를 통해 배운 믿음과 그가 만난 하나님 그리고 하나님의 이름은 그의 생애를 움직이는 놀라운 유산이 되었습니다.

여기서 잠시 모리아산을 다시 방문해 보겠습니다. 우리의 거룩한 상상력을 동원해서 아브라함이 모리아산에서 이삭을 바쳤던 사건에 대해 생각해 보는 것입니다. 저는 아브라함이 이삭을 바친 사건을 묵상하는 중에 그 현장에 있었던 이삭에 대해 더욱 깊은 묵상을 하게 되었습니다. 이삭은 번제단 위에 결박을 당한 채 누워 있습니다. 아버지가 칼을 들어 그를 희생 제물로 드리기 위해 내려치려고 합니다. 바로 그 순간에 하나님의 음성이 들립니다.

"여호와의 사자가 하늘에서부터 그를 불러 이르시되 아브라함아 아브라함아 하시는지라 아브라함이 이르되 내가 여기 있나이다 하매 사자가 이르시되 그 아이에게 네 손을 대지 말라 그에게 아무 일도 하지 말라 네가 네 아들 네 독자까지도 내게 아끼지 아니하였으니 내가 이제야 네가 하나님을 경외하는 줄을 아노라" 창 22:11-12

하나님의 사자가 아브라함을 급히 불러서 하나님의 말씀을 전할 때 그 음성을 이삭도 들었습니다. 그것은 하늘에서 임한 음성이었습니다. 그 음성을 아브라함만 들은 것이 아닙니다. 이삭도 함께 들었습니다. 이삭은 결코 그 하나님의 음성을 잊을 수가 없습니다. 그 사건을 잊을 수가 없습니다. 그의 생애를 붙잡고 가는 하나님의 음성이요, 그의 뇌리 속에 새겨진 사건이었습니다. 이 사건을 통해 이삭은 아주 소중한 것을 배웁니다. 그것은 바로 복된 믿음입니다.

> 위대한 이름을 기억하고 위대한 모범을 계승하는 것은 가장 중요한 유산이다. -벤저민 디즈레일리

첫째, 하나님께 순종하는 믿음이 복된 믿음입니다.

아브라함은 순종했습니다. 사랑하는 독자 이삭을 죽이기까지 순종했습니다. 이삭은 아버지를 통해 순종하는 믿음을 유산으로 받았습니다. 하나님은 아브라함의 순종하는 믿음에 큰 점수를 주었습니다. 아브라함이 하나님의 말씀을 준행했다는 것은 순종했다는 것을 의미합니다.

"또 네 씨로 말미암아 천하 만민이 복을 받으리니 이는 네가 나의 말을 준행하였음이니라 하셨다 하니라" 창 22:18

하나님은 아브라함의 순종이 하나님을 사랑해서 나온 것임을 확인해 주셨습니다. 하나님께서 그에게 네 아들 독자까지도 아끼지 아니하고 바친 사실에 대해 언급하신 것은 그가 하나님을 사랑함으로 하나님께 순종한 것을 아셨기 때문입니다. 우리는 사랑하는 것만큼 순종할 수 있습니다. 참된 순종은 사랑에서 나옵니다. 사랑할 때 순종할 수 있습니다. 또한 순종하는 것만큼 사랑할 수 있습니다. 순종과 사랑은 동행합니다. 놀라운 사실은 모든 축복이 순종을 통해 임한다는 것입니다. 신명기 28장에는 축복은 순종을 통해 주어진다고 말합니다.

"네가 네 하나님 여호와의 말씀을 순종하면 이 모든 복이 네게 임하며 네게 미치리니" 신 28:2, 개역한글

"네가 들어와도 복을 받고 나가도 복을 받을 것이니라" 신 28:6

하나님께 순종하는 사람에게는 복이 따라 다니는 것을 보게 됩니다.

둘째, 하나님을 경외하는 믿음이 복된 믿음입니다.

아브라함이 이삭을 바쳤을 때 하나님께서 "내가 이제야 네가 하나

님을 경외하는 줄을 아노라"(창 22:12하)고 말씀하셨습니다. 아브라함은 이삭에게 경외하는 믿음을 전수했습니다. 성경에서 가장 강조하는 것 중에 하나가 하나님을 경외하는 것입니다. 또한 하나님을 경외하는 것이 지혜의 근본이라고 강조합니다.

"여호와를 경외하는 것이 지혜의 근본이요 거룩하신 자를 아는 것이 명철이니라" 잠 9:10

하나님은 자신을 경외하는 자를 위해 놀라운 축복을 예비해 놓으셨습니다. 하나님을 경외하는 것은 하나님을 존귀히 여기는 것입니다. 하나님을 사랑함에서 오는 거룩한 두려움입니다. 무서워 벌벌 떠는 것을 의미하는 것이 아닙니다. 하나님을 사랑하고 공경하는 마음에서 오는 거룩한 마음입니다. 하나님을 가볍게 여기는 것이 아니라 하나님과 그분의 말씀을 무겁게, 가치 있게, 소중히 여기는 자세를 의미합니다. 하나님을 경외하는 것이 보배입니다.

"네 시대에 평안함이 있으며 구원과 지혜와 지식이 풍성할 것이니 여호와를 경외함이 네 보배니라" 사 33:6

셋째, 하나님께 예배하는 믿음이 복된 믿음입니다.

아브라함이 모리아산에 온 것은 하나님을 예배하기 위한 것입니다. 이삭은 아브라함이 그의 사환들에게 하는 이야기를 들었습니다.

"이에 아브라함이 종들에게 이르되 너희는 나귀와 함께 여기서 기다리라 내가 아이와 함께 저기 가서 예배하고 우리가 너희에게로 돌아오리라 하고" 창 22:5

아브라함은 일찍부터 이삭에게 예배하는 것을 모범을 통해 가르쳤습니다. 이삭이 아브라함을 통해 배운 예배는 드림이었습니다. 바

침이었습니다. 아브라함은 예배를 드릴 때마다 어린 양을 잡아 피를 흘려 하나님께 바쳤습니다. 그런 까닭에 이삭이 예배를 드리러 가는 길에 아버지에게 묻습니다.

"이삭이 그 아버지 아브라함에게 말하여 이르되 내 아버지여 하니 그가 이르되 내 아들아 내가 여기 있노라 이삭이 이르되 불과 나무는 있거니와 번제할 어린 양은 어디 있나이까" 창 22:7

이삭은 이미 예배를 드릴 때는 어린 양을 바친다는 사실을 알고 있습니다. 아브라함은 예배자였습니다. 이삭은 나중에 아버지가 가장 사랑하는 아들, 곧 독생자였던 자신을 하나님께 바치려 했다는 것을 깨닫게 됩니다. 예배란 가장 소중한 것을 드리는 것임을 배우게 된 것입니다. 예배의 근본정신은 드림에 있습니다. 가장 소중한 것을 드리는 것입니다. 이삭은 아버지께 예배하는 것을 배운 후에 예배자의 모습으로 살아갑니다.

"이삭이 그곳에 제단을 쌓고, 여호와의 이름을 부르며 거기 장막을 쳤더니 이삭의 종들이 거기서도 우물을 팠더라" 창 26:25

넷째, 하나님이 예비하신 복을 받는 믿음이 복된 믿음입니다.

이삭이 모리아산에서 만난 하나님의 이름은 '여호와 이레'입니다. 하나님은 미리 준비해 주시는 분입니다. 아브라함은 하나님을 믿을 때 '여호와 이레' 하나님으로 믿었습니다. 이삭이 "번제할 어린 양이 어디 있습니까?"라고 아브라함에게 물었을 때 그는 놀라운 믿음의 고백을 합니다.

"아브라함이 이르되 내 아들아 번제할 어린 양은 하나님이 자기를 위하여 친히 준비하시리라 하고 두 사람이 함께 나아가서" 창 22:8

하나님은 아브라함의 믿음을 따라 이삭을 대신해서 숫양을 준비해 주셨습니다.

"아브라함이 눈을 들어 살펴본즉 한 숫양이 뒤에 있는데 뿔이 수풀에 걸려 있는지라 아브라함이 가서 그 숫양을 가져다가 아들을 대신하여 번제로 드렸더라" 창 22:13

하나님이 아브라함과 이삭을 위해 숫양만 준비해 놓으신 것이 아니라 큰 복을 준비해 놓으셨습니다. 이삭은 두 번째 하나님의 음성을 아브라함과 함께 듣게 됩니다.

"여호와의 사자가 하늘에서부터 두 번째 아브라함을 불러 이르시되 여호와께서 이르시기를 내가 나를 가리켜 맹세하노니 네가 이같이 행하여 네 아들 네 독자도 아끼지 아니하였은즉" 창 22:15-16

이 두 번째 음성을 통해 하나님이 예비해 놓으신 큰 복을 받게 됩니다.

"내가 네게 큰 복을 주고 네 씨가 크게 번성하여 하늘의 별과 같고 바닷가의 모래와 같게 하리니 네 씨가 그 대적의 성문을 차지하리라 또 네 씨로 말미암아 천하 만민이 복을 받으리니 이는 네가 나의 말을 준행하였음이니라 하셨다 하니라" 창 22:17-18

이 큰 복은 이삭에 대한 복이었습니다. 하나님이 아브라함에게 주신 큰 복에 대한 약속은 이삭과 관련되어 있습니다. 여기서 세 번 반복되는 말이 '네 씨'입니다. '네 씨'는 이삭을 의미합니다. 이삭은 이 축복의 말씀이 자신과 관련되어 있다는 것을 알고 가슴이 떱니다. 또한 이삭은 어느 순간, 그 씨가 장차 오실 그리스도를 의미한다는 사실을 깨닫게 됩니다. 신약성경은 그 사실을 거듭 밝히고 있습니다. 하나님이 아브라함에게 베풀어 주신 큰 복을 조금 더 살펴보면 이해가 됩니다. 하나님은 아브라함을 통해 이삭과 그의 후손에 대한 세 가지 축복의 약속을 주십니다.

첫째, 하나님이 그의 씨를 크게 번성하게 해 주시겠다는 축복의 약속입니다.
이 약속은 하나님이 아브라함에게 반복해서 주신 약속입니다. 하나님은 그의 후손을 그의 씨를 통해 하늘의 별처럼, 바닷가의 모래처럼 크게 번성하게 해 주시겠다고 약속하셨습니다. 하나님은 아브라함의 아들 가운데 하갈을 통해 태어난 이스마엘이 아니라 사라를 통해 태어난 이삭을 그 씨로 정하셨습니다. 이스마엘이 아니고 사라에게 날 자가 그 씨라는 것입니다(창 21:12).

그리고 이 씨는 궁극적으로 장차 이삭을 통해 이 땅에 오실 그리스도를 의미하는 것입니다.

둘째, 그의 씨가 그 대적의 성문을 차지하리라는 축복의 약속입니다.
이 축복의 약속은 조금 생소합니다. 하지만 이 약속은 아주 중요합니다. 이 약속은 영적 전쟁과 관련된 약속입니다. 영적 전쟁에서의 관건은 누가 성문을 차지하느냐에 있습니다. 성문을 차지하는 자가 성을 차지하기 때문입니다. 하나님의 군사인 우리도 성문을 먼저 차지하려고 하지만 동시에 사탄도 성문을 먼저 찾으려고 몸부림을 칩니다.

— 성문은 도시의 중요한 일들을 상의하는 전략적 장소입니다. 성문은 권위의 상징입니다. 장로들이 모여 도시의 번영과 정부의 안건에 대해 토론하던 곳이 또한 이곳입니다. 사탄은 도

시의 입구를 차지하기 위해 열심히 일합니다. …성경에는 성문에 관한 또 다른 아름다운 약속들이 있습니다. 그중 하나로 이사야 28:6에 "…성문에서 싸움을 물리치는 자에게는 힘이 되시리로다…"라는 말씀이 있습니다. 하나님은 우리가 우리 도시의 성문에서 적과 싸울 때 우리의 힘이 되어 주실 것입니다. 또 다른 약속의 말씀이 창세기 22:17에 있습니다. "…네 씨가 그 대적의 문을 얻으리라." (신디 제이콥스, 《대적의 문을 취하라》, 죠이선교회, 311쪽)

하나님은 영적 전쟁에서 승리하기 위해 대적의 문을 취하도록 도와주십니다. 이 축복의 말씀은 놀랍게도 이삭의 아내인 리브가와도 밀접하게 연결되어 있습니다. 아브라함의 충성된 종인 엘리에셀이 메소보다미아에 가서 이삭의 신붓감으로 리브가를 데려옵니다. 리브가가 이삭의 신부가 되기 위해 집을 떠날 때 그의 오빠와 가족이 리브가를 영적 전쟁에 관한 말씀으로 축복해 줍니다.

"리브가에게 축복하여 이르되 우리 누이여 너는 천만인의 어머니가 될지어다 네 씨로 그 원수의 성 문을 얻게 할지어다" 창 24:60

가족들이 리브가를 축복해 준 말이 정말 놀랍습니다. 그녀가 천만인의 어머니가 되리라고 축복합니다. 그들의 축복처럼 리브가는 천만인의 어머니가 됩니다. 그가 낳은 야곱이 열두 아들을 낳습니다. 또한 그 열두 아들 가운데 유다가 있고, 유다의 후손으로 예수님이 오심으로 결국 리브가는 천만인의 어머니가 된 것입니다. 또한 리브가의 씨로 그 원수의 성 문을 얻게 할지라고 축복합니다. 리브가의 씨라는 것은 이삭이 아닙니다. 리브가가 이삭과 결혼해서 낳게 될 씨를 의미합니다. 궁극적으로는 그리스도를 의미합니다. 예수님이 오심으로 원수의 성 문을 얻게 된다는 축복의 예언입니다.

예수님이 이 땅에 오신 가장 중요한 이유 중 하나는 원수, 옛 뱀, 사탄을 멸하기 위해서입니다.

"자녀들은 혈과 육에 속하였으매 그도 또한 같은 모양으로 혈과 육을 함께 지니심은 죽음을 통하여 죽음의 세력을 잡은 자 곧 마귀를 멸하시며" 히 2:14

"하나님의 아들이 나타나신 것은 마귀의 일을 멸하려 하심이라" 요일 3:8하

이 약속의 출발은 창세기 3장 15절의 말씀과 연결되어 있습니다.

"내가 너로 여자와 원수가 되게 하고 네 후손도 여자의 후손과 원수가 되게 하리니 여자의 후손은 네 머리를 상하게 할 것이요 너는 그의 발꿈치를 상하게 할 것이니라 하시고" 창 3:15

조나단 에드워즈는 《구속사》에서 창세기 3장 15절을 은혜의 언약이라고 강조합니다. 그리고 이 은혜의 언약과 약속은 희생 제사라는 제도에 의해 세워졌음을 강조합니다. 이 말씀은 장차 오실 그리스도께서 뱀, 즉 사탄의 머리를 칠 것을 의미합니다. 또한 사탄은 십자가에서 예수님을 죽임으로 그의 발꿈치를 상하게 할 것을 의미합니다. 이 과정에서 그리스도는 십자가에서 피를 흘리시게 됩니다. 그리고 부활을 통해 사탄의 머리를 치심으로 우리에게 영적 승리를 허락해 주십니다.

대적의 성문을 차지한다는 것은 원수의 성을 정복할 때 먼저 성문을 차지함으로써 전쟁에 승리하는 것을 의미합니다. 성문을 차지하지 않고는 결코 원수의 성을 정복할 수 없습니다. 성을 정복하기 위

해서는 먼저 성문을 정복하고, 그다음에 그 성의 왕을 사로잡는 것입니다. 아이 성 전투에서 여호수아는 먼저 성문을 정복합니다. 그리고 아이 왕을 사로잡습니다(수 8:23).

셋째, 그의 씨로 말미암아 천하 만민이 복을 받으리라는 축복의 약속입니다.
이 약속은 이삭을 통해 태어날 씨, 즉 그리스도를 통해 천하 만민이 복을 받게 된다는 약속의 말씀입니다. 이삭은 모리아산에서 하나님의 축복을 받으면서 장차 있을 일에 대해 알게 되었습니다. 곧 그의 씨가 크게 번성하며, 그의 씨가 대적의 문을 취하며, 그의 씨로 말미암아 천하 만민이 복을 받게 될 것을 알게 된 것입니다. 이제 이삭이 할 일은 장차 있을 일에 대한 축복을 그의 자녀들에게 빌어 주는 것입니다.

"믿음으로 이삭은 장차 있을 일에 대하여 야곱과 에서에게 축복하였으며" 히 11:20

하나님은 이삭에게 모리아산에서 장차 있을 일에 대해 보여 주셨습니다. 이제 그의 책임은 그의 두 아들 중 한 아들에게 하나님이 베풀어 주신 축복을 상속해 주는 것입니다. 하나님의 축복의 언약을 유산으로 남겨 주는 것입니다. 두 아들 모두에게 축복을 베풀어 주되, 그중 한 아들에게는 그가 모리아산에서 받은 축복을 유업으로 넘겨 주어야 할 책임이 있었던 것입니다.

복이 이루어질 것을 믿고 축복하십시오

하나님의 축복은 계승되어야 합니다. 아브라함이 하나님께 받은 축복이 이삭에게로 계승되었습니다. 이삭이 받은 축복이 야곱에게 계승되었습니다. 하나님은 은혜의 언약을 계승할 사람을 늘 찾습니다. 하나님은 아벨을 선택해서 은혜의 언약을 계승했습니다. 아벨이 죽은 후에 노아를 선택해서 은혜의 언약을 계승하셨습니다. 노아가 죽은 후에 그의 아들 셈을 통해 은혜의 언약을 계승하셨습니다. 또한 셈의 후손 가운데 아브라함을 선택해서 은혜의 언약을 계승하셨습니다. 아브라함의 두 아들 이스마엘과 이삭 가운데 하나님은 이삭을 선택해서 은혜의 언약을 계승하셨습니다. 이삭의 숙제는 에서와 야곱 가운데 하나를 선택해서 은혜의 언약을 계승하는 것입니다.

하나님은 이삭에게 그의 씨를 축복하실 것을 약속하셨습니다. 하나님은 이삭의 씨를 축복하기 위해 리브가를 신부로 허락해 주셨습니다. 그런데 리브가가 아이를 잉태하지 못했습니다. 그래서 이삭은 리브가가 아이를 잉태할 수 있도록 중보기도를 해 주었습니다.

"이삭이 그의 아내가 임신하지 못하므로 그를 위하여 여호와께 간구하매 여호와께서 그의 간구를 들으셨으므로 그의 아내 리브가가 임신하였더니" 창 25:21

이삭의 기도는 아주 중요했습니다. 왜냐하면 그의 기도를 통해 하나님이 약속하신 씨가 태어났기 때문입니다. 하나님은 기도를 통해 리브가의 태를 열어 주셨습니다. 리브가가 임신했는데 쌍둥이였습니다. 놀라운 사실은 쌍둥이가 태 안에서 서로 싸우는 것입니다(창 25:22).

리브가가 태 속에서 두 아들이 싸우는 것을 알고 어찌할 바를 몰라 하나님께 묻습니다. 그때 하나님께서 그녀에게 놀라운 계시의 말씀을 주십니다. 이것은 하나님의 은혜의 언약과 관련되어 있는 계시였습니다.

"여호와께서 그에게 이르시되 두 국민이 네 태중에 있구나 두 민족이 네 복중에서부터 나누이리라 이 족속이 저 족속보다 강하겠고 큰 자가 어린 자를 섬기리라 하셨더라" 창 25:23

하나님께서 이 말씀을 통해 주신 계시는 두 아들이 두 국민을 이룬다는 것입니다. 곧 리브가를 위해 그녀의 오빠와 가족이 빌어준 축복이 이루어지는 순간입니다. 리브가가 천만인의 어머니가 된다는 뜻입니다. 또한 이 계시 속에 담긴 큰 자가 어린 자를 섬긴다는 것은 쌍둥이 가운데 형이 동생을 섬긴다는 것입니다. 그 동생을 통해 원수의 문을 취하는 후손이 태어난다는 것입니다(창 25:24-26).

창세기를 보면 에서는 사냥꾼이었습니다. 에서는 강했습니다. 싸움을 좋아했습니다. 반면에 야곱은 조용한 사람이었습니다. 장막에 거하길 좋아했습니다. 이삭은 에서가 사냥한 고기를 좋아함으로 그를 사랑했습니다. 반면에 리브가는 야곱을 사랑했습니다(창 25:27-28).

창세기에 나오는 에서는 하나님을 의지하지 않습니다. 자신의 육을 의지합니다. 그는 영적인 일에는 관심이 없습니다. 먹는 데 관심이 많습니다. 그의 장자권을 야곱이 만든 팥죽 한 그릇에 팔 정도입니다. 반면에 야곱은 조용합니다. 연약합니다. 그러나 영적인 일에 관심이 많습니다. 하나님의 축복에 관심이 많습니다.

이삭이 나이가 들어 자녀들을 축복하려고 할 때 에서를 부릅니다. 이삭은 에서가 잡아온 사냥감으로 만든 별미를 좋아했습니다. 그래서 에서에게 복을 주려고 별미를 만들어 오라고 합니다. 이삭이 에서에게 복을 빌어 주겠다는 말을 엿들은 리브가가 에서 대신에 야곱에게 복을 받게 합니다. 이삭을 속이는 방법으로 야곱에게 복을 받게 합니다.

　리브가의 방법은 잘못되었습니다. 하지만 리브가는 하나님의 계시, 즉 은혜의 언약이 야곱을 통해 이루어진다는 사실을 받았습니다. 그래서 야곱에게 복을 받게 만든 것입니다. 이삭은 리브가를 통해 하나님의 계시와 하나님의 계획을 들었을 것입니다. 그런데 그것을 무시하고 에서에게 하나님께 받은 축복을 전수하려고 했습니다. 리브가와 야곱의 속임수에 빠진 이삭이 에서에게 베풀려고 했던 축복을 야곱에게 베풀어 줍니다.

　"그가 가까이 가서 그에게 입 맞추니 아버지가 그의 옷의 향취를 맡고 그에게 축복하여 이르되 내 아들의 향취는 여호와께서 복 주신 밭의 향취로다 하나님은 하늘의 이슬과 땅의 기름짐이며 풍성한 곡식과 포도주를 네게 주시기를 원하노라 만민이 너를 섬기고 열국이 네게 굴복하리니 네가 형제들의 주가 되고 네 어머니의 아들들이 네게 굴복하며 너를 저주하는 자는 저주를 받고 너를 축복하는 자는 복을 받기를 원하노라" 창 27:27-29

　이 축복의 언어는 아브라함을 통해 전수받은 축복의 언어였습니다. 또한 모리아산에서 하나님께 들은 축복의 언약이었습니다. 그 축복을 자신이 원했던 에서가 아닌 야곱에게 빌어 준 것입니다. 나중에 에서가 별미를 만들어 아버지 이삭에게 축복 기도를 받으러 왔을 때 야곱이 먼저 와서 자기의 축복을 가로챈 것을 알게 됩니다. 그 사실을 알게 된 이삭이 심히 크게 떨게 됩니다. 그리고 야곱에게 베풀어 준 축복을 돌이킬 수 없다고 말합니다(창 27:33).

　왜 이삭이 심히 크게 떨었을까요? 야곱에게 속은 것 때문에 심히 크게 떨었을까요? 에서에게 복을 빌어 주지 못하게 된 것 때문에 심히 크게 떨었을까요? 만약 그랬다면 야곱을 저주했을 것입니다. 만약 그랬다면 야곱의 축복을 번복했을 것입니다. 그리고 야곱에게 베푼 축복을 에서에게 다시 베풀었을 것입니다. 그런데 이삭은 그리하지 않았습니다. 오히려 그가 야곱에게 베푼 축복을 확증했습니다.

"그를 위하여 축복하였은즉 그가 반드시 복을 받을 것이니라" 창 27:33하

아더 핑크(Arthur Pink)는 에서가 찾아왔을 때 이삭은 자신이 큰 실수를 범할 뻔했다는 영적 각성을 했다고 말합니다.

> 오히려 이삭이 떤 것은 자신이 여태껏 하나님의 뜻과 일치시키지 못한 것과 하나님께서 자신의 계획을 실행하기 위해 섭리적으로 개입한 것을 깨달은 것을 의미한다. 이삭은 그의 영혼의 깊은 곳에서 두려워 떤 것이다.
> 영이 육신을 꺾고 어떻게 승리하는가를 보는 것은 정말 복된 일이다. 이삭은 야곱을 향해 격노한 저주를 발하는 대신에 "내가 그를 축복하였은즉 그가 정녕 복을 받을 것이니라"고 말했다. 이 말이 에서에 대한 이삭의 육신적 편애를 누르는 믿음의 말인 것이다. 이 말은 하나님의 작정의 불변성과 불굴성을 깨닫게 하는 것이고 알리는 것이다. (아더 핑크, 《믿음의 영웅들》, 새순출판사, 184쪽)

이삭은 리브가를 통해 하나님이 큰 자가 작은 자를 섬길 것에 대해 들었을 것입니다. 이삭은 하나님의 뜻이 큰 아들이 아닌 작은 아들에게 있다는 사실을 이미 알고 있었던 것입니다. 그런데 그의 육신적인

편애가 하나님의 뜻을 어기려고 했습니다. 하나님은 리브가가 야곱의 실수와 잘못을 선용해서 하나님의 뜻을 이루신 것을 보게 됩니다. 리브가와 야곱의 수단과 방법은 잘못된 것이었습니다. 하나님의 뜻을 이루려는 의도는 좋았지만 그 방법은 하나님이 기뻐하시는 방법이 아니었습니다. 하지만 하나님은 그들의 실수마저 선용하셔서 하나님의 은혜의 언약을 야곱에게 전수하셨던 것입니다.

이삭이 하나님의 뜻을 깨달았다는 사실은 이삭이 에서에게 베풀어 준 복을 보면 알 수 있습니다.

"그 아버지 이삭이 그에게 대답하여 이르되 네 주소는 땅의 기름짐에서 멀고 내리는 하늘 이슬에서 멀 것이며 너는 칼을 믿고 생활하겠고 네 아우를 섬길 것이며 네가 매임을 벗을 때에는 그 멍에를 네 목에서 떨쳐 버리리라 하였더라" 창 27:39-40

이삭의 영적인 눈이 열렸을 때 그는 에서가 어떤 사람이며, 어떤 미래가 그를 기다리고 있는가를 알았습니다. 특별히 하나님이 리브가를 통해 계시해 주신 '큰 자가 작은 자를 섬길 것이라'는 말씀을 담아 그를 축복해 준 것을 보게 됩니다.

히브리서 기자가 이삭의 믿음에 대해 언급할 때 이 사건을 가장 중요하게 다룬 것은 하나님의 축복을 전수받은 후에 그 축복을 누구에게 전수하느냐가 중요한 까닭입니다. 우리는 하나님의 축복을 받아야 합니다. 믿음으로 받아야 합니다. 하나님의 축복을 사양하면 안 됩니다. 거부해서도 안 됩니다. 우리는 하나님의 복을 받아야 합니다. 그리고 그 복을 우리 후손에게 전수해야 합니다.

이삭이 야곱에게 복을 빌어 준 내용 속에는 하나님이 리브가를 통해 계시해 준 내용이 담겨 있었습니다. 또한 하나님이 아브라함에게 베풀어 주신 축복의 내용과 모리아산에서 이삭을 위해 베풀어 주신 축복의 내용이 담겨 있었습니다. 그것은 장차 이 땅에 오실 유일한 씨가 되시는 예수 그리스도에 관한 내용이었습니다.

축복 기도는 장차 이루어질 일에 대한 예언과 같습니다. 우리가 자녀에게 축복을 빌어 줄 때 그 축복이 자녀에게 성취될 것을 믿으십시오. 그런 까닭에 축복의 언어가 중요합니다. 또한 누군가에게 복을 빌어 줄 때 그 복이 그 사람에게 이루어질 것을 믿으십시오.

더욱 중요한 것은 하나님의 뜻을 따라 축복을 베풀어 주는 것입니다. 사도 바울은 하나님이 이삭을 통해 야곱을 축복하신 사실 속에 나타난 하나님의 뜻을 다음과 같이 기록했습니다.

"그뿐 아니라 또한 리브가가 우리 조상 이삭 한 사람으로 말미암아 임신하였는데 그 자식들이 아직 나지도 아니하고 무슨 선이나 악을 행하지 아니한 때에 택하심을 따라 되는 하나님의 뜻이 행위로 말미암지 않고 오직 부르시는 이로 말미암아 서게 하려 하사 리브가에게 이르시되 큰 자가 어린 자를 섬기리라 하셨나니 기록된 바 내가 야곱은 사랑하고 에서는 미워하였다 하심과 같으니라" 롬 9:10-13

수동적인 믿음에 담긴 비밀

참된 믿음 속에는 능동적인 믿음과 수동적인 믿음이 함께 포함되어 있습니다. 아브라함의 믿음은 수동적인 믿음보다는 능동적인 믿음이 강합니다. 반면에 이삭의 믿음은 능동적인 믿음보다 수동적인 믿음이 강합니다. 물론 이 두 가지는 함께 잘 조화를 이루어야 합니다.

아브라함의 믿음은 개척하는 믿음입니다. 행동하는 믿음입니다. 움직이는 믿음입니다. 반면에 이삭의 믿음은 수동적입니다. 조금은 소극적입니다. 그는 조용한 사람입니다. 온유한 사람입니다. 묵상하는 사람입니다. 아브라함은 갈대아를 떠납니다. 애굽에 내려가기도 하고 그랄 땅에 가기도 합니다. 하지만 이삭은 가나안 땅을 떠나본 적이 없습니다. 온전히 가나안 땅에 머뭅니다. 대단한 업적을 이룬 것처럼 보이지 않습니다. 아버지를 통해 주신 축복을 누립니다. 그것을 전수합니다. 아버지가 팠던 우물을 다시 팝니다. 그런데 이삭은 예수님을 가장 닮은 모습으로 나타납니다. 왜 그럴까요?

이삭의 성품 때문입니다. 이삭의 성품이 예수님을 닮았습니다. 아브라함이 이삭을 번제로 드리려고 했던 때 이삭의 나이는 20세가 넘으리라 추정합니다. 이삭은 얼마든지 자기를 결박하는 아버지에게 대항할 수 있었습니다. 하지만 그는 철저히 아버지께 순종합니다. 말없이 결박을 당하고, 말없이 희생제물이 될 것을 선택합니다(창 22:9-10).

능동적인 믿음이 강한 믿음일까요? 수동적인 믿음이 강한 믿음일까요? 능동적인 믿음이 큰일을 이룰까요? 수동적인 믿음이 큰일을 이룰까요? 우리는 스스로 행동하는 능동태의 믿음보다는 아무것도 할 수 없을 것 같은 수동태의 믿음을 통해 더욱 놀라운 일을 이루시는 하나님을 보게 됩니다. 이삭의 수동적인 믿음은 결코 연약한 믿음이 아닙니다. 온유한 성품이 결코 연약한 성품이 아닙니다. 온유라는 단어는 "길들은 야생마"라는 뜻입니다. 야생마가 길들여지면 준마가 되는 것처럼, 우리의 믿음이 잘 길들여질 때 온전한 믿음이 됩니다.

이삭이 결박당한 것은 수동태의 모습입니다. 그는 결박당한 채 기다리고 있습니다. 그는 결박당한 채 침묵하고 있습니다. 그 결과는 정말 놀라웠습니다. 그가 결박을 당함으로 하나님이 예비하신 숫양을 만나게 됩니다. 숫양은 장차 오실 예수 그리스도였습니다. 아브라함이 그의 생애 중에 장차 오실 예수님을 만나게 된 것은 두 가지 사건을 통해서였습니다.

첫째 사건은 멜기세덱을 통해 장차 오실 그리스도를 만난 것입니다.

멜기세덱은 구약에 딱 두 군데 등장합니다. 창세기 14장과 시편 110편입니다. 멜기세덱은 왕이었습니다. 또한 제사장이었습니다. 그의 모습을 통해 우리는 예수님을 만납니다.

"살렘 왕 멜기세덱이 떡과 포도주를 가지고 나왔으니 그는 지극히 높으신 하나님의 제사장이었더라" 창 14:18

구약에서 떡과 포도주를 가지고 나오신 분은 멜기세덱입니다. 떡과 포도주는 예수님의 성찬을 의미합니다. 조나단 에드워즈는 멜기세덱이 그리스도의 위대한 모형임을 강조합니다.

> 아브라함이 은혜 언약에 대해 받은 또 다른 주목할 만한 보증은 그가 왕들을 죽이고 돌아올 때 그리스도의 위대한 모형으로서 지극히 높으신 하나님의 제사장인 살렘 왕 멜기세덱이 그를 만나 축복하고 떡과 포도주를 주었을 때 주어졌습니다. 떡과 포도주는 주의 만찬 예식이 갖고 있는 것과 똑같은 은혜 언약의 축복을 상징했습니다. (조나단 에드워즈,《구속사》, 부흥과개혁사, 217쪽)

멜기세덱에 대해 히브리서는 분명히 그분이 그리스도의 모형이셨음을 증거하고 있습니다.

"이 멜기세덱은 살렘 왕이요 지극히 높으신 하나님의 제사장이라 여러 왕을 쳐서 죽이고 돌아오는 아브라함을 만나 복을 빈 자라 아브라함이 모든 것의 십분의 일을 그에게 나누어 주니라 그 이름을 해석하면 먼저는 의의 왕이요 그다음은 살렘 왕이니 곧 평강의 왕이요 아버지도 없고 어머니도 없고 족보도 없고 시작한 날도 없고 생명의 끝도 없어 하나님의 아들과 닮아서 항상 제사장으로 있느니라" 히 7:1-3

둘째 사건은 모리아산의 숫양을 통해 장차 오실 그리스도를 만난 것입니다.
아브라함이 이삭을 바쳤을 때 하나님이 예비해 주신 것이 숫양입니다. 바로 그 숫양은 장차 오실 예수님을 의미합니다. 그런데 십자가에서 죽으신 예수님의 모습이 이삭이 결박당하는 모습과 비슷합니다. 예수님이 십자가에서 돌아가실 때 이삭처럼 수동태의 모습으로 결박을 당하셨습니다. 예수님이 결박을 당하신 채 끌려 가셨습니다 (요 18:12, 24).

"희롱을 다한 후 홍포를 벗기고 도로 그의 옷을 입혀 십자가에 못 박으려고 끌고 나가니라" 마 27:31

사람들이 십자가에 못 박히신 예수님께 십자가에서 내려오라고 조롱했습니다. 예수님은 십자가에서 내려올 수 있었지만 내려오지 않으셨습니다.

"지나가는 자들은 자기 머리를 흔들며 예수를 모욕하여 이르되 성전을 헐고 사흘에 짓는 자여 네가 만일 하나님의 아들이어든 자기를 구원하고 십자가에서 내려오라 하며 그와 같이 대제사장들도 서기관들과 장로들과 함께 희롱하여 이르되 그가 남은 구원하였으되 자기는 구원할 수 없도다 그가 이스라엘의 왕이로다 지금 십자가에서 내려올지어다 그리하면 우리가 믿겠노라" 마 27:39-42

예수님은 수동적인 믿음으로 하나님께 자신을 온전히 맡기셨습니다. 말없이 결박을 당하시고, 말없이 피를 흘리신 것입니다. 그 결과 우리는 구원을 얻게 되었습니다. 예수님은 스스로 아무것도 할 수 없다고 말씀하셨습니다.

"그러므로 예수께서 그들에게 이르시되 내가 진실로 진실로 너희에게 이르노니 아들이 아버지께서 하시는 일을 보지 않고는 아무것도 스스로 할 수 없나니 아버지께서 행하시는 그것을 아들도 그와 같이 행하느니라" 요 5:19

예수님은 자신이 하는 말은 다 아버지께로부터 온 것이라고 자주 말씀하셨습니다. 항상 성령님을 힘입어 사역하셨습니다. 예수님은 온유하고 겸손하셨습니다. 예수님은 죽기까지 복종하셨습니다.

예수님은 십자가에서 죽으시고 부활하심으로 사탄의 머리를 치셨습니다. 예수님은 대적의 문을 취하셨습니다. 예수님은 모든 만민을 복되게 하셨습니다. 인류의 모든 죄를 사하시고, 영생을 주신 것입니다. 예수님이 십자가에 죽으심으로 우리에게 주신 가장 고귀한 선물이 무엇입니까? 멜기세덱이 아브라함에게 주었던 떡과 포도주입니다. 성찬입니다. 그것은 예수님의 살과 피를 의미합니다. 우리는 예수님의 살과 피를 먹고 마심으로 영생을 얻게 됩니다. 예수님의 살과 피는 참된 양식과 참된 음료입니다.

우리는 이삭의 수동적인 믿음 속에 담긴 비밀을 배워야 합니다. 그는 모든 것을 아버지 아브라함을 통해 받았습니다. 하나님이 이삭에게 베푸신 모든 복은 아버지를 통해 주어진 언약 속에 담겨 있었습니다. 그는 수동적이었지만, 그 수동적인 믿음이 능동적인 믿음을 훨씬 능가하는 축복을 가져왔습니다. 이삭은 화평을 좋아합니다. 싸움을 싫어합니다. 그가 아버지가 파놓은 우물을 다시 팠을 때 그랄 목자들이 빼앗습니다. 그러나 그는 싸우지 않고 그냥 줘 버립니다. 이삭은 빼앗길 바에는 그냥 주는 사람입니다. 하지만 결국 하나님은 이삭을 축복해 주십니다.

때로 하나님은 우리를 이삭처럼 수동적으로 만드십니다. 우리 힘으로 아무것도 할 수 없는 상황으로 몰아가십니다. 소중한 것을 빼앗기는 경험을 하게 하십니다. 마치 이삭처럼 결박을 당하고, 아무것도 변명할 수도, 주장할 수도 없는 상황으로 몰아가십니다. 오직 하나님을 의지하고, 기다리게 하십니다. 바로 그 믿음을 통해 하나님은 우리가 행동하는 믿음보다 더 놀라운 일을 이루십니다.

사실 아브라함과 사라도 아무것도 할 수 없게 되었을 때, 즉 그들이 수동태기 되었을 때 이삭을 선물로 받았습니다. 아무것도 할 수 없어서 오직 하나님의 약속을 믿었을 때 가장 놀라운 축복을 받았습니다. 그러므로 때로 약해지고, 때로 수동적이 될 때도 낙심하지 마십시오. 할 수 있는 것을 내 마음대로 할 수 없다고 생각될 때도 낙심하지 마십시오. 오히려 그때 우리는 하나님이 예비해 놓으신 큰 복을 받게 됩니다. 그 큰 복을 자녀들에게 전수하게 됩니다. 이삭의 믿음을 통해 하나님의 큰 복을 누리기를 바랍니다.

Chapter 9

꿈 너머 꿈을 꾸는
요셉의 믿음

히브리서 11:22
믿음으로 요셉은 임종 시에 이스라엘 자손들이 떠날 것을 말하고 또 자기 뼈를 위하여 명하였으며

요셉이 임종 때 남긴
믿음의 유언

하나님을 만나면 새로운 꿈을 꾸게 됩니다. 하나님이 아브라함을 만나셨을 때 그에게 새로운 꿈을 심어 주셨습니다. 아브라함이 이전에는 한 번도 생각해 보지 못한 꿈을 심어 주셨습니다. 하나님은 꿈 꾸는 하나님이십니다. 하나님이 천지를 창조하실 때 천지창조의 꿈을 꾸셨습니다. 하나님이 하나님의 형상을 따라 인간을 창조하실 때 먼저 인간을 창조하시는 꿈을 꾸셨습니다. 하나님은 먼저 꿈을 꾸시고, 그 꿈을 성취하셨습니다.

하나님이 천지를 창조하실 때 사람은 하나님의 형상을 따라 창조하셨습니다. 천사와 동물과 달리 우리 안에는 하나님의 형상이 새겨져 있습니다. 하나님의 형상 중 하나가 꿈을 꾸는 것입니다. 천사는 하나님의 명령을 따라 일합니다. 동물은 본능을 따라 삽니다. 하지만 인간은 꿈을 꾸며 삽니다. 왜냐하면 인간은 꿈꾸시는 하나님의 형상을 따라 창조되었기 때문입니다.[1]

성경 이야기는 하나님의 꿈에 대한 이야기입니다. 천지 창조와 타

> 하나님은 우리가 풍성한 생명을 누리며 살기 원하십니다.
> 하나님은 우리가 행복하길 원하십니다.

락과 구속은 하나님의 꿈을 보여 주는 스토리입니다. 성경에서 가장 중요한 것은 하나님의 구속 드라마입니다. 하나님이 창조하신 인간이 타락한 후에, 타락한 인간을 구원하기 위한 하나님의 이야기가 구속의 이야기입니다. 우리는 그것을 구속사라고 말합니다. 저는 믿음장을 연구하면서 하나님의 구속의 이야기를 보게 됩니다. 곧 구속의 역사를 보게 됩니다. 하나님은 꿈을 통해 천지를 창조하신 것처럼, 꿈을 통해 인류를 구원하십니다.

하나님은 구원의 역사를 이루시기 위해 구속사에 관계된 인물들을 선택하시고 그들에게 꿈을 심어 주셨습니다. 그 꿈은 계속해서 그의 후손들에게 반복해서 전달되었고, 그 꿈은 예수님을 통해 온전히 이루어졌습니다. 왜 하나님이 타락한 인간을 구속하기 원하시는 것일까요? 그 이유는 하나님의 형상을 따라 창조된 인간이 풍성한 생명을 누리며 살기를 원하시기 때문입니다.

하나님은 우리의 아버지이십니다. 아버지가 자녀를 향해 갖는 소원은 어떤 것일까요? 바로 행복하게 사는 것입니다. 그런데 죄는 인간을 불행하게 만들었습니다. 저주와 정죄와 비난과 심판을 불러왔습니다. 하나님은 인간을 불행하게 만드는 죄의 문제를 해결해 주시기 위해 구원의 역사를 이루신 것입니다. 하나님이 타락한 인간을 구원하기 위해 선택한 사람 중 하나가 아브라함입니다. 하나님은 아브라함에게 꿈을 심어 주셨습니다. 그 꿈속에 하나님의 구원 계획을 은밀히 담았습니다. 그 꿈은 이삭에게 전달되었습니다. 또한 야곱에게 전달되었습니다. 그리고 우리가 공부하려고 하는 요셉에게 전달되었습니다. 히브리서는 요셉의 믿음을 아주 짧게 기록하고 있습니다.

"믿음으로 요셉은 임종 시에 이스라엘 자손들이 떠날 것을 말하고

또 자기 뼈를 위하여 명하였으며" 히 11:22

창세기를 보면 요셉에 관한 이야기가 상당히 많이 기록되어 있습니다. 그런데 왜 히브리서를 기록한 성경 기자는 요셉이 임종 시에 남긴 유언을 그의 믿음의 절정으로 여겼을까요? 그 이유는 요셉이 임종 시 이스라엘 자손들이 떠날 것을 말하고 또 자기 뼈를 위하여 명한 것은 그가 꿈 너머 꿈을 꾼 이야기이기 때문입니다. 그 속에 구원의 이야기가 담겨 있기 때문입니다. 요셉의 믿음은 그가 꾼 꿈과 밀접한 관계가 있습니다.

믿음의 사람은 꿈꾸는 사람입니다

요셉은 야곱과 라헬 사이에 태어난 아들입니다. 요셉의 이름은 '더하다'라는 뜻을 가지고 있습니다. 라헬이 첫 아들을 낳은 후에 '여호와가 더하시기를 바란다'는 뜻으로 요셉이란 이름을 지었습니다. 요셉의 마지막 순간의 유언이 중요하다는 사실을 알기 위해서는 그의 이야기를 조금 이해할 필요가 있습니다.

요셉의 이야기는 그의 꿈과 함께 시작됩니다. 요셉은 야곱의 노년에 얻은 아들이었습니다. 그것도 그가 그토록 사랑했던 라헬을 통해 얻은 아들이었습니다. 그래서 그에게 채색 옷을 만들어 입혔습니다. 그 뜻은 그를 장자로 세운다는 것을 의미합니다. 그런 까닭에 다른 형제들이 요셉을 미워했습니다. 게다가 요셉이 꿈을 꾸고 꿈 이야기를 하는데, 그 꿈이 아주 비범한 꿈이었습니다.

"요셉이 꿈을 꾸고 자기 형들에게 말하매 그들이 그를 더욱 미워하였더라 요셉이 그들에게 이르되 청하건대 내가 꾼 꿈을 들으시오 우리가 밭에서 곡식 단을 묶더니 내 단은 일어서고 당신들의 단은 내 단을 둘러서서 절하더이다" 창 37:5-7

요셉의 꿈 이야기를 들은 형제들이 그의 꿈을 해석하는 것을 주의해 보십시오.

"그의 형들이 그에게 이르되 네가 참으로 우리의 왕이 되겠느냐 참으로 우리를 다스리게 되겠느냐 하고 그의 꿈과 그의 말로 말미암아 그를 더욱 미워하더니" 창 37:8

요셉의 형제들은 요셉의 꿈을 '요셉이 왕이 되는 꿈'이라고 해석했습니다. 요셉은 그 당시 목동이었습니다. 목동이 꾸기에는 너무 큰 꿈이었습니다. 그런데 요셉이 또 꿈을 꾸었습니다.

"요셉이 다시 꿈을 꾸고 그의 형들에게 말하여 이르되 내가 또 꿈을 꾼즉 해와 달과 열한 별이 내게 절하더이다 하니라" 창 37:9

요셉이 두 번째 꾼 꿈은 해와 달과 열한 별이 자기에게 절을 하는 꿈이었습니다. 요셉의 꿈은 그 당시 전 세계와 관련이 있는 꿈이었습니다. 이번에는 아버지가 그를 책망하면서 그의 꿈을 다음과 같이 해석합니다.

"그가 그의 꿈을 아버지와 형들에게 말하매 아버지가 그를 꾸짖고 그에게 이르되 네가 꾼 꿈이 무엇이냐 나와 네 어머니와 네 형들이 참으로 가서 땅에 엎드려 네게 절하겠느냐" 창 37:10

그런데 야곱이 요셉의 꿈을 책망하면서도 그의 꿈 이야기를 마음에 간직하게 됩니다.

"그의 형들은 시기하되 그의 아버지는 그 말을 간직해 두었더라" 창 37:11

왜 야곱이 요셉의 말을 간직해 두었을까요? 그것은 요셉의 언어가 아버지 이삭의 축복 기도와 하나님이 자신에게 나타나 주신 말씀과 너무 비슷했기 때문입니다. 이삭이 야곱에게 베풀어 주었던 축복 기도를 살펴보십시오.

"만민이 너를 섬기고 열국이 네게 굴복하리니 네가 형제들의 주가 되고 네 어머니의 아들들이 네게 굴복하며 너를 저주하는 자는 저주를 받고 너를 축복하는 자는 복을 받기를 원하노라" 창 27:29

하나님은 이삭을 통해 만민이 야곱을 섬기고, 열국이 그에게 굴복할 것이라는 예언의 말씀을 주셨습니다. 창세기 35장에서 야곱이 벧엘에서 모든 우상을 버리고 하나님을 예배한 후에 밧단아람으로 돌아왔을 때 하나님이 다시 나타나셔서 복을 주십니다.

"하나님이 그에게 이르시되 나는 전능한 하나님이라 생육하며 번성하라 한 백성과 백성들의 총회가 네게서 나오고 왕들이 네 허리에서 나오리라" 창 35:11

하나님이 야곱에게 그의 허리에서 왕들이 나올 것이라고 축복의 예언을 해 주셨습니다. 이 예언은 요셉이 꿈을 꾸기 전까지 이뤄지지 않았습니다. 그런데 야곱이 요셉의 꿈 이야기를 듣는 순간, 하나님의 축복의 예언이 다시 생각난 것입니다. 비록 요셉을 책망하긴 했지만 그는 너무 놀랐습니다. 하나님이 야곱과 요셉에게 주신 축복의 말씀과 꿈은 거슬러 올라가면 아브라함에게 주어진 것이었습니다.

"내가 너로 심히 번성하게 하리니 내가 네게서 민족들이 나게 하며 왕들이 네게로부터 나오리라" 창 17:6

이 축복의 말씀이 중요한 까닭은 분명히 아브라함의 후손 가운데 왕들이 나올 것이라는 뜻이기 때문입니다. 그러나 아브라함의 때에는 왕이 나오지 않았습니다. 이삭의 때에도, 야곱의 때에도 왕이 나오지 않았습니다. 그런데 야곱은 요셉의 꿈 이야기를 들으면서 그의 할아버지 아브라함과 자기에게 보여 주신 하나님의 계시가 실현되는 것을 느꼈던 것입니다. 왜 하나님은 꿈을 통해 일하시는 것일까요?

첫째, 꿈은 미래를 창조하는 재료이기 때문입니다.

꿈은 과거가 아니라 미래와 상관이 있습니다. 꿈은 바라는 것입니다. 믿음도 바라는 것의 실상입니다. 꿈은 새로운 미래, 더 나은 미래, 희망찬 미래, 복된 미래를 보여 주는 그림입니다. 꿈은 그림입니다. 상상입니다. 생각입니다. 우리는 꿈을 통해 미래가 새롭게 창조되는 것을 보게 됩니다. 우리의 과거는 바꿀 수 없지만, 우리의 미래는 꿈을 통해 새롭게 창조할 수 있습니다.

둘째, 꿈은 불가능을 가능하게 하는 능력이기 때문입니다.

꿈은 대단한 능력입니다. 대단한 에너지입니다. 꿈은 인간적으로 볼 때 불가능한 것을 가능하게 하는 능력입니다. 요셉의 생애를 생각해 보십시오. 그는 목동이었습니다. 그가 애굽에 가서 국무총리가 되는 것은 거의 불가능한 일이었습니다. 그런데 그의 꿈에 하나님이 함께하실 때 불가능은 가능한 일이 되었습니다. 불가능한 꿈이 현실이 된 것입니다.

셋째, 꿈은 모든 어려운 환경을 극복할 수 있는 능력이기 때문입니다.

꿈꾸는 사람의 생애는 모험과 도전으로 가득 차게 됩니다. 그런 까닭에 많은 어려움과 장애물과 시련을 만나게 됩니다. 꿈의 크기만큼 큰 문제를 만나게 됩니다. 하지만 큰 문제를 통해 놀라운 기적들이

> 하나님은 불가능을 가능하게 하시는 전능하신 하나님이십니다.
> 하나님은 믿는 자 속에 역사하시고, 꿈꾸는 자 속에 역사하십니다.
> 이 세상은 믿는 자와 꿈꾸는 자가 움직입니다.

창조됩니다. 꿈꾸는 사람은 모든 어려운 환경을 극복합니다. 꿈이 있기 때문입니다. 꿈은 나이를 초월합니다. 환경을 초월합니다. 운명을 초월합니다. 모든 어려운 환경을 초월합니다.

넷째, 꿈을 통해 하나님의 뜻을 이룰 수 있기 때문입니다.

요셉이 꾼 꿈속에는 하나님의 뜻이 담겨 있었습니다. 그의 꿈은 겉으로 보기에는 왕이 되는 꿈입니다. 훌륭한 정치가가 되는 꿈입니다. 만민을 다스리는 꿈입니다. 하지만 그 속에 보이지 않는 하나님의 뜻이 담겨 있습니다. 가장 아름답고 의미 있는 꿈은 하나님의 뜻을 이루는 것입니다. 처음에는 하나님의 뜻을 잘 모를 수 있습니다. 하지만 서서히 하나님의 뜻을 깨닫게 됩니다. 요셉은 자신이 국무총리가 되고, 형제들을 다시 만났을 때 비로소 자신의 꿈을 통해 하나님의 뜻이 성취된다는 사실을 깨닫게 됩니다. 꿈꾸는 자의 최고의 기쁨은 그의 꿈을 통해 하나님의 뜻이 실현되는 것입니다.

꿈꾸는 사람은 시련을 마시면서 성장합니다

꿈을 꾼다는 것은 위험한 일입니다. 하지만 고귀한 일입니다. 하나님의 백성들이 꾸는 꿈은 결코 자신만을 위한 이기적인 야심이 아니기 때문입니다. 하나님의 백성들이 꾸는 꿈은 가족과 이웃과 세상과 하나님의 나라를 위한 것입니다. 그런 까닭에 꿈꾸는 사람은 시련을 잘 견딜 수 있습니다.

하나님은 꿈꾸는 요셉을 시련을 통해 성장시키십니다. 우리는 요셉이 국무총리가 되기까지 얼마나 혹독한 시련을 받았는가를 알고 있습니다. 그의 형제들에게 미움을 받아서 구덩이에 던져집니다. 형제들은 그의 꿈을 찢듯이 그의 채색 옷을 찢어 버립니다. 형제들이 그를 은 이십에 팝니다. 하나님은 요셉을 정말 보배처럼 여기셨지만 형제들은 요셉의 가치를 은 이십 정도로 생각했습니다. 요셉은 오해를 받았습니다. 미움을 받았습니다. 버림을 받았습니다. 아버지와 생이별을 해야만 했습니다.

요셉은 그의 꿈이 실현될 애굽으로 들어갈 때 종으로 팔려갔습니다. 고난의 수레에 결박당한 채 애굽으로 끌려갔습니다. 요셉이 보디발의 집에서 가정 총무로 일하는 중에 보디발의 아내의 유혹을 받았습니다. 그 유혹을 물리친 대가로 그는 감옥에 갇혔습니다. 형제들에 의해 구덩이에 던져졌던 그가, 이제는 자신이 충성스럽게 섬겼던 보디발에 의해 감옥에 던져졌습니다. 왜 하나님은 꿈꾸는 요셉으로 하여금 보통 사람이 감당할 수 없는 시련의 쓴물을 마시게 하셨을까요? 왜 시련의 강을 건너고 또 건너게 하셨을까요?

첫째, 하나님은 꿈의 성취보다 꿈꾸는 사람의 성장에 더 관심이 있으십니다. 우리는 꿈이 빨리 성취되길 바랍니다. 하지만 하나님은 꿈이 빨리 성취되는 것보다 꿈꾸는 사람이 성장하길 바라십니다. 하나님의 관심은 꿈보다는 꿈꾸는 자에게 더 있습니다. 하나님의 관심은 꿈꾸는 사람이 꿈을 얼마나 빨리 이루느냐보다 꿈을 어떻게 이루느냐에 있습니다. 꿈을 이루는 과정에서 하나님을 얼마나 신뢰하느냐에 더 관심이 있습니다.

둘째, 하나님은 꿈꾸는 사람을 높이기 전에 먼저 떨어뜨리십니다.

꿈을 성취한다는 것은 정상을 정복하는 것과 같습니다. 하나님의 원리와 방법은 꿈꾸는 사람을 높이기 전에 먼저 떨어뜨리십니다. 요셉은 구덩이에 떨어졌습니다. 감옥에 떨어졌습니다. 요셉이 높아질 때 수많은 사람들이 그를 찾아왔습니다. 하나님은 그에게 수많은 사람들이 찾아오기 전에 먼저 그를 외롭게 하셨습니다. 그는 구덩이에 떨어졌을 때 외로웠습니다. 또 감옥에 떨어졌을 때 외로웠습니다. 하나님은 올라가기 전에 먼저 내려가게 하십니다. 그것은 하나님의 원리입니다. 하나님은 수많은 사람들의 관심을 받기 전에 외롭게 하십니다.

셋째, 하나님은 꿈꾸는 사람을 외로운 광야에서 키우십니다.

요셉이 애굽의 궁중에 들어가기 전에 하나님은 그를 광야로 몰아가셨습니다. 하나님은 광야에서 자기 사람들을 부르고 키우십니다. 광야는 외로운 곳입니다. 쓸쓸한 곳입니다. 잊혀진 존재로 잠시 살아가는 곳입니다. 광야는 침묵하는 곳입니다. 그런데 이러한 광야에서 하나님은 그분의 음성을 들려주십니다(신 32:10). 광야에서 인격이 무르익게 하십니다.

넷째, 하나님은 시련의 강을 통과할 때 꿈꾸는 자와 함께하십니다.

하나님은 꿈꾸는 자가 시련의 강을 통과할 때 그와 함께하십니다. 창세기에서 요셉의 생애를 연구해 보면 하나님이 그와 함께하신다는 말씀이 그가 국무총리가 되었을 때보다 고난의 때에 자주 나오는 것을 알게 됩니다. 요셉이 애굽의 보디발의 집에 끌려갔을 때 하나님이 그와 함께하셨습니다.

"요셉이 이끌려 애굽에 내려가매 바로의 신하 친위대장 애굽 사람 보디발이 그를 그리로 데려간 이스마엘 사람의 손에서 요셉을 사니라 여호와께서 요셉과 함께하시므로 그가 형통한 자가 되어 그의 주인 애굽 사람의 집에 있으니 그의 주인이 여호와께서 그와 함께하심을 보며 또 여호와께서 그의 범사에 형통하게 하심을 보았더라"창 39:1-3

요셉이 억울하게 감옥에 갇혔을 때 하나님이 그와 함께하셨습니다. 하나님은 꿈꾸는 자가 겪는 모든 고통과 시련을 알고 계셨습니다.

"이에 요셉의 주인이 그를 잡아 옥에 가두니 그 옥은 왕의 죄수를 가두는 곳이었더라 요셉이 옥에 갇혔으나 여호와께서 요셉과 함께하시고 그에게 인자를 더하사 간수장에게 은혜를 받게 하시매"창 39:20-21

요셉은 바로 그 감옥에서 술 맡은 관원장을 만났습니다. 술 맡은 관원장의 꿈을 해석해 줌으로써 바로 왕과의 만남이 이루어집니다. 하나님은 고난을 통해 그의 꿈을 성취하게 만드셨습니다.

— 고통에는 하나님의 뜻이 있습니다.
하나님은 고난을 통해 꿈꾸는 자를 위해 놀라운 일을 준비하십니다.

믿음의 사람은 꿈 너머 꿈을 꿉니다

요셉은 꿈 너머 꿈을 꾼 사람입니다. 성경이 요셉의 꿈을 기록하고 있는 이유가 무엇일까요? 히브리서 11장에서 요셉의 믿음에 대해 기록하고 있는 이유가 무엇일까요? 그것은 그가 꿈 너머 꿈을 꾼 사람이기 때문입니다. 애굽에서 국무총리가 된 사람은 수없이 많았습니다. 하지만 요셉처럼 그 이름을 남긴 사람은 거의 없습니다. 그 이유는 요셉이 그의 꿈을 통해 하나님의 뜻을 이루었기 때문입니다. 꿈 너머 꿈을 꾸는 사람의 특징은 무엇일까요?

첫째, 꿈의 성취를 통해 하나님의 뜻을 발견합니다.

요셉이 국무총리가 되었을 때 바로 왕의 이인자가 되어 애굽을 통치합니다. 요셉이 국무총리가 되었을 때 사람들이 그의 앞에 엎드립니다. 그는 애굽 온 땅의 총리가 되어 전국을 다스리게 됩니다.

"바로가 또 요셉에게 이르되 내가 너를 애굽 온 땅의 총리가 되게 하노라 하고 자기의 인장 반지를 빼어 요셉의 손에 끼우고 그에게 세마포 옷을 입히고 금 사슬을 목에 걸고" 창 41:41-42

정말 극적인 순간입니다. 요셉이 17세가 되었을 때 그의 아버지는 그에게 채색 옷을 입혀 주었습니다. 채색 옷은 사랑받은 자의 표지였습니다. 그 집안을 대표하고, 그 집안을 다스리는 통치권을 가졌다는 표지였습니다. 그 채색 옷을 형제들이 찢어 버렸습니다. 그의 채색 옷이 찢겨지고, 벗겨진 후에 그가 입었던 옷은 종의 옷이었습니다. 후에 감옥에 들어갔을 때 그가 입었던 옷은 죄수의 옷이었습니다. 그런데 바로가 그에게 세마포 옷을 입혀 준 것입니다. 옷은 그가 누구인가를 말해 줍니다. 세마포 옷은 그가 국무총리가 되었음을 말해 줍니다. 요셉이 국무총리가 되었을 때 모든 사람이 그 앞에 엎드렸습니다. 그는 애굽 전국을 총리로서 다스리게 되었습니다(창 41:43).

바로 이 순간에 요셉은 어릴 적 그가 꾸었던 꿈을 생각했을 것입니다. 형제들의 곡식 단들이 자기 단을 향해 절하던 것을 떠올렸을 것입니다. 또한 해와 달과 별들이 그에게 절하던 것을 기억했을 것입니다. 그의 꿈이 일부 실현되었지만 형제들이 와서 그에게 절을 한 것은 아니었습니다. 나중에 그의 형제들이 기근이 들어 곡식을 사러 애굽에 왔을 때 그에게 엎드려 절을 합니다.

"때에 요셉이 나라의 총리로서 그 땅 모든 백성에게 곡식을 팔더니 요셉의 형들이 와서 그 앞에서 땅에 엎드려 절하매" 창 42:6

아직 그의 형제들은 요셉을 알아보지 못했습니다. 하지만 요셉은 형제들을 알아보았습니다. 그리고 그때 비로소 그가 꾼 꿈을 다시 생각하게 됩니다.

"요셉이 그들에게 대하여 꾼 꿈을 생각하고 그들에게 이르되 너희는 정탐꾼들이라 이 나라의 틈을 엿보려고 왔느니라" 창 42:9

요셉은 나중에 친동생 베냐민을 만난 후 형제들에게 그가 꿈을 성취함으로 깨달은 하나님의 뜻을 전합니다. 그 뜻은 형제들의 생명을 보전하는 것이었습니다(창 42:18).

"하나님이 큰 구원으로 당신들의 생명을 보존하고 당신들의 후손을 세상에 두시려고 나를 당신들보다 먼저 보내셨나니" 창 45:7

여기서 그가 깨닫고 전한 하나님의 뜻은 하나님이 큰 구원으로 형제들과 그 후손을 세상에 두시려고 그들보다 먼저 애굽으로 보내셨다는 것입니다. 여기서 그는 자신의 고난에 대한 놀라운 해석을 하고 있습니다.

"그런즉 나를 이리로 보낸 이는 당신들이 아니요 하나님이시라 하나님이 나를 바로에게 아버지로 삼으시고 그 온 집의 주로 삼으시며 애굽 온 땅의 통치자로 삼으셨나이다" 창 45:8

요셉은 자신을 애굽으로 보낸 분은 형제들이 아니라 하나님이시라고 고백합니다. 하나님이 자신을 바로에게 아버지로 삼으시고, 그의 온 집의 주로 삼으시고, 애굽 온 땅의 통치자로 삼으셨다고 말합니다. 바로 왕이 요셉을 국무총리로 삼을 때 그보다 높은 것은 왕좌뿐이라며 모든 권한을 요셉에게 넘겨줍니다.

"너는 내 집을 다스리라 내 백성이 다 네 명령에 복종하리니 내가 너보다 높은 것은 내 왕좌뿐이니라" 창 41:40

요셉의 꿈이 마침내 이루어졌습니다. 그가 애굽을 통치한다는 것은 그 당시 전 세계를 통치하는 것을 의미합니다. 하나님이 그에게 그런 권한을 주신 이유는 만민의 생명을 구원하기 위해서였습니다.

"당신들은 나를 해하려 하였으나 하나님은 그것을 선으로 바꾸사 오늘과 같이 만민의 생명을 구원하게 하시려 하셨나니" 창 50:20, 개역한글

하나님은 야곱에게 주신 약속을 요셉을 통해 이루십니다. 만민이 그에게 복종하리라는 약속이 요셉을 통해 성취되고, 요셉은 그에게 복종하는 만민의 생명을 구원하게 됩니다.

둘째, 꿈의 성취를 통해 은혜의 언약이 계속해서 성취되는 꿈을 꿉니다.

요셉의 꿈은 국무총리가 됨으로 성취된 것이 아닙니다. 요셉의 꿈은 그의 형제들과 형제들의 후손들의 생명을 구함으로 절정에 이릅니다. 그런데 요셉의 꿈은 거기서 끝나지 않습니다. 그는 하나님의 은혜의 언약이 계속해서 성취되는 꿈을 꿉니다. 하나님의 은혜의 언

약은 하나님이 그의 백성들에게 가나안 땅을 약속의 땅으로 주셨다는 것입니다. 그는 죽으면서 그의 후손들에게 애굽에 정착하지 말고 때가 되면 가나안 땅으로 돌아가라고 부탁합니다. 그 말씀이 바로 히브리서 11장에 나옵니다.

"믿음으로 요셉은 임종 시에 이스라엘 자손들이 떠날 것을 말하고 또 자기 뼈를 위하여 명하였으며" 히 11:22

왜 이 말씀이 중요할까요? 그것은 하나님의 언약은 애굽 땅이 아닌 가나안 땅에 있었기 때문입니다. 하나님의 은혜의 언약은 아브라함에게 주어졌습니다. 하나님이 아브라함에게 갈대아 우르를 떠나 가나안 땅으로 가라고 명하셨습니다. 그리고 반복해서 가나안 땅을 그와 그의 후손에게 주실 것을 약속하셨습니다. 그런데 그 약속을 주시는 과정에서 하나님이 아브라함에게 그의 후손이 이방의 객이 되어 400년이 지난 후에 다시 가나안 땅으로 돌아올 것에 대해 말씀하셨습니다.

"여호와께서 아브람에게 이르시되 너는 반드시 알라 네 자손이 이방에서 객이 되어 그들을 섬기겠고 그들은 사백 년 동안 네 자손을 괴롭히리니 그들이 섬기는 나라를 내가 징벌할지며 그 후에 네 자손이 큰 재물을 이끌고 나오리라" 창 15:13-14

야곱이 이 언약을 기억하고 요셉에게 자신을 가나안 땅에 장사 지내 달라고 부탁합니다. 요셉은 야곱을 통해 아브라함에게 주신 하나님의 언약을 가슴 깊이 새기게 됩니다. 그리고 자신의 임종 시에 그 언약을 다시 한 번 상기하며 후손들에게 언젠가는 애굽을 떠나 가나안 땅으로 돌아갈 것에 대해 말합니다. 그때 자기의 뼈를 가나안으로 가져가서 묻어 달라고 부탁합니다.

"요셉이 그의 형제들에게 이르되 나는 죽을 것이나 하나님이 당신들을 돌보시고 당신들을 이 땅에서 인도하여 내사 아브라함과 이삭과 야곱에게 맹세하신 땅에 이르게 하시리라 하고" 창 50:24

"요셉이 또 이스라엘 자손에게 맹세시켜 이르기를 하나님이 반드시 당신들을 돌보시리니 당신들은 여기서 내 해골을 메고 올라가겠다 하라 하였더라" 창 50:25

이스라엘 백성들은 애굽에 사는 동안 요셉의 뼈를 간직합니다. 그리고 요셉이 남긴 하나님의 은혜의 언약을 후손들에게 전수합니다. 나중에 모세를 통해 온 이스라엘 백성들이 출애굽 할 때 모세가 요셉의 유골을 가지고 나갑니다(출 13:19).

요셉은 110세에 죽었습니다. 그렇다면 그가 죽은 후 300년이 지나 성취될 하나님의 꿈을 미리 예언했던 것입니다. 꿈꾸는 사람은 꿈 너머 꿈을 꿉니다. 그는 국무총리가 되는 것에 만족하지 않았습니다. 그는 하나님의 뜻을 이루는 것에 초점을 두었습니다. 또한 하나님의 은혜의 언약이 장차 성취될 것을 믿었습니다.

셋째, 꿈의 성취를 통해 구원의 역사가 이루어지는 꿈을 꿉니다.

요셉이 국무총리가 되었을 때 그는 두 가지에 관심을 갖습니다. 첫째는 그의 아버지 야곱의 후손들이 생명을 보존하는 것입니다. 둘째는 하나님의 약속의 땅으로 돌아가는 것입니다. 이 두 가지가 왜 중요할까요? 그것은 이 두 가지가 모두 하나님의 구원 역사와 관련되어 있기 때문입니다. 요셉이 그의 형제들을 만났을 때 아주 중요한 이야기를 합니다.

저는 요셉의 생애를 오랫동안 연구해 왔습니다. 요셉의 생애를 기

> 하나님이 주신 꿈은 반드시 이루어집니다.

록한 《꿈꾸는 자가 오는도다》라는 책을 쓰기도 했습니다. 그 후에도 요셉에 관련된 책들을 지속적으로 읽으면서 그의 생애를 계속 연구했습니다. 제가 요셉의 생애를 연구하면서 가장 귀하게 깨달은 것은 바로 요셉을 통해 야곱의 후손 가운데 유다의 생명이 보존된 것입니다.

"하나님이 큰 구원으로 당신들의 생명을 보존하고 당신들의 후손을 세상에 두시려고 나를 당신들보다 먼저 보내셨나니" 창 45:7

이 말씀 속에 담긴 '당신들의 생명' 속에 바로 유다의 생명이 담겨 있습니다. 왜 유다가 중요합니까? 바로 유다의 후손 중에 다윗 왕이 태어나기 때문입니다. 그리고 인류를 구원할 구세주 예수님이 태어나시기 때문입니다. 예수님은 만왕의 왕이십니다. 하나님이 요셉을 국무총리로 삼으신 이유는 바로 야곱의 후손들의 생명을 보존하고 그중에서 유다의 생명을 보존하기 위한 것입니다. 만약에 유다의 생명을 보존하지 못한다면 그리스도가 태어날 수 없기 때문입니다. 조나단 에드워즈는 《구속사》에서 요셉에 대해 기록하면서 바로 이 점을 아주 중요하게 여깁니다.

> 그리스도를 배출하도록 되어 있는 가문이 요셉의 도움으로 기근으로부터 놀랍게 보존을 받은 사건입니다. 7년 대흉년이 다 가오자 하나님은 놀라운 섭리로 요셉을 애굽으로 보내 미리 양식을 준비시켜 야곱과 그의 가족을 보존하셨는데, 만약 그렇게 하지 않았더라면 그들은 굶어 죽었을 것입니다. …장래에 공의의 가지, 곧 영광의 구속주가 나올 이 거룩한 뿌리는

얼마나 자주 멸망할 위험에 처하면서도, 그때마다 하나님께서 그것을 얼마나 놀랍게 보존하시는지요! (조나단 에드워즈, 《구속사》, 부흥과개혁사, 226-227쪽)

조나단 에드워즈가 말하는, 그리스도를 배출하도록 되어 있는 가문은 바로 유다 가문입니다. 야곱은 그의 아들들 가운데 유다를 축복할 때 장차 유다를 통해 메시아가 오실 것을 예언합니다.

"유다야 너는 네 형제의 찬송이 될지라 네 손이 네 원수의 목을 잡을 것이요 네 아버지의 아들들이 네 앞에 절하리로다 유다는 사자 새끼로다 내 아들아 너는 움킨 것을 찢고 올라갔도다 그가 엎드리고 웅크림이 수사자 같고 암사자 같으니 누가 그를 범할 수 있으랴 규가 유다를 떠나지 아니하며 통치자의 지팡이가 그 발 사이에서 떠나지 아니하기를 실로가 오시기까지 이르리니 그에게 모든 백성이 복종하리로다" 창 49:8-10

그렇다면 왜 하나님은 이스라엘 백성들을 애굽에서 400년이 지난 후에 가나안 땅으로 돌아가게 하셨을까요? 그 이유는 그리스도가 태어나실 곳이 베들레헴이기 때문입니다. 마태복음 2장에서 동방박사들이 예수님께 경배하기 위해 예루살렘에 왔을 때 헤롯이 서기관들을 모아 그리스도가 어디서 나겠느냐고 물었습니다. 그들의 대답은 베들레헴이었습니다(마 2:6).

왜 애굽이 아니고 가나안 땅이어야 했을까요? 그리스도가 십자가에 못 박혀 돌아가실 곳이 예루살렘이기 때문입니다. 구원의 역사에 있어 예루살렘은 아주 중요한 땅입니다. 아브라함은 예루살렘에서 살렘 왕 멜기세덱을 만났습니다. 또한 아브라함은 예루살렘 모리아 땅에서 이삭을 대신해서 숫양을 바쳤습니다. 멜기세덱은 하나님의 아들 그리스도와 방불한 지극히 높으신 하나님의 대제사장이었습니다. 아브라함이 만난 숫양은 장차 오실 어린양 예수 그리스도의 모형이었습니다. 예수님은 예루살렘에서 십자가에 달려 죽으시고 부활하셨습니다. 예수님은 바로 그 십자가에서 죽으시고 부활하심으로 만민의 생명을 구하는 큰 구원을 이루신 것입니다. 예루살렘 십자가에서 구원의 복음이 나온 것입니다. 이 사실을 이사야 선지자는 미리 예언했습니다.

"내가 비로소 시온에게 너희는 이제 그들을 보라 하였노라 내가 기쁜 소식을 전할 자를 예루살렘에 주리라" 사 41:27

이런 까닭에 요셉이 그의 형제들의 생명을 보존한 후에 그들을 가나안 땅으로 돌아가라고 명한 것입니다. 꿈꾸는 사람은 멀리 봅니다. 꿈꾸는 사람은 꿈 너머 꿈을 꿉니다. 요셉은 멀리 보았습니다. 300년이 지난 후에 이스라엘 백성들이 애굽을 떠날 것을 보았습니다. 요셉은 멀리 보았습니다. 장차 이 땅에 메시아가 오실 것을 보았습니다.

이스라엘 백성들이 애굽에 사는 동안 요셉의 뼈를 잘 보존했습니다. 그리고 후손들에게 요셉이 남긴 유언과 유골에 대한 이야기를 전해 주었습니다. 그런 까닭에 모세가 출애굽 할 때 요셉의 유골을 메고 애굽을 떠났던 것입니다.

> 요셉의 유골은 하나님의 언약을 기억하게 하는 유품이었습니다.
> 요셉의 유골은 하나님의 돌보심을 기억하게 하는 유품이었습니다.
> 요셉의 유골은 약속의 땅을 기억하게 하는 유품이었습니다.

하나님은 깨어진 꿈을 회복시키십니다

우리는 요셉을 통해 예수님을 만납니다. 요셉을 통해 좌절된 꿈을 회복시켜 주시는 하나님을 만납니다. 요셉을 통해 십자가와 부활을 만납니다. 성경에 나오는 인물 가운데 요셉은 예수님을 많이 닮았습니다. 그는 예수님처럼 형제들의 미움을 받았습니다. 그는 예수님처럼 버림을 받았습니다. 요셉은 예수님이 은 삼십에 팔리신 것과 비슷하게 은 이십에 팔렸습니다. 그는 예수님이 십자가에 죽으시고 음부에 던져지신 것처럼 구덩이와 감옥에 던져졌습니다.

요셉은 예수님처럼 그의 형제들을 용서했습니다. 그를 미워하고 팔아넘긴 형제들을 자기 형제라고 부르기를 부끄러워하지 않았습니다(히 2:11). 요셉은 예수님처럼 만민의 생명을 구원했습니다. 요셉이 곡식을 통해 만민의 생명을 구원했다면, 예수님은 생명의 떡을 주심으로 만민의 생명을 구원하셨습니다. 요셉은 감옥에서 죽을 뻔한 경험을 했습니다. 하지만 그는 죽지 않고 다시 살아나서 바로 왕의 보좌 우편에 앉았습니다. 예수님은 십자가에 죽으셨지만 사흘 만에 부활하셨습니다. 그리고 하나님 보좌 우편에 앉으셨습니다. 요셉이 죄수의 옷을 벗고 세마포 옷을 입었다면 예수님은 죄인 된 우리 죄의 옷을 벗기시고 예수님의 의의 옷을 입혀 주십니다. 요셉이 가족과 애굽을 다스린 것처럼 예수님은 만왕의 왕이 되셔서 전 인류를, 전 우주를 다스리고 계십니다.

요셉의 생애와 예수님의 생애를 통해 우리는 하나님의 역전 드라마를 봅니다. 요셉이 그의 형제들에게 채색 옷이 벗겨지고, 찢어졌을 때 모든 것이 끝난 것처럼 보였습니다. 요셉이 감옥에 들어가서 죄수의 옷을 입고 갇혀 있을 때 모든 것이 끝난 것처럼 보였습니다. 그의 인생은 찢기고 깨지고 부서졌습니다. 하지만 하나님은 그의 인생을 아름답게 만드셨습니다. 역전의 드라마를 만드셨습니다.[1]

탁월한 건축가가 깨어진 유리 거울을 통해 아름다운 모자이크 작품을 만들어 낸 것처럼 하나님은 요셉의 깨어진 인생을 아름답게 만드셨습니다. 모든 것을 역전시켜 주셨습니다. 그가 깨어지기 전보다 더 놀라운 인생을 만들어 주셨습니다.

이지선 자매가 박사학위를 받았습니다. 음주운전자 때문에 온몸에 화상을 입고 수없이 수술을 받았던 지선 자매는 채색 옷이 벗겨진 것과 같은 경험을 했습니다. 지선 자매는 깨어졌습니다. 부서졌습니다. 유리 거울처럼 아름다웠던 얼굴이 깨어졌습니다. 그런데 하나님은 깨어진 지선 자매의 인생을 아름다운 모자이크 작품으로 만드셨습니다. 지선 자매의 상처는 영광이 되었습니다. 지선 자매가 겪은 시련은 수많은 사람들의 상처를 치유하는 약이 되었습니다. 이제는 꿈 너머 꿈을 꾸는 하나님의 사람이 되었습니다. 하나님은 지금도 십자가에서 좌절된 꿈을 회복시켜 주십니다. 십자가 앞으로 나아가십시오. 좌절된 꿈을 회복시켜 주시는 전능하신 하나님을 의지하십시오. 인생이 깨어지고 부서지는 경험을 했다고 끝난 것이 아닙니다. 다시 꿈을 꾸십시오. 다시 시작하십시오. 하나님을 찾으십시오.

이지선 자매가 교통사고로 화상을 입고 7개월 만에 퇴원했을 때 자신의 얼굴을 바라볼 수가 없었습니다. 절망감이 밀려왔습니다. 그때 두 가지를 생각했다고 합니다. 아파트 옥상으로 올라가는 길을 택할 것인가? 아니면 하나님을 찾아갈 것인가? 다행히 아파트 옥상으로 올라가는 길을 찾지 않고 하나님을 찾았습니다. 하나님은 이지선 자매를 위로해 주셨습니다. 꿈 너머 꿈을 꾸게 하셨습니다. 그것은 아름다운 얼굴을 가졌을 때와 비교할 수 없는 꿈이었습니다. 그리고 모든 것이 변화되었습니다. 사고 이전보다 더 의미 있는 삶을 살게 된 것입니다.

인생은 쉽게 끝나지 않습니다. 쉽게 죽는 것이 아닙니다. 얼마든지 다시 시작할 수 있습니다. 인생 드라마 가운데 역전의 드라마가 더욱 감동을 줍니다. 펜싱의 박상영 선수는 2016년 브라질 리우데자네이루 올림픽에서 헝가리 선수 제자 임레(Geza Imre)와의 경기에서 10대 14로 지고 있었습니다. 게임은 거의 끝난 것이나 다름없었습니다. 하지만 박상영 선수는 할 수 있다는 믿음을 가지고 거듭 도전했습니다. 결국 15대 14로 이기는 역전의 드라마를 연출했습니다. 박상영 선수의 감격적인 모습이 우리 민족의 가슴에 큰 울림으로 다가왔습니다. 그 이유는 역전의 드라마였기 때문입니다.

하나님이 주시는 꿈을 품으십시오. 하나님과 함께 꿈을 꾸고, 하나님과 함께 협력하십시오. 하나님이 주신 꿈을 성취함으로 하나님의 뜻을 이루십시오. 축복을 사명으로 여기십시오. 성공을 생명을 구원하는 기회로 여기십시오. 생명을 구원하고, 생명을 보존하고, 생명을 재생산하는 것보다 고귀한 것은 없습니다.

꿈 너머 꿈을 꾸십시오. 요셉의 꿈은 국무총리가 되는 것 이상이었습니다. 그는 국무총리가 되는 것으로 안주하지 않았습니다. 그 후에 그는 더욱 아름다운 꿈을 꾸었습니다. 더욱 의미 있는 꿈을 꾸었습니다. 만민의 생명을 구원하는 꿈이었습니다. 유다의 생명을 보존함으로 전 인류를 구원하는 꿈이었습니다.

하나님은 꿈을 주시는 분입니다. 하나님은 꿈꾸는 자와 함께 일하십니다. 믿음의 사람은 꿈꾸는 사람입니다. 꿈꾸는 사람은 더 이상 과거에 매이지 않습니다. 꿈꾸는 사람은 고난을 통해 더욱 성장합니다. 꿈꾸는 사람은 미래를 향해 전진합니다. 도전하고 모험합니다. 꿈꾸는 사람은 꿈을 성취하기 위해 절제합니다. 자기를 다스립니다. 욕망을 다스리고, 분노를 다스립니다. 복수심을 다스립니다. 꿈꾸는 사람은 용서합니다. 축복합니다. 그리함으로 하나님의 꿈을 성취합니다.

꿈꾸는 자가 되십시오. 믿는 자가 되십시오. 그때 하나님께 큰 영광을 돌리게 됩니다. 그때 하나님이 예비하신 상을 받게 됩니다. 그때 우리의 가족과 우리가 만나는 모든 사람들의 축복의 통로가 됩니다. 하나님의 풍성한 복이 꿈꾸는 모든 분들 위에 차고 넘치기를 바랍니다.

복음은 약한 것 속에 담겨 있습니다.
복음이신 예수님도 약한 자로 오셨습니다.
예수님의 복음은 믿음이 약한 자를 위한 것입니다.
예수님이 친히 작은 자와 약한 자를 돌봐 주십니다.

Part 3

하나님은 약한 믿음을 키우신다

Chapter 10

구원의 역사에 동참한 모세의 믿음

히브리서 11:27-28
믿음으로 애굽을 떠나 왕의 노함을 무서워하지 아니하고 곧 보이지 아니하는 자를 보는 것같이 하여 참았으며 믿음으로 유월절과 피 뿌리는 예식을 정하였으니 이는 장자를 멸하는 자로 그들을 건드리지 않게 하려 한 것이며

모세는 구원 역사에서 큰 역할을 합니다

히브리서 11장에 나오는 믿음의 사람들의 공통점은 구원의 역사에 동참한 사람들이라는 점입니다. 또한 믿음의 사람들은 장차 오실 예수님을 멀리서 바라보면서 예수님을 증거한 사람들입니다. 우리가 믿음의 사람들의 삶에 주목하면서 흥분하는 이유가 있습니다. 그 이유는 그들의 스토리 속에 우리가 포함되어 있기 때문입니다. 그들의 믿음을 통해 예수님이 오셨고, 예수님을 통해 우리가 구원을 받았습니다.

모세의 믿음은 구원의 드라마에서 아주 큰 역할을 합니다. 모세의 믿음은 구원의 역사에 동참한 믿음입니다. 모세가 하나님의 부르심을 받아 한 일은 이스라엘 백성들을 바로 왕의 손에서 구원한 것입니다. 모세는 히브리 백성을 바로의 손에서 건져 내어 애굽을 떠났습니다. 그들을 구원하는 과정에서 유월절 어린 양과 피 뿌리는 예식을 정했습니다.

"믿음으로 애굽을 떠나 왕의 노함을 무서워하지 아니하고 곧 보이지 아니하는 자를 보는 것같이 하여 참았으며 믿음으로 유월절과 피 뿌리는 예식을 정하였으니 이는 장자를 멸하는 자로 그들을 건드리지 않게 하려 한 것이며" 히 11:27-28

이 짧은 두 절의 말씀 속에 놀라운 구원의 스토리가 담겨 있습니다. 모세가 바로 왕의 손에서 이스라엘 백성을 구원한 것은 장차 오실 예수님의 구원의 예표입니다. 이스라엘 백성이 경험한 구원과 우리가 예수님을 통해 받은 구원 속에는 놀라운 축복이 담겨 있습니다. 사탄을 상징하는 바로의 손에서 건짐을 받은 것만이 구원의 이야기가 아닙니다. 하나님은 모세를 통해 바로의 손에서 이스라엘 백성을 건져 내신 후에 그들을 안식과 배움으로 인도하셨습니다. 또한 그들을 하나님 나라의 장자로 삼으셨습니다. 그들을 보배로운 백성, 거룩한 제사장으로 삼으셨습니다. 그들을 세계 민족 위에 뛰어난 민족으로 삼으셔서 축복의 통로가 되게 하셨습니다. 바로의 손에서 건져 내신 후에 약속의 땅인 가나안 땅으로 인도하심으로 놀라운 안식과 행복을 누리게 하셨습니다.[1]

우리가 예수님을 통해 구원을 받은 것은 사탄의 손에서 건짐을 받은 것입니다. 하지만 구원의 스토리는 거기서 끝난 것이 아닙니다. 하나님은 예수님을 통해 우리를 하나님의 자녀로 삼으셨습니다. 풍성한 생명을 누리게 하셨습니다. 하나님의 나라를 유업으로 허락해 주셨습니다. 참된 안식과 진리를 배울 수 있도록 축복하셨습니다. 우리를 거듭나게 하실 뿐만 아니라 의롭다 하시고, 의롭다 하실 뿐만 아니라 거룩하게 하시고, 또한 우리를 영화롭게 하시는 것입니다. 하나님이 예비하신 구원 속에는 놀라운 축복이 패키지로 담겨 있습니다. 그런 까닭에 히브리서는 하나님이 주신 큰 구원을 소홀히 여기지 말라고 권면합니다.

"우리가 이같이 큰 구원을 등한히 여기면 어찌 그 보응을 피하리요 이 구원은 처음에 주로 말씀하신 바요 들은 자들이 우리에게 확증한 바니" 히 2:3

그렇다면 모세가 이스라엘 백성을 구원하기 위해 가졌던 믿음은 어떤 것이었을까요? 그가 하나님의 구원 역사에 동참할 수 있었던 믿음은 어떤 것이었을까요?

참된 믿음의 열매는 담대함과 인내입니다

모세는 보이지 않는 하나님을 보는 것처럼 믿었습니다. 그런 까닭에 바로 왕을 두려워하지 않을 수 있었습니다.

"믿음으로 애굽을 떠나 왕의 노함을 무서워하지 아니하고 곧 보이지 아니하는 자를 보는 것같이 하여 참았으며" 히 11:27

첫째, 참된 믿음은 담대함의 열매를 맺습니다.

모세가 바로와 싸우기 위해서는 담대함이 필요했습니다. 왕의 노함을 무서워해서는 안 되었습니다. 왕의 노함을 무서워하지 않는다는 것은 대단한 용기입니다. 잠언은 왕의 노함이 사자의 부르짖음 같다고 말합니다.

"왕의 노함은 사자의 부르짖음 같고" 잠 19:12상

성경에 나오는 애굽의 바로 왕은 사람들을 두렵게 하는 왕이었습니다. 바로 왕은 대단한 권세를 가졌습니다. 그의 말이 곧 법이었습니다. 그의 말 한마디면 사람을 죽일 수도, 살릴 수도 있었습니다. 그는 스스로를 신처럼 여겼습니다. 애굽 백성들은 바로를 신처럼 섬겼습니다. 바로 왕과 히브리 노예는 비교가 되지 않는 신분이었습니다. 그런 바로 왕의 노함을 무서워하지 않는 사람이 없었습니다. 애굽 백성도 그의 노함을 두려워하는데 히브리 노예들이 왕의 노함을 두려워하는 것은 당연한 것입니다. 모세도 한때는 두려워했습니다. 자기 동족을 위해 애굽 사람을 쳐 죽인 것이 탄로 난 것을 알았을 때 그는 두려워했습니다(출 2:14). 모세는 바로가 두려워, 그의 낯을 피해 미디안으로 도피합니다.

"바로가 이 일을 듣고 모세를 죽이고자 하여 찾는지라 모세가 바로의 낯을 피하여 미디안 땅에 머물며 하루는 우물 곁에 앉았더라"

출 2:15

그런데 모세가 하나님을 경험한 후로 더 이상 바로를 두려워하지 않게 됩니다. 모세가 바로 왕과 그의 노함을 무서워하지 않을 수 있었던 이유는 보이지 않는 하나님을 믿었기 때문입니다. 보이지 않는 하나님을 경험했기 때문입니다. 보이지 않는 하나님이 누구신가를 알았기 때문입니다.

하나님은 모세만이 바로 왕을 두려워하지 않을 수 있다는 사실을 알고 있었습니다. 물론 바로 왕은 두려운 존재였습니다. 하지만 모세는 애굽 궁중에서 바로 왕의 공주의 아들로 성장하면서 바로 왕을 늘 가까이했습니다. 그는 바로 왕을 가까이하면서 바로 왕이 신이 아님을 알았습니다. 그 안에 두려움이 있는 것을 알았습니다. 바로 왕은 신이 아니며 연약하고 유한한 한 인간에 불과함을 알았습니다. 우리는 신비에 쌓인 존재를 무서워하는 경향이 있습니다. 하지만 그 신비의 베일을 벗기고 나면 그 존재를 더 이상 무서워하지 않게 됩니다.

모세는 바로 왕을 알았습니다. 뿐만 아니라 그는 더 소중한 분을 알았습니다. 그분은 하나님이셨습니다. 그는 왕 중의 왕이신 하나님을 알았습니다. 모든 역사를 주관하시는 전능하신 하나님을 알았습니다. 하나님은 모세를 바로 앞에서 신과 같은 존재가 되게 하심으로 담대함을 허락해 주셨습니다.

"여호와께서 모세에게 이르시되 볼지어다 내가 너를 바로에게 신 같이 되게 하였은즉 네 형 아론은 네 대언자가 되리니" 출 7:1

전쟁에서 승리하는 길은 담대함입니다. 전쟁에서는 두려워하는 자가 지게 되어 있습니다. 그런 까닭에 하나님은 거듭 강하고 담대하라고 명하십니다. 전쟁에 나가는 하나님의 백성들에게 늘 담대하라고 말씀하십니다.

"내가 네게 명령한 것이 아니냐 강하고 담대하라 두려워하지 말며 놀라지 말라 네가 어디로 가든지 네 하나님 여호와가 너와 함께하느니라 하시니라" 수 1:9

하나님이 함께하심을 믿을 때 우리는 담대할 수 있습니다. 하나님의 일을 잘 감당하고 영적 전쟁에서 승리하기 위해서는 담대해야 합니다. 그 담대함은 하나님을 아는 지식과 믿음에서 나옵니다(단 11:32).

믿음이란 무엇일까요? 담대함입니다. 그냥 담대함이 아니라 하나님을 알고 믿는 데서 오는 담대함입니다. 담대함이 승리를 가져오고, 담대함이 상을 받게 만듭니다(히 10:35).

모세가 담대할 수 있었던 것은 그가 하나님을 알고 믿었을 뿐 아니라 그의 부모로부터 배운 까닭입니다. 모세의 부모의 믿음은 왕의 명령을 무서워하지 않았습니다. 즉 왕을 무서워하지 않았습니다(히 11:23).

믿음은 배울 수 있습니다. 믿음은 전수될 수 있습니다. 믿음은 점점 성장합니다. 모세는 그의 부모로부터 참된 믿음을 배웠습니다. 담대한 믿음을 전수 받았습니다. 모세는 그의 부모로부터 왕을 두려워하지 않는 믿음을 보았고, 배웠고, 또한 전수 받았습니다.

둘째, 참된 믿음은 인내의 열매를 맺습니다.

모세는 하나님을 의지하며 오래 참았습니다. 그는 하나님이 이스라엘 백성을 바로 왕의 손에서 건져 내시기까지 인내할 줄 알았습니다(히 11:27).

바로 왕은 이스라엘 백성들을 쉽게 놓아주지 않았습니다. 영적 전쟁에서 승리하기 위해서는 담대할 뿐만 아니라 끈질겨야 합니다. 바로 왕은 정말 집요했습니다. 히브리 노예들을 쉽게 풀어주지 않았습니다. 여러 번 약속한 것을 취소했습니다. 애굽을 잠시 떠나는 것을 허락했지만, 영원히 떠나는 것은 허락하지 않았습니다. 어른들만 잠시 애굽을 떠났다가 돌아오는 것을 허락했지만 온전히 떠나는 것은 허락하지 않았습니다. 처음에는 애굽 땅에서 하나님께 희생제사를 드리라고 말합니다.

"바로가 모세와 아론을 불러 이르되 너희는 가서 이 땅에서 너희 하나님께 제사를 드리라" 출 8:25

나중에 모세가 사흘 길쯤 광야에 들어가서 하나님께 제사를 드리겠다고 말할 때 바로는 너무 멀리 가지는 말라고 명합니다.

"너희가 너희의 하나님 여호와께 광야에서 제사를 드릴 것이나 너무 멀리 가지는 말라" 출 8:28

하나님의 재앙이 점점 심하게 임하자 바로가 광야에 가서 제사

> 참된 믿음은
> 오래 참는 것입니다.
> 참된 믿음은
> 오래 견디는 것입니다.
> 참된 믿음은
> 끝까지 견디는 것입니다.

를 드리는 것을 허락하면서도 어린아이들은 못 데리고 가게 합니다.

"모세가 이르되 우리가 여호와 앞에 절기를 지킬 것인즉 우리가 남녀노소와 양과 소를 데리고 가겠나이다 바로가 그들에게 이르되 내가 너희와 너희의 어린아이들을 보내면 여호와가 너희와 함께함과 같으니라 보라 그것이 너희에게는 나쁜 것이니라" 출 10:9-10

바로가 나중에는 어린아이들을 데려가도 좋지만 양과 소는 두고 광야에 가서 여호와를 섬기라고 말합니다.

"바로가 모세를 불러서 이르되 너희는 가서 여호와를 섬기되 너희의 양과 소는 머물러 두고 너희 어린 것들은 너희와 함께 갈지니라" 출 10:24

바로는 정말 끈질깁니다. 바로는 사탄의 모형입니다. 사탄은 자신이 사로잡은 노예를 쉽게 놓아주지 않습니다. 우리가 사탄의 권세 아래서 종살이하는 사람들을 하나님께 인도하기 위해서는 사탄보다 더 끈질겨야 합니다. 오래 참고 견뎌야 합니다. 모세는 보이지 않는 하나님을 보는 것처럼 오래 참았습니다. 우리가 오래 참을 수 있는 것은 하나님을 바라볼 때 가능합니다. 하나님의 백성들을 사랑할 때 가능합니다. 사랑하면 오래 참습니다. 모세는 하나님의 백성들과 더불어 고난받기를 자원할 만큼 하나님의 백성을 사랑했습니다. 또한 하나님의 구원의 마지막을 볼 때 오래 참게 됩니다. 곧 소망을 가질 때 오래 참게 됩니다.

모세는 하나님이 이스라엘 백성을 바로의 손에서 건져 내실 것을 믿었습니다. 그 마지막을 알았습니다. 하나님은 모세에게 바로가 쉽게 그들을 놓아주지 않을 것이라고 말씀하셨습니다.

"내가 바로의 마음을 완악하게 하고 내 표징과 내 이적을 애굽 땅에서 많이 행할 것이나 바로가 너희의 말을 듣지 아니할 터인즉 내가 내 손을 애굽에 뻗쳐 여러 큰 심판을 내리고 내 군대, 내 백성 이스라엘 자손을 그 땅에서 인도하여 낼지라" 출 7:3-4

모세는 하나님의 말씀을 따라 하나님께서 여러 큰 심판을 바로와 그의 백성에게 내릴 때에야 바로가 항복할 것을 알았습니다. 하나님의 일을 하는 사람은 조급해서는 안 됩니다. 인내해야 합니다. 오래 참아야 합니다. 끝까지 견뎌야 합니다. 뒤로 물러서서는 안 됩니다. 믿음으로 산다는 것은 뒤로 물러서지 않는 것입니다. 끝까지 견딤으로 승리하는 것입니다.

"나의 의인은 믿음으로 말미암아 살리라 또한 뒤로 물러가면 내 마음이 그를 기뻐하지 아니하리라 하셨느니라 우리는 뒤로 물러가 멸망할 자가 아니요 오직 영혼을 구원함에 이르는 믿음을 가진 자니라" 히 10:38-39

하나님의 사람에게 찾아오는 가장 큰 유혹은 피곤과 낙심입니다. 특별히 낙심하면 포기하게 됩니다. 마귀가 즐겨 쓰는 전략은 우리를 낙심하게 만드는 것입니다. 우리는 낙심을 이겨야 합니다. 낙심을 이기는 길은 하나님의 약속을 확고히 믿는 것입니다. 하나님의 약속을 믿고 오래 참는 것입니다. 앞에 있는 즐거움을 바라보면서 참는 것입니다.

"믿음의 주요 또 온전하게 하시는 이인 예수를 바라보자 그는 그 앞에 있는 기쁨을 위하여 십자가를 참으사 부끄러움을 개의치 아니하시더니 하나님 보좌 우편에 앉으셨느니라 너희가 피곤하여 낙심하지 않기 위하여 죄인들이 이같이 자기에게 거역한 일을 참으신 이를 생각하라" 히 12:2-3

예수님은 앞에 있는 부활의 기쁨을 위하여 십자가를 참으셨습니다. 피곤과 낙심을 이기는 길은 예수님이 자기를 거역한 일을 참으신 것을 생각하는 것입니다. 포기는 쉬운 것입니다. 쉬운 길은 좋은 길이 아닙니다. 참고 인내하는 길은 힘든 길이지만 그 길이 축복의 길이요, 영광의 길입니다.

참된 믿음은 어린양 예수님을 믿는 것입니다

하나님의 구원의 드라마를 이해하기 위해서는 반드시 어린양의 비밀을 깨달아야 합니다. 어린양과 그 피의 능력을 깨닫지 못하면 구원의 드라마를 깨달을 수가 없습니다. 어린양의 비밀을 깨달아야 하는 까닭은 우리의 구원자 예수님이 이 땅에 세상 죄를 지고 가시는 어린양으로 오셨기 때문입니다. 우리가 어린양 되시는 예수님의 보혈로 거듭났기 때문입니다. 우리가 어린양 되시는 예수님의 피로 사탄을 물리칠 수 있게 되었기 때문입니다.

우리는 구원의 드라마로서의 성경을 읽을 때 하나님이 드라마의 소품을 선택하시는 것을 보게 됩니다. 데이비드 머리(David Murray)는 《구약 속 예수》라는 책에서 하나님이 구원의 드라마에서 사용하시는 소품에 대해 기록하고 있습니다.

— 구원의 소품들 : 하나님이 양을 창조하신 이유는 죄인들에게 자신이 선한 목자라는 사실을 가르치기 위해서였고(요 10장), 새를 창조하신 이유는 구원받은 백성들에게 세상 걱정에 얽매이지 말라고 가르치기 위함이었으며(마 6:25-27), 낙타를 창조하

신 이유는 재물로는 천국에 갈 수 없다는 것을 가르치시기 위해서였고(마 19:20), 백합과 장미를 창조하신 이유는 구원자이신 자신이 그처럼 아름답다는 것을 가르치시기 위해서였다(아 2:1). 또 물을 만드신 이유는 영적 갈증에 시달리는 자들을 어떻게 새롭게 하시는지를 설명하시기 위해서였다(요 4:14). (데이비드 머리, 《구약 속 예수》, 생명의말씀사, 73-74쪽)

하나님은 죄로 인해 타락한 인류를 구원하시기 위해 몇 가지 아주 중요한 소품들을 선택하셨습니다. 그중 하나가 어린 양입니다. 모세의 믿음은 바로 유월절 어린 양과 밀접한 관련이 있습니다.

"믿음으로 유월절과 피 뿌리는 예식을 정하였으니 이는 장자를 멸하는 자로 그들을 건드리지 않게 하려 한 것이며" 히 11:28

어린 양은 창세기 3장 15절에서 구원의 언약을 주신 후부터 계속해서 등장합니다. 하나님이 아담과 하와의 죄를 덮어 주시기 위해 가죽 옷을 만들어 주셨을 때 그 가죽 옷은 어린 양의 피를 흘려 만들어 준 옷이었습니다. 아벨은 어린 양을 하나님께 제물로 드렸고, 그는 어린 양처럼 가인에게 죽임을 당했습니다. 아브라함은 창세기 22장에서 이삭을 대신해서 하나님이 예비하신 숫양을 바쳤습니다. 그 숫양은 장차 오실 예수님의 모형이었습니다. 하나님은 어린 양을 구원의 드라마의 소중한 예표로 사용하셨습니다. 특별히 출애굽기 12장에 나오는 어린 양의 드라마는 장차 오실 예수님의 구원 드라마의 모형임을 알 수 있습니다.

하나님이 이스라엘 민족을 바로의 손에서 건져내시기 위해 애굽에 내린 10가지 재앙으로 장자의 죽음을 선택하셨습니다. 바로는 9

가지 재앙이 임할 때까지 이스라엘 백성을 놓아주지 않았습니다. 하지만 그가 열 번째 재앙이 애굽 땅에 임했을 때 두 손을 들게 됩니다. 열 번째 재앙은 애굽에 있는 모든 첫 번째 난 것을 죽이는 재앙입니다. 사람이든 짐승이든 첫 번째 난 것을 죽이는 재앙입니다. 그 첫 번째 것 안에는 바로의 첫째 아들도 포함되어 있었습니다.

"모세가 바로에게 이르되 여호와께서 이와 같이 말씀하시기를 밤중에 내가 애굽 가운데로 들어가리니 애굽 땅에 있는 모든 처음 난 것은 왕위에 앉아 있는 바로의 장자로부터 맷돌 뒤에 있는 몸종의 장자와 모든 가축의 처음 난 것까지 죽으리니 애굽 온 땅에 전무후무한 큰 부르짖음이 있으리라" 출 11:4-6

그런데 하나님은 이스라엘 자손에 속한 처음 난 것을 구별하여 지켜 주실 것을 말씀하십니다.

"그러나 이스라엘 자손에게는 사람에게나 짐승에게나 개 한 마리도 그 혀를 움직이지 아니하리니 여호와께서 애굽 사람과 이스라엘 사이를 구별하는 줄을 너희가 알리라 하셨나니" 출 11:7

장자의 재앙이 임할 때 이스라엘 백성들은 그 재앙으로부터 보호를 받았습니다. 무엇이 그들을 애굽에 내린 열 번째 재앙으로부터 보호했을까요? 그것은 어린 양의 피였습니다. 히브리서는 모세의 믿음을 이야기할 때 하나님이 전하신 어린 양의 피를 믿었고, 그 피 뿌리는 예식을 정했다고 말씀합니다. 애굽에 내린 열 번째 재앙과 어린 양의 희생은 구원의 드라마에서 아주 중요합니다. 왜냐하면 어린 양의 피가 뿌려진 후에 이스라엘 백성들이 바로의 손에서 자유하게 되었기 때문입니다. 조금 더 설명하면 재앙이 이스라엘 백성들을 자유하게 한 것이 아니라 어린 양의 피가 그들을 자유하게 한 것입니다.

이 사건을 출애굽기를 통해 살펴보면 어린 양의 피가 얼마나 중요한지 알 수 있습니다. 장자의 죽음의 재앙을 막기 위해 사용되는 어린 양은 흠이 없어야 합니다. 그 양을 잡은 후에 그 피를 집 좌우 문설주와 인방에 발라야 합니다.

"너희 어린 양은 흠 없고 일 년 된 수컷으로 하되 양이나 염소 중에서 취하고 이달 열나흗 날까지 간직하였다가 해 질 때에 이스라엘 회중이 그 양을 잡고 그 피를 양을 먹을 집 좌우 문설주와 인방에 바르고" 출 12:5-7

그리고 그 밤에 고기를 불에 구워 무교병과 쓴 나물과 아울러 급히 먹어야 합니다. 그것이 유월절입니다.

"그 밤에 그 고기를 불에 구워 무교병과 쓴 나물과 아울러 먹되 날 것으로나 물에 삶아서 먹지 말고 머리와 다리와 내장을 다 불에 구워 먹고 아침까지 남겨두지 말며 아침까지 남은 것은 곧 불사르라 너희는 그것을 이렇게 먹을지니 허리에 띠를 띠고 발에 신을 신고 손에 지팡이를 잡고 급히 먹으라 이것이 여호와의 유월절이니라" 출 12:8-11

하나님이 애굽 땅에 모든 처음 난 것을 치실 때 어린 양의 피를 보면 넘어갈 것이라고 말씀하셨습니다.

"내가 애굽 땅을 칠 때에 그 피가 너희가 사는 집에 있어서 너희를 위하여 표적이 될지라 내가 피를 볼 때에 너희를 넘어가리니 재앙이 너희에게 내려 멸하지 아니하리라" 출 12:13

하나님이 모세와 이스라엘 백성들에게 이날을 기념하여 유월절로 삼고 영원한 규례로 대대로 지키라고 명하셨습니다(출 12:14).

모세는 하나님이 명하신 대로 어린 양을 잡아 피를 문설주와 인방에 바르게 했습니다. 그 결과 이스라엘 백성들은 장자의 죽음에서 보호를 받았습니다. 모세는 하나님이 명하신 말씀 가운데 어린 양의 피의 능력을 믿었습니다.

― 어린 양의 피가 재앙을 막아 주는 능력임을 믿었습니다.
　어린 양의 피가 장자를 보호해 주는 능력임을 믿었습니다.
　어린 양의 피가 히브리 백성을 자유하게 하는 능력임을 믿었습니다.
　어린 양의 피가 사탄의 권세를 무너뜨리는 능력임을 믿었습니다.
　어린 양의 피가 히브리 노예들을 제사장 나라로 거듭나게 하는 능력임을 믿었습니다.

　유월절 어린 양 사건은 정말 놀라운 사건이었습니다. 이 사건은 하나님의 구원 드라마의 완전한 모형이었습니다. 바로는 사탄의 모형이었습니다. 흑암의 권세의 모형이었습니다. 그 사탄의 권세를 무너뜨리는 것은 오직 어린 양의 피뿐이었습니다. 오직 어린 양의 피가 사탄의 권세를 이겼습니다. 오직 어린 양의 피가 고센 땅에 살고 있던 그들을 자유하게 했습니다. 거대한 민족으로 새롭게 태어나게 했습니다.

　저는 이 말씀을 묵상하며, 고센 땅이 하나님께서 이스라엘 민족을 잉태시킨 자궁과 같다는 생각을 했습니다. 야곱의 가족 70명이 고센 땅에 들어가 400년을 지내는 동안 거대한 민족으로 성장했습니다. 그 거대한 민족이 새롭게 태어나기 위해서는 산통을 겪어야 했습니다. 산모가 아이를 출산할 때 산통을 겪는 것처럼 엄청난 고통을 겪어야 했습니다. 또한 산모가 아이를 낳을 때 양수가 터지고 피가 쏟아지는 것처럼 이스라엘 백성이 고센 땅에서 제사장 나라로 새롭게 태어날 때 피가 쏟아져야 했습니다. 그 피가 바로 어린 양의 피였습니다.

출애굽기 12장에 나오는 어린 양은 장차 오실 예수님의 모형이었습니다. 예수님은 이 땅에 어린양으로 오셨습니다.

"이튿날 요한이 예수께서 자기에게 나아오심을 보고 이르되 보라 세상 죄를 지고 가는 하나님의 어린양이로다" 요 1:29

어린양 예수님은 십자가에서 피와 물을 쏟아 주셨습니다(요 19:34). 어린양 되시는 예수님의 피가 사탄의 머리를 쳤습니다. 성경은 예수님의 피가 옛 뱀 사탄을 이겼다고 말씀합니다.

"또 우리 형제들이 어린 양의 피와 자기들이 증언하는 말씀으로써 그를 이겼으니 그들은 죽기까지 자기들의 생명을 아끼지 아니하였도다" 계 12:11

어린양 되신 예수님이 우리를 대신해서 죽으셨습니다. 마치 이스라엘 백성들의 장자를 대신해서 어린 양이 죽임을 당한 것처럼 예수님이 우리를 대신해서 죽으셨습니다. 우리를 대신해서 죗값을 지불하심으로 우리를 자유하게 하신 것입니다.

"너희가 알거니와 너희 조상이 물려 준 헛된 행실에서 대속함을 받은 것은 은이나 금같이 없어질 것으로 된 것이 아니요 오직 흠 없고 점 없는 어린양 같은 그리스도의 보배로운 피로 된 것이니라" 벧전 1:18-19

하나님은 이스라엘 백성들을 바로의 손에서 구원하신 후에 그들을 위대한 나라로 만드셨습니다. 하나님의 구원 계획 속에는 바로의 손에서 구원하신 후에 그들을 위대한 민족으로 만드시는 것이 포함되어 있었던 것입니다.

"세계가 다 내게 속하였나니 너희가 내 말을 잘 듣고 내 언약을 지키면 너희는 모든 민족 중에서 내 소유가 되겠고 너희가 내게 대하여 제사장 나라가 되며 거룩한 백성이 되리라 너는 이 말을 이스라엘 자손에게 전할지니라" 출 19:5-6

그와 같이 하나님이 우리를 사탄의 권세에서 건져 내신 후에 진노의 자녀였던 우리를 하나님의 자녀로 삼으셨습니다. 우리를 제사장 나라로 삼으셨습니다(계 1:6).

우리는 어린양 되시는 예수님을 믿습니다. 또한 어린양 되시는 예수님의 피의 능력을 믿습니다. 성경은 어린양 되시는 예수님을 찬양하고 예수님의 보혈을 찬양합니다. 하나님의 모든 은혜와 영광은 예수님의 보혈과 관련되어 있습니다.

"이는 그가 사랑하시는 자 안에서 우리에게 거저 주시는 바 그의 은혜의 영광을 찬송하게 하려는 것이라 우리는 그리스도 안에서 그의 은혜의 풍성함을 따라 그의 피로 말미암아 속량 곧 죄 사함을 받았느니라" 엡 1:6-7

예수님의 피가 우리를 모든 죄에서 깨끗하게 합니다. 예수님의 피가 우리를 승리하게 합니다. 바울은 예수님이 유월절 어린양이 되신 것을 증거합니다.

"우리의 유월절 양 곧 그리스도께서 희생되셨느니라" 고전 5:7하

하나님은 유월절을 제정하실 때 유월절 양의 뼈를 꺾지 말라고 명하셨습니다(출 12:46). 바로 이 말씀이 예수님의 십자가에서 성취됩니다. 로마 군병들이 예수님 좌우편에 달린 강도들의 다리를 꺾었습니다. 그들이 예수님께 왔을 때 예수님이 이미 죽으신 것을 보고 예수님의 다리를 꺾지 않았습니다. 왜 예수님의 다리를 꺾지 않았을까

요? 그것은 예수님이 유월절 어린양이시기 때문입니다. 요한은 그 사실을 다음과 같이 기록하고 있습니다.

"이 일이 일어난 것은 그 뼈가 하나도 꺾이지 아니하리라 한 성경을 응하게 하려 함이라" 요 19:36

이 말씀은 출애굽기 12장 46절의 성취였습니다. 그리스도인들은 어린양으로 오신 예수님을 믿습니다. 그 피의 능력을 믿습니다. 요한계시록은 반복해서 예수님을 어린양으로 소개하고 있습니다.

"큰 음성으로 이르되 죽임을 당하신 어린양은 능력과 부와 지혜와 힘과 존귀와 영광과 찬송을 받으시기에 합당하도다 하더라" 계 5:12

"이 일 후에 내가 보니 각 나라와 족속과 백성과 방언에서 아무도 능히 셀 수 없는 큰 무리가 나와 흰 옷을 입고 손에 종려 가지를 들고 보좌 앞과 어린양 앞에 서서 큰 소리로 외쳐 이르되 구원하심이 보좌에 앉으신 우리 하나님과 어린양에게 있도다 하니" 계 7:9-10

"그들이 어린양과 더불어 싸우려니와 어린양은 만주의 주시요 만왕의 왕이시므로 그들을 이기실 터이요 또 그와 함께 있는 자들 곧 부르심을 받고 택하심을 받은 진실한 자들도 이기리로다" 계 17:14

우리가 구원받은 것은 어린양 되시는 예수님 때문입니다. 우리가 승리한 것도 어린양 되시는 예수님 때문입니다. 우리의 예배는 어린양 되시는 예수님께 모든 영광을 돌리는 것입니다. 그 보혈을 찬양하는 것입니다.

모세는 장차 오실 예수님을 증거했습니다

모세의 믿음은 장차 오실 예수님을 증거하는 믿음이었습니다. 모세가 유월절과 피 뿌리는 예식을 정한 것은 장차 유월절 어린양으로 오실 예수님을 증거한 것입니다. 예수님은 모세가 자신에 대해 기록했다고 말씀하셨습니다.

"모세를 믿었더라면 또 나를 믿었으리니 이는 그가 내게 대하여 기록하였음이라" 요 5:46

모세는 구약성경에 첫 번째 다섯 권을 기록했습니다. 창세기, 출애굽기, 레위기, 민수기, 그리고 신명기입니다. 그가 기록한 모세 오경은 예수님에 대해, 예수님을 위해 기록한 것입니다. 모세는 이스라엘 백성을 흑암의 권세에서 건져 낸 구원자였습니다. 그는 바로 왕의 공주의 아들이라 칭함을 거절하고 하나님의 백성들과 함께 고난받는 것을 더 좋아했습니다. 정말 위대한 선택이었고, 아름다운 생애였습니다. 하지만 모세와 예수님과 다른 점이 있습니다. 모세는 하나님의 백성들과 더불어 고난을 받았지만 그들을 대신해서 고난을 받지 못했습니다. 하지만 예수님은 하나님의 백성들을 대신해서 고난을 받으셨습니다.

유월절 어린 양은 장자를 대신해서 죽었습니다. 장자가 죽어야 하는데 어린 양이 대신 죽음으로 장자를 살린 것입니다. 바로 왕의 죄는 장자를 죽이는 재앙을 불러왔습니다. 하나님의 심판은 정당한 것이었습니다. 하나님이 그의 죄 때문에 내린 재앙은 정당한 것이었습니다. 그런데 그 진노와 재앙을 막아낸 것이 있습니다. 그것은 어린 양의 피였습니다.

우리도 예수님을 알기 전에는 죄인이었습니다. 하나님의 진노의 자녀였습니다. 하나님의 진노는 정당한 것이었습니다. 하나님의 심판과 저주와 재앙은 정당한 것이었습니다. 그런데 예수님이 우리를 대신해서 죽으시고, 우리를 대신해서 저주를 받으시고, 우리를 대신해서 정죄를 받으셨습니다. 그리함으로 우리를 구원하신 것입니다. 이것이 대속의 은혜입니다.

"그가 모든 사람을 대신하여 죽으심은" 고후 5:15상

"그리스도께서 우리를 위하여 저주를 받은 바 되사 율법의 저주에서 우리를 속량하셨으니 기록된 바 나무에 달린 자마다 저주 아래에 있는 자라 하였음이라" 갈 3:13

예수님은 우리를 대신하여 죽으시고, 우리를 위하여 저주를 대신 받으셨습니다. 예수님은 죽으실 뿐 아니라 부활하셨습니다. 예수님의 구원은 우리를 하나님의 심판과 저주로부터 건져 내신 것으로 끝나지 않습니다. 예수님은 우리를 구원하실 뿐만 아니라, 하늘의 모든 신령한 복을 허락해 주셨습니다. 또한 우리를 하나님의 자녀로 삼으심으로써 하나님의 자녀가 누릴 수 있는 모든 특권을 부여해 주셨습니다.

"찬송하리로다 하나님 곧 우리 주 예수 그리스도의 아버지께서 그리스도 안에서 하늘에 속한 모든 신령한 복을 우리에게 주시되 곧 창세 전에 그리스도 안에서 우리를 택하사 우리로 사랑 안에서 그 앞에 거룩하고 흠이 없게 하시려고 그 기쁘신 뜻대로 우리를 예정하사 예수 그리스도로 말미암아 자기의 아들들이 되게 하셨으니" 엡 1:3-5

모세의 믿음을 함께 본받았으면 좋겠습니다. 하나님을 믿게 되면 사람들을 두려워하지 않게 됩니다. 사람들의 노함도 두려워하지 않

게 됩니다. 하나님을 믿게 되면 우리는 인내할 수 있습니다. 영적 전쟁에서 승리하는 길, 하나님이 맡기신 과업을 성취하기 위해서는 인내가 필요합니다. 오래 참는 것이 필요합니다. 끝까지 견디는 끈기가 필요합니다. 그것은 하나님을 믿는 믿음으로 가능합니다. 하나님이 우리를 위해 이루실 미래를 바라볼 때 가능합니다. 모세처럼 어린양의 능력을 믿으십시오. 어린양의 보혈의 능력을 믿으십시오.

모세가 장차 오실 그리스도를 바라보고 증거했던 어린양 되시는 예수님을 의지하십시오. 오직 예수님을 통해 우리는 자유하게 됩니다. 예수님의 피로 용서받을 수 있습니다. 예수님의 피로 마귀를 이길 수 있습니다. 우리가 부를 노래는 모세가 불렀던 노래입니다. 모세의 노래입니다. 또한 어린양의 노래입니다. 이제 우리가 함께 부를 노래입니다.

"하나님의 종 모세의 노래, 어린양의 노래를 불러 이르되 주 하나님 곧 전능하신 이시여 하시는 일이 크고 놀라우시도다 만국의 왕이시여 주의 길이 의롭고 참되시도다" 계 15:3

전능하신 어린양 예수님을 영원토록 찬양하십시오. 어린양께 존귀와 영광을 돌리십시오. 예수님의 이름을 높이고, 예수님의 이름을 찬양하십시오. 예수님의 이름으로 기도하십시오. 예수님의 피를 통해 마귀 권세를 물리치십시오. 예수님 안에 예비해 주신 신령한 축복을 받아 누리며 나누십시오. 모세처럼 어린양 되시는 예수님을 증거함으로써 구원의 역사에 동참하십시오.

Chapter 11
정탐꾼을 숨겨 준
라합의 믿음

히브리서 11:31
믿음으로 기생 라합은 정탐꾼을 평안히 영접하였으므
로 순종하지 아니한 자와 함께 멸망하지 아니하였도다

믿음의 전당에 입성한
기생 라합

믿음장인 히브리서 11장에 나오는 믿음의 사람들은 대부분 남자들이지만 소수의 믿음의 여인들도 등장합니다. 11절에 사라가 등장합니다. 23절에 모세의 부모 중 어머니 요게벳은 믿음의 여인이었습니다. 31절에 기생 라합이 나오고, 35절에 "여자들은"이라고 기록되어 있습니다. 소수의 믿음의 여인들 가운데 기생 라합이 등장하는 것은 어떤 이유일까요? 하나님이 믿음의 전당에 기생 라합을 세우신 데에는 충분한 이유가 있습니다. 우리는 그 이유를 성경을 통해 추적해 보려고 합니다.

기생 라합은 가나안 여인이었습니다. 그녀는 히브리 여인이 아니었습니다. 또한 라합은 기생이었습니다(히 11:31). 기생 라합이 등장하는 것은 여호수아 2장입니다.

"눈의 아들 여호수아가 싯딤에서 두 사람을 정탐꾼으로 보내며 이르되 가서 그 땅과 여리고를 엿보라 하매 그들이 가서 라합이라 하는 기생의 집에 들어가 거기서 유숙하더니" 수 2:1

성경은 라합의 이야기를 할 때마다 기생이라는 사실을 반복해서 언급하고 있습니다. 또한 기생 라합이 정탐꾼들을 하나님의 사자로 접대했다는 사실을 기록하고 있습니다.

"또 이와 같이 기생 라합이 사자들을 접대하여 다른 길로 나가게

할 때에 행함으로 의롭다 하심을 받은 것이 아니냐"약 2:25

성경에서 라합을 언급할 때마다 기생이라는 사실을 강조하는 까닭은 하나님이 아주 비천한 여인에게 큰 은혜를 베푸셨다는 사실을 드러내기 위함입니다. 하나님은 세상적으로 대단한 사람들이 아니라 비천한 사람들을 선택해서 그분의 크신 은혜를 베푸신다는 사실을 드러내기 위함입니다(고전 1:28-29).

하나님이 여호수아가 가나안 땅을 정복할 때 기생 라합을 선택하여 사용하신 이유는 무엇일까요? 그 이유는 기생 라합에게서 하나님을 믿는 믿음을 보셨기 때문입니다. 하나님은 은혜로 비천한 사람을 선택해서 풍성한 자비를 베푸십니다. 또한 하나님은 비천한 사람들 속에 있는 믿음을 보시고 놀라운 축복을 베푸십니다. 성경을 읽으면서 깨닫는 비밀은 하나님의 역사 속에 우연은 없고 섭리만 있을 뿐이라는 사실입니다.

가나안 땅을 정복하기 전에 여호수아가 정탐꾼들을 보내어 가나안 땅과 그 나라 사람들의 정보를 파악해 오게 했습니다. 여호수아가 보낸 정탐꾼들이 여리고 성에 들어갔을 때 기생 라합의 집에 들어가서 유숙하게 됩니다. 그것은 결코 우연이 아닙니다. 하나님의 섭리 속에서 그들이 기생 라합의 집에서 유숙하게 된 것입니다. 하나님은 가나안 땅에 살고 있는 가나안 사람들 가운데 유일하게 기생 라합이 하나님을 믿는 믿음을 갖고 있음을 보셨습니다. 하나님은 믿는 여인과 더불어 일하시고, 믿는 여인을 통해 놀라운 구원의 역사를 이루시는 분입니다. 그렇다면 구체적으로 라합의 믿음은 어떤 믿음일까요? 라합을 통해 우리가 본받고 배울 믿음은 무엇일까요?

참된 믿음은 믿음의 대상이 분명합니다

기생 라합의 선택은 담대한 선택입니다. 목숨을 내건 선택입니다. 여리고 왕이 이스라엘 자손 중 몇 사람이 여리고를 정탐하러 왔다는 소식을 듣고 라합에게 사람을 보내 그 사람들을 끌어내라고 명했습니다(수 2:2-3). 라합은 이미 두 정탐꾼을 숨겨 두었습니다. 또한 왕이 보낸 사람들에게 정탐꾼들이 왔지만 그들이 이미 성문을 닫을 때쯤 나갔다고 말했습니다. 급히 그들을 따라가라고 말하면서 정탐꾼들을 보호해 주었습니다(수 2:4-7).

라합이 여리고 왕이 보낸 사람들을 속여 가면서 정탐꾼들의 생명을 지켜 준 것은 아주 위험한 일이었습니다. 만약 정탐꾼들을 숨겨 준 것이 발각되면 그녀는 죽임을 당할 수 있었습니다. 하지만 그녀는 목숨을 내건 담대한 선택을 했습니다. 그 이유는 하나님을 알았기 때문입니다. 기생 라합이 정탐꾼들을 숨겨 둔 지붕에 올라가서 놀라운 정보를 제공해 줍니다. 이는 정탐꾼들에게 꼭 필요한 정보였습니다.

"또 그들이 눕기 전에 라합이 지붕에 올라가서 그들에게 이르러 말하되 여호와께서 이 땅을 너희에게 주신 줄을 내가 아노라 우리가 너희를 심히 두려워하고 이 땅 주민들이 다 너희 앞에서 간담이 녹나니 이는 너희가 애굽에서 나올 때에 여호와께서 너희 앞에서 홍해 물을 마르게 하신 일과 너희가 요단 저쪽에 있는 아모리 사람의 두 왕 시혼과 옥에게 행한 일 곧 그들을 전멸시킨 일을 우리가 들었음이니라 우리가 듣자 곧 마음이 녹았고 너희로 말미암아 사람이 정신을 잃었나니 너희의 하나님 여호와는 위로는 하늘에서도 아래로는 땅에서도 하나님이시니라" 수 2:8-11

여호수아 2장 8-11절 속에는 라합의 하나님을 아는 지식과 그녀의 믿음과 확신이 담겨 있습니다. 그녀는 하나님께서 이 땅을 이스라엘 백성에게 주신 것을 안다고 고백합니다. 자신뿐만 아니라 가나안 땅 주민들이 하나님께서 홍해를 마르게 하시고, 아모리 사람의 두 왕을 진멸시킨 일을 듣고 심히 두려워하고 있다는 정보를 제공해 줍니다. 전쟁에서 가장 중요한 것은 심리전입니다. 전쟁을 할 때 적의 심리를 파악하는 것이 아주 중요합니다. 전쟁에서 승리하기 위해서는 먼저 마음으로 이겨야 합니다. 그런데 가나안 사람들의 마음이 이미 녹았다는 것입니다. 그들이 정신을 잃었다는 것입니다. 그녀가 알고 믿고 있는 하나님은 능력이 많으신 하나님입니다. 홍해 물을 마르게 하셔서 길을 내시는 하나님입니다. 전쟁에 능하신 하나님입니다. 무엇보다 하나님은 위로 하늘의 하나님이시요, 아래로 땅의 하나님입니다.

"너희의 하나님 여호와는 위로 하늘에서도 아래로는 땅에서도 하나님이시니라" 수 2:11하

믿음장에서 배우는 참된 믿음은 믿음의 대상이 분명하다는 것입니다. 라합은 천지를 창조하시고 모든 것을 주관하시는 하나님에 대한 지식이 분명했습니다. 지식 가운데 최상의 지식은 하나님을 아는 지식입니다. 하나님이 원하시는 것은 우리가 하나님을 올바로 아는 것입니다.

"나는 인애를 원하고 제사를 원하지 아니하며 번제보다 하나님을 아는 것을 원하노라" 호 6:6

호세아는 이스라엘 백성이 하나님을 아는 지식이 없다는 것을 한탄했습니다. 이스라엘 백성의 죄악의 뿌리에 하나님을 아는 지식이 없다는 것을 알았습니다.

"이스라엘 자손들아 여호와의 말씀을 들으라 여호와께서 이 땅 주

민과 논쟁하시나니 이 땅에는 진실도 없고 인애도 없고 하나님을 아는 지식도 없고 오직 저주와 속임과 살인과 도둑질과 간음뿐이요 포악하여 피가 피를 뒤이음이라" 호 4:1-2

그는 이스라엘 백성들이 하나님을 아는 지식이 없음으로 패망하고 있다는 사실을 지적했습니다.

"내 백성이 지식이 없으므로 망하는도다 네가 지식을 버렸으니 나도 너를 버려 내 제사장이 되지 못하게 할 것이요 네가 네 하나님의 율법을 잊었으니 나도 네 자녀들을 잊어버리리라" 호 4:6

호세아는 이스라엘 백성들에게 하나님 알기를 힘쓰라고 권면합니다.
"그러므로 우리가 여호와를 알자 힘써 여호와를 알자 그의 나타나심은 새벽빛같이 어김없나니 비와 같이, 땅을 적시는 늦은 비와 같이 우리에게 임하시리라 하니라" 호 6:3

우리가 어떻게 하나님을 알 수 있을까요? 하나님을 알 수 있는 것은 은혜로만 가능합니다. 하나님은 신비로운 분입니다. 인간의 지혜로는 깨달을 수 없는 분입니다. 오직 하나님이 우리를 찾아오셔서 계시해 주실 때 가능합니다. 라합이 하나님을 알게 된 것은 하나님의 은혜였습니다. 마태복음 16장에는 아주 중요한 사건이 기록되어 있습니다. 가이사랴 빌립보 지방에서 예수님은 제자들에게 "사람들이 인자를 누구라고 하느냐"고 물으셨습니다. 또한 제자들에게 "너희는 나를 누구라 하느냐"고 물으셨습니다. 그때 베드로가 예수님을 기쁘시게 하는 신앙고백을 했습니다.

"시몬 베드로가 대답하여 이르되 주는 그리스도시요 살아 계신 하나님의 아들이시니이다" 마 16:16

예수님이 이 고백을 들으시고 정말 좋아하셨습니다. 베드로의 신앙고백은 예수님이 주님이시요, 그리스도, 즉 메시아라는 고백이었습니다. 또한 예수님이 하나님의 아들, 곧 하나님이라는 고백입니다. 이 고백을 들으시고 베드로의 신앙고백 위에 교회를 세우시겠다고 말씀하셨습니다. 또한 천국 열쇠를 제자들에게 주셨습니다. 이때 처음으로 십자가에서 죽으시고 사흘 만에 부활하실 것을 말씀하셨습니다. 예수님은 놀라운 신앙고백을 한 베드로를 칭찬하시면서 그가 알게 된 주님에 대한 지식은 하나님께로부터 온 것임을 말씀하셨습니다.

"예수께서 대답하여 이르시되 바요나 시몬아 네가 복이 있도다 이를 네게 알게 한 이는 혈육이 아니요 하늘에 계신 내 아버지시니라" 마 16:17

복 가운데 최상의 복은 하나님을 아는 복입니다. 예수님은 권세가 높거나, 세상의 물질을 많이 소유한 부자에게 복이 있다고 말씀하신 적이 없습니다. 예수님이 말씀하신 복은 차원이 달랐습니다. 예수님이 베드로에게 말씀하신 복은 하나님을 아는 지식을 의미했습니다. 그것은 하나님의 은혜, 즉 하나님의 계시로 임한 깨달음이었습니다. 그렇다면 기생 라합은 복 받은 여인입니다. 또한 우리가 성삼위 하나님을 알고 믿는다면 복을 받은 자입니다. 우리가 자랑할 것이 있다면 하나님을 아는 것이어야 합니다. 그 이유는 하나님이 그것을 가장 기뻐하시기 때문입니다.

"여호와께서 이와 같이 말씀하시되 지혜로운 자는 그의 지혜를 자랑하지 말라 용사는 그의 용맹을 자랑하지 말라 부자는 그의 부함을 자랑하지 말라 자랑하는 자는 이것으로 자랑할지니 곧 명철하여 나를 아는 것과 나 여호와는 사랑과 정의와 공의를 땅에 행하는 자인 줄 깨닫는 것이라 나는 이 일을 기뻐하노라 여호와의 말씀이니라" 렘 9:23-24

믿음의 선택은 놀라운 결과를 낳습니다

하나님이 은혜로 라합을 선택하셨습니다. 라합이 선택을 받은 것은 전적인 하나님의 은혜입니다. 또한 라합도 하나님을 믿기로 선택했습니다. 믿음은 결과를 낳습니다. 히브리서 11장 23절의 말씀은 믿음의 길을 선택함으로 순종한 라합과 불순종을 선택한 가나안 사람들의 결과를 비교해서 기록하고 있습니다.

"믿음으로 기생 라합은 정탐꾼을 평안히 영접하였으므로 순종하지 아니한 자와 함께 멸망하지 아니하였도다" 히 11:31

기생 라합은 믿음으로 정탐꾼을 평안히 영접하였으므로 구원을 받았습니다. 하나님이 예비하신 풍성한 복을 받았습니다. 반면에 순종하지 아니한 사람들은 멸망했습니다. 믿음의 선택은 놀라운 결과를 낳습니다. 여기서 우리는 라합을 통해 믿는다는 것이 무엇인지를 배울 수 있습니다. 라합을 통해 배우는 믿음의 특징은 참된 믿음을 소유한 사람들의 공통적인 특징입니다.

첫째, 참된 믿음은 하나님을 믿는 신앙을 고백하는 것입니다.

라합은 하나님이 어떤 분이신가를 알았습니다. 어떻게 알았을까요? 들어서 알았습니다. 믿음은 들음을 통해서 옵니다.

"이는 너희가 애굽에서 나올 때에 여호와께서 너희 앞에서 홍해 물을 마르게 하신 일과 너희가 요단 저쪽에 있는 아모리 사람의 두 왕 시혼과 옥에게 행한 일 곧 그들을 전멸시킨 일을 우리가 들었음이니라 우리가 듣자 곧 마음이 녹았고 너희로 말미암아 사람이 정신을 잃었나니 너희의 하나님 여호와는 위로는 하늘에서도 아래로는 땅에서도 하나님이시니라" 수 2:10-11

이 말씀 속에 '들었다'는 말이 두 번 반복됩니다. 사도 바울은 믿음은 들음에서 난다고 말합니다.

"그러므로 믿음은 들음에서 나며 들음은 그리스도의 말씀으로 말미암았느니라" 롬 10:17

그런데 들었다고 해서 다 믿음을 가질 수 있는 것은 아닙니다. 하나님이 이스라엘 백성을 위해 행하신 일을 들은 것은 라합만이 아닙니다. 가나안 사람 모두가 들었습니다. 그런데 라합만이 듣고 깨달았습니다. 그리고 정탐꾼들이 왔을 때 그녀의 신앙을 입술로 고백한 것입니다.

"사람이 마음으로 믿어 의에 이르고 입으로 시인하여 구원에 이르느니라" 롬 10:10

둘째, 참된 믿음은 믿음을 따라 행동하는 것입니다.

기생 라합은 정탐꾼들이 그녀의 집을 찾아왔을 때 목숨을 걸고 그들을 보호해 주었습니다. 히브리서는 그녀가 정탐꾼들을 평안히 영접했다고 말합니다(히 11:31). 기생 라합은 마지못해 정탐꾼들을 집에 유숙하게 한 것이 아닙니다. 귀찮아하면서 그들을 영접한 것이 아닙니다. 그들을 평안히 영접했습니다. 라합은 정탐꾼들을 알았습니다. 정탐꾼들이 하나님이 보낸 사람들임을 알았습니다. 기생 라합은 정탐꾼들을 알아보는 지혜를 가진 여인이었습니다. 정탐꾼들의 배후에 여호수아가 있음을 알았습니다. 정탐꾼들이 도와주면 라합의 가족이 모두 구원을 받을 줄 알았습니다. 라합은 정탐꾼들을 바라본 것이 아니라 정탐꾼들을 보내신 하나님을 바라본 것입니다. 라합은 정탐꾼들을 하나님의 사자로 알고 그들을 평안히 영접한 것입니다. 히브리서는 손님 대접을 잘하도록 권면합니다.

"손님 대접하기를 잊지 말라 이로써 부지중에 천사들을 대접한 이들이 있었느니라" 히 13:2

야고보는 기생 라합이 하나님의 사자를 접대했다고 기록했습니다(약 2:25). 성경학자들은 구약성경에서 나타난 천사 가운데 직접 하나님의 말씀을 전하는 천사는 성육신 전에 사람들을 찾아오신 예수님이라고 주장하기도 합니다. 팀 켈러의 《설교》라는 책에서 이 점을 강조합니다. 라합은 정탐꾼들을 영접한 것이 아니라 하나님의 사자를 영접한 것이요, 또한 정탐꾼들을 보내신 하나님을 영접한 것입니다. 그런 까닭에 라합은 모험을 할 수 있었습니다. 그것도 담대한 모험을 한 것입니다. 그녀는 여리고 왕을 두려워하기보다 하늘과 땅의 하나님을 두려워했습니다.

라합이 정탐꾼을 보호하기 위해 거짓말을 한 것은 잘못된 것입니다. 하지만 그것은 자신의 유익을 위한 거짓말이 아니었습니다. 오히려 그것은 그녀의 목숨을 남보로 한 모험이었습니다. 그것은 정탐꾼들을 살리기 위한 것이었습니다. 그것은 부득불 믿음의 길을 선택하는 중에 범한 잘못이었습니다. 하나님은 라합의 거짓말을 용서하셨고, 그녀의 믿음의 선택을 귀히 여기셨습니다.

셋째, 참된 믿음은 하나님이 예비하신 상을 기대하는 것입니다.

하나님은 믿는 자에게 상 주심을 약속하셨습니다. 믿음은 하나님이 예비하신 상을 기대하는 것입니다. 라합은 정탐꾼들에게 그들을 선대한 것처럼 내 아버지 집을 선대하도록 부탁합니다. 여리고 성을 정복할 때 그녀와 그녀의 가족을 구원해 줄 것을 부탁합니다(수 2:12-

13). 라합의 청을 들은 정탐꾼들이 라합의 부탁을 들어줄 것을 약속합니다.

"그 사람들이 그에게 이르되 네가 우리의 이 일을 누설하지 아니하면 우리의 목숨으로 너희를 대신할 것이요 여호와께서 우리에게 이 땅을 주실 때에는 인자하고 진실하게 너를 대우하리라" 수 2:14

하나님은 믿는 자를 위해 놀라운 상을 예비하십니다. 하나님이 예비하신 상은 라합을 위해서만 주신 것이 아니라 라합의 대대손손을 위한 것이었습니다. 믿음을 통해 누리게 될 상과 축복은 그 끝이 어디인지 알 수 없습니다. 믿음의 사람 아브라함에게 베풀어 주신 복이 이삭에게 흘러 내려갔습니다. 이삭에게 흘러 내려간 복이 야곱에게 흘러 내려갔습니다. 그 복이 당대의 요셉에게 흘러 내려감으로 모든 가족의 생명을 살렸고, 열방의 생명을 살렸던 것을 기억합니다. 믿는 자가 복이 있고, 믿는 자에게는 하나님이 예비하신 상이 기다리고 있습니다.

"믿음이 없이는 하나님을 기쁘시게 하지 못하나니 하나님께 나아가는 자는 반드시 그가 계신 것과 또한 그가 자기를 찾는 자들에게 상 주시는 이심을 믿어야 할지니라" 히 11:6

넷째, 참된 믿음은 증표를 구하는 것입니다.

기생 라합이 정탐꾼들에게 구했던 것은 여리고 성을 정복할 때 그녀와 그녀의 가족을 선대할 것이라는 증표였습니다.

"너희도 내 아버지의 집을 선대하도록 여호와로 내게 맹세하고 내게 증표를 내라" 수 2:12

정탐꾼들이 라합에게 준 증표는 그녀가 그들의 생명을 보호하기 위해 창문에서 달아 내려준 바로 그 붉은 줄이었습니다.

"그 사람들이 그에게 이르되 네가 우리에게 서약하게 한 이 맹세에 대하여 우리가 허물이 없게 하리니 우리가 이 땅에 들어올 때에 우리를 달아 내린 창문에 이 붉은 줄을 매고 네 부모와 형제와 네 아버지의 가족을 다 네 집에 모으라" 수 2:17-18

우리 그리스도인들이 하나님께 받은 증표는 세 가지입니다. 첫째는 예수님이 죽으시고 부활하신 십자가입니다. 우리 이마에는 십자가의 인치심이 있습니다. 둘째는 예수님의 보혈입니다. 예수님의 붉은 피가 우리 믿음의 증표입니다. 셋째는 성령님의 인치심입니다.

"그 안에서 너희도 진리의 말씀 곧 너희의 구원의 복음을 듣고 그 안에서 또한 믿어 약속의 성령으로 인치심을 받았으니 이는 우리 기업의 보증이 되사 그 얻으신 것을 속량하시고 그의 영광을 찬송하게 하려 하심이라" 엡 1:13-14

믿음의 증표는 보증과 같습니다. 라합이 창문에 매달았던 붉은 줄은 그녀가 받게 될 구원의 보증이었습니다. 라합은 정탐꾼들이 보낸 후 바로 붉은 줄을 창문에 매달았습니다(수 2:21). 붉은 줄이 바로 그녀가 장차 누리게 될 축복의 증표요 보증이었습니다. 우리도 마찬가지입니다. 성령님의 인치심을 통해 우리는 장차 누리게 될 하나님 나라의 기업의 보증을 받은 것입니다. 라합은 붉은 줄을 보면서 거룩한 기대를 갖게 되었을 것입니다. 큰 위안을 느꼈을 것입니다. 찰스 스펄전(Charles H. Spurgeon)은 다음과 같이 붉은 줄에 대해 기록했습니다.

― 라합은 무엇보다도 먼저 이들 정탐꾼들로부터, 그들이 그녀를 구해 주겠다는 징표를 주었는데 그것은 붉은 줄이었습니다.

그것을 그녀의 창문에 걸어 놓아야만 했습니다. 이것은 이스라엘의 피와 같이 붉은 깃발이었습니다. 그것이 유월절의 밤에도 게양되지 않았습니까? 그래서 천사들이 그냥 지나가고 백성들을 구하지 않았습니까? 그녀는 자신의 창문에 그 표기를 갖다 놓았을 때 큰 위안을 느꼈습니다. (C. H. 스펄전,《히브리서 (중)》, 보문출판사, 288쪽)

아더 핑크는 붉은 줄을 어린양의 붉은 피와 같은 증표로 보았습니다. 하나님은 여러 가지 상징과 예표를 통해 하나님의 구원 역사를 이해할 수 있도록 돕는 것을 보게 됩니다.

— (라합의) 집 권속은 라합의 붉은 줄을 드리웠던 집에 머물러 라합과 동행함으로써 구원을 받았다. 안전은 붉은 피 아래에만 있는 것이다. (아더 핑크,《믿음의 영웅들》, 새순출판사, 327쪽)

다섯째, 참된 믿음은 지혜롭게 행하는 것입니다.

라합은 믿음의 여인이었지만 또한 지혜로운 여인이었습니다. 그녀가 정탐꾼들에게 증표를 구한 것은 지혜였습니다. 그녀가 정탐꾼들이 정해 준 증표를 바로 창문에 달아 둔 것도 지혜였습니다. 그녀가 매달아 놓은 붉은 줄 때문에 여호수아가 여리고 성을 정복했을 때 라합의 집을 바로 알아볼 수 있었습니다.

라합의 지혜에서 발견할 수 있는 또 다른 지혜는 정탐꾼들이 온전히 탈출할 수 있도록 도와주었다는 것입니다. 라합은 정탐꾼들에게 산으로 가서 사흘 동안 숨어 있다가 돌아가라고 조언해 주었습니다.

"라합이 그들에게 이르되 두렵건대 뒤쫓는 사람들이 너희와 마주칠까 하노니 너희는 산으로 가서 거기서 사흘 동안 숨어 있다가 뒤쫓는 자들이 돌아간 후에 너희의 길을 갈지니라"(수 2:16).

라합은 여리고 군대를 잘 알고 있었습니다. 라합은 정탐꾼들이 어디에 숨어야 안전하며, 얼마나 숨어 있어야 안전하게 돌아갈 수 있는지를 알고 있었습니다. 믿음은 만용이 아닙니다. 믿음의 사람은 지혜의 사람입니다. 믿음 충만은 지혜 충만입니다. 야고보는 라합의 믿음에 대해 이야기할 때 그녀의 지혜에 대해 언급합니다.

"또 이와 같이 기생 라합이 사자들을 접대하여 다른 길로 나가게 할 때에 행함으로 의롭다 하심을 받은 것이 아니냐"(약 2:25).

야고보는 기생 라합이 정탐꾼을 하나님의 사자로 접대했다고 말합니다. 또한 정탐꾼들이 붙잡히지 않도록 다른 길로 나가게 했다고 강조합니다. 기생 라합은 어느 길로 가든지 하나님이 당신들을 지켜줄 것이라고 말하지 않았습니다. 그녀는 정탐꾼을 찾아 죽이려고 하는 여리고 군인들을 피할 수 있는 나쁜 길로 나가게 도와주었습니다. 성경은 이토록 섬세하게 라합의 믿음과 지혜에 대해 언급하고 있습니다.

믿음의 길을 걸으면 풍성한 복을 받습니다

라합의 믿음의 고백은 이스라엘 백성에게 놀라운 영향을 끼쳤습니다. 가나안 땅을 정복하기 위해 기다리고 있던 여호수아에게 정탐꾼들이 가져온 정보는 그가 기다리던 정보였습니다. 그것은 가나안 사람들이 하나님을 두려워하고, 이스라엘 백성을 두려워한다는 정보였습니다. 그 정보를 받은 후에 여호수아는 담대히 가나안 땅을 정복할 수 있었습니다. 그 정보를 제공한 사람이 바로 라합입니다. 정탐꾼들이 여호수아에게 나아가서 그들이 겪은 것들과 기생 라합에게서 들은 것을 알려 줍니다.

"그 두 사람이 돌이켜 산에서 내려와 강을 건너 눈의 아들 여호수아에게 나아가서 그들이 겪은 모든 일을 고하고 또 여호수아에게 이르되 진실로 여호와께서 그 온 땅을 우리 손에 주셨으므로 그 땅의 모든 주민이 우리 앞에서 간담이 녹더이다 하더라" 수 2:23-24

이 소식을 들은 여호수아가 담대히 여리고 성과 가나안 땅을 점령하게 됩니다. 여호수아가 여리고 성을 점령할 때 두 정탐꾼들에게 기생 라합의 집에 들어가서 그들을 구하라고 명했습니다(수 6:22-23). 여호수아 6장 25절은 라합의 믿음의 결과에 대해 다음과 같이 기록합니다.

"여호수아가 기생 라합과 그의 아버지의 가족과 그에게 속한 모든 것을 살렸으므로 그가 오늘까지 이스라엘 중에 거주하였으니 이는 여호수아가 여리고를 정탐하려고 보낸 사자들을 숨겼음이었더라" 수 6:25

이 말씀 속에서도 우리는 라합의 믿음을 거듭 확인하게 됩니다. 그녀는 이스라엘 백성이 여리고 성을 정복할 때에 반드시 그녀와 그녀의 가족을 구원할 것을 믿었습니다. 그런 까닭에 라합은 그의 아버지와 친족들을 모두 집에 모아서 기다렸습니다. 라합은 정탐꾼의 약속을 믿었습니다. 그녀는 정탐꾼을 하나님의 사자로 믿었습니다. 정탐꾼의 약속을 하나님의 약속으로 믿었습니다. 그녀는 믿은 까닭에 순종했습니다. 만약에 라합이 정탐꾼들의 말을 믿지 않았다면 붉은 줄을 매달아 놓지 않았을 것입니다. 또한 그의 온 가족을 집에 모으지 않았을 것입니다. 여기서 우리는 하나님의 구원 계획은 개인뿐만 아니라 가족 공동체임을 알 수 있습니다.

하나님이 고넬료를 구원하실 때 고넬료뿐만 아니라 그의 모든 가족을 구원했습니다. 고넬료는 베드로를 초청했을 때 라합처럼 그의 집에 그의 모든 가족들과 친구들을 초청하여 기다렸습니다(행 10:24). 그날 고넬료의 집에 머물렀던 모든 사람들이 구원을 받았습니다. 성령 충만을 받았습니다.

"베드로가 이 말을 할 때에 성령이 말씀 듣는 모든 사람에게 내려오시니 베드로와 함께 온 할례 받은 신자들이 이방인들에게도 성령 부어 주심으로 말미암아 놀라니"행 10:44-45

말씀을 듣는 모든 사람에게 성령님이 임하셨습니다. 이것이 구원의 비밀입니다. 어린 양의 피가 발라져 있는 집 안에 있는 모든 사람이 구원을 받았습니다. 붉은 줄이 매어져 있는 집 안에 있는 모든 사람이 구원을 받았습니다. 고넬료의 집에 모였던 모든 사람이 구원을 받고, 성령 충만을 받았습니다.

저는 라합이 기생이지만 무언가 다른 점이 있었다는 생각을 하게 됩니다. 비록 기생이라는 칭호가 붙긴 했지만 그것은 그녀의 부득이한 과거였을 가능성이 높습니다. 그녀는 하나님의 소문을 들은 후에 이미 하나님을 믿었던 것으로 보입니다. 그녀는 벌써 변화된 삶을 살고 있었던 것입니다. 그런 까닭에 라합의 온 가족이 라합의 말을 듣고 그녀의 집에 모여 있었던 것입니다.

저는 여리고 성이 무너진 사건에 대한 말씀을 묵상할 때 라합이 보였습니다. 이스라엘 백성이 여리고 성을 6일 동안 한 바퀴씩 돌 때 조용히 그 모습을 바라보는 여인이 있었습니다. 이스라엘 백성이 여리고 성을 7일째 일곱 바퀴를 돌고 나팔소리와 함께 큰 소리를 외칠 때 그녀는 여리고 성이 무너지는 것을 지켜보았습니다. 라합의 믿음은 정탐꾼을 통해 주신 하나님의 약속을 믿는 믿음이었습니다. 하나님의 놀라운 역사를 조용히 지켜보는 믿음이었습니다. 그녀는 하나님을 믿는 자에게 예비하신 축복을 믿었습니다. 그리고 그 축복을 받았던 것입니다.

라합은 믿음으로 예수님의 혈통이 되었습니다

믿음의 영향력과 축복은 그 후손들에게 임하게 됩니다. 라합이 믿음의 길을 선택했을 때 그것은 좁은 길이었습니다. 외로운 길이었습니다. 하나님을 불순종했던 가나안 사람들과는 전혀 다른 길을 걸어야 했습니다. 하지만 그녀의 선택은 복된 선택이었습니다. 그녀의 운명을 바꾼 선택이었습니다. 그녀의 가족 전체의 운명을 바꾼 선택이었습니다. 하나님의 은혜로 구원을 받은 라합이 유다 지파에 속하게 된 것입니다.

라합은 유다 지파에 속한 살몬과 결혼해서 보아스를 낳았습니다. 보아스는 룻과 결혼해서 오벳을 낳았습니다. 오벳은 이새를 낳았고, 이새는 다윗을 낳았습니다. 마태복음 1장의 족보와 룻기 4장에 나오는 족보를 연결시켜 보십시오.

"살몬은 라합에게서 보아스를 낳고 보아스는 룻에게서 오벳을 낳고 오벳은 이새를 낳고" 마 1:5

"살몬은 보아스를 낳았고 보아스는 오벳을 낳았고 오벳은 이새를 낳고 이새는 다윗을 낳았더라" 룻 4:21-22

성경이 기생 라합의 믿음을 아름답게 드러내는 까닭은 그녀가 믿음을 통해 예수님의 족보에 들어가게 되는 은혜를 누렸기 때문입니다. 라합은 살몬과 결혼함으로써 베들레헴 사람이 되었습니다. 라합이 살몬과 결혼해서 낳은 아들이 보아스입니다. 보아스는, 하나님을 믿고 베들레헴을 찾아왔던 모압 여인 룻과 결혼하여 오벳을 낳았습니다. 그리고 그 후손으로 다윗과 예수님이 태어난 것입니다. 정말 놀라운 구속의 드라마입니다. 숨 막히는 하나님의 은총의 드라마입니다.

기생 라합이 정탐꾼들에게 소중한 정보를 주지 않았다면, 기생 라합이 정탐꾼들을 보호해 주지 않았다면 이런 놀라운 구속의 드라마는 전개되지 못했을 것입니다. 하나님은 스스로 모든 것을 행하실 수 있는 분입니다. 하지만 하나님은 스스로 행하지 않으시고 믿음의 사람들을 통해 구속의 드라마를 전개해 가십니다. 기생 라합 덕분에 이스라엘 백성들은 예수님이 태어나시게 될 베들레헴을 정복할 수 있었습니다. 또한 예수님이 십자가에 돌아가실 예루살렘을 정복할 수 있었습니다.

우리는 믿음의 여인 기생 라합에게서 예수님의 모습을 봅니다. 그녀는 정탐꾼을 숨겨 주었습니다. 피난처가 되어 주었습니다. 도피성이 되어 주었습니다. 그녀는 정탐꾼들을 은밀히 숨겨 주었습니다. 안전하게 숨겨 주었습니다. 그들이 들키지 않도록 덮어 주었습니다. 그녀는 그녀의 생명을 담보로 그들을 보호해 주었습니다. 하지만 라합에게는 연약함이 있었습니다. 그들을 숨겨 주었지만 거짓말을 할 수밖에 없었습니다. 그런 까닭에 우리는 라합과는 비교할 수 없는 예수님을 사모하게 됩니다.

예수님은 우리를 보호해 주십니다. 우리를 은밀한 피난처에 숨겨 주십니다. 우리의 생명을 보존해 주십니다. 예수님은 우리의 죄와 허물을 덮어 주십니다. 예수님은 기생 라합의 죄와 허물을 덮어 주셨습니다. 예수님은 기생 라합을 새로운 피조물로 만들어 주셨습니다. 하나님을 믿는 기생 라합을 믿음의 영웅으로 만들어 주셨습니다.

우리는 라합을 구원해 준 여호수아를 통해 예수님을 봅니다. 여호수아는 정탐꾼들에게 기생 라합과 그녀의 가족을 멸망에서 건져 내라고 명했습니다. 여호수아는 구원자입니다. 정탐꾼들이 라합과 맺은 언약을 지키는 구원자입니다. 믿는 여인에게 상을 주는 구원자입니다. 우리가 받은 최고의 복은 믿음입니다.

기생 라합을 보십시오. 그녀는 하나님을 믿는 믿음 때문에 측량할 수 없는 복을 받았습니다. 구원의 복을 받은 것으로 그녀가 받은 복이 끝난 것이 아닙니다. 그녀는 살몬과 결혼함으로 유다 지파에 속한 여인이 되었습니다. 그녀는 구약에서 가장 예수님을 닮은 보아스를 낳았습니다. 그녀는 예수님의 족보에 이름이 들어가는 영광을 누렸습니다. 라합은 믿음을 통해 예수님의 혈통으로 바뀌었습니다. 그녀는 예수님 안에서 새로운 피조물이 되었습니다. 예수님 안에서 그녀의 과거가 더 이상 그녀의 미래에 영향을 줄 수 없었습니다. 모든 것이 새롭게 된 까닭입니다.

라합의 믿음의 영향은 한 가족만 구원하는 데 그친 것이 아닙니다.

그녀의 후손 가운데 예수님이 오심으로 전 인류를 구원하는 구속 드라마에 동참하는 복을 누리게 된 것입니다. 하나님을 믿는 믿음을 최고의 복으로 여기십시오. 하나님을 믿는 믿음 속에는 무한한 복이 담겨 있습니다. 하나님을 믿는 믿음은 후손들에게 계속해서 임하게 됩니다. 라합과 같은 믿음으로 하나님의 큰 복을 받아 자손만대가 복을 받기를 바랍니다. 또한 하나님의 구속 드라마에 동참하는 복을 누리기를 기도합니다.

Chapter 12

약함 속에서 용맹을 발휘한 기드온의 믿음

히브리서 11:32-34

내가 무슨 말을 더 하리요 기드온, 바락, 삼손, 입다, 다윗 및 사무엘과 선지자들의 일을 말하려면 내게 시간이 부족하리로다 그들은 믿음으로 나라들을 이기기도 하며 의를 행하기도 하며 약속을 받기도 하며 사자들의 입을 막기도 하며 불의 세력을 멸하기도 하며 칼날을 피하기도 하며 연약한 가운데서 강하게 되기도 하며 전쟁에 용감하게 되어 이방 사람들의 진을 물리치기도 하며

약한 믿음을
키우시는 하나님

사사기는 혼돈의 시대에 쓰여진 성경입니다. 하나님이 사사들을 선택해서 이스라엘 백성을 구원하신 시대는 혼돈의 시대였습니다. 사사기의 마지막은 다음과 같은 말씀으로 결론을 맺습니다.

"그때에 이스라엘에 왕이 없으므로 사람이 각기 자기의 소견에 옳은 대로 행하였더라" 삿 21:25

하나님의 백성은 자기의 소견에 옳은 대로 행해서는 안 됩니다. 하나님의 말씀을 따라 행해야 합니다. 하나님의 뜻을 따라 행해야 합니다. 그런데 사사시대에 살았던 이스라엘 백성은 하나님의 기준이 아닌 각기 자기의 소견에 옳은 대로 행했습니다. 그 결과는 혼돈이었습니다. 비극이었습니다. 왜 이런 일이 벌어졌을까요? 여호수아와 그와 함께했던 사람들이 다음 세대에 그들의 신앙을 전수하지 않았기 때문입니다(삿 2:7-10).

여호수아와 그와 함께했던 세대는 하나님이 행하신 일을 본 까닭에 하나님을 잘 섬겼습니다. 하지만 그 후에 일어난 세대는 하나님을 알지 못했습니다. 하나님께서 이스라엘을 위해 행하신 일도 알지 못했습니다. 여호수아와 함께한 세대 사람들의 믿음은 훌륭했습니다. 그런데 슬프게도 그다음 세대에까지 그들의 믿음이 전수되지 않은 까닭에 그 후대가 혼돈 속에 살게 되었습니다. 그럼에도 불구하고 하나님은 이스라엘 백성을 사랑하셔서 혼돈의 시기마다 믿음의 사람들을 일으키셔서 자기 백성을 구원하셨습니다. 히브리서의 저자는 사사들 가운데 기드온, 바락, 삼손, 입다를 믿음의 사람으로 선택해서 믿음의 전당에 이름을 올렸습니다. 그중 첫 번째 등장하는 사사가 기드온입니다.

"내가 무슨 말을 더 하리요 기드온, 바락, 삼손, 입다, 다윗 및 사무엘과 선지자들의 일을 말하려면 내게 시간이 부족하리로다" 히 11:32

기드온에 해당되는 말씀은 그가 믿음으로 나라를 이긴 것입니다. 연약한 가운데 강하게 된 것입니다. 전쟁에서 용감하게 이방 사람들의 진을 물리친 것입니다. 기드온은 혼돈의 시대에 하나님의 능력을 힘입어 놀라운 일을 이룬 믿음의 사람입니다. 우리가 기드온의 생애를 자세히 살펴보면 그가 위대한 믿음을 가졌다기보다는 하나님이 그의 연약한 믿음을 강하게 키워 사용하신 것을 보게 됩니다. 그런 까닭에 저는 기드온의 믿음에 초점을 두기보다 하나님이 어떻게 그의 믿음을 키우셨는지에 대해 초점을 두어 이야기하려 합니다. 그 이유는 하나님이 지금도 연약한 믿음을 가진 사람들의 믿음을 점점 키워 사용하시는 까닭입니다.

하나님은 작은 자를 선택해서 큰일을 이루십니다

하나님이 기드온을 선택하신 때는 미디안 사람들이 괴롭힐 때입니다. 하나님은 이스라엘이 죄를 범할 때면 이웃에 있는 이방 나라들을 들어서 그들을 징벌하셨습니다. 미디안 사람들은 이스라엘 사람들의 재산을 탈취함으로 괴롭혔습니다.

"이스라엘 자손이 또 여호와의 목전에 악을 행하였으므로 여호와께서 칠 년 동안 그들을 미디안의 손에 넘겨주시니 미디안의 손이 이스라엘을 이긴지라 이스라엘 자손이 미디안으로 말미암아 산에서 웅덩이와 굴과 산성을 자기들을 위하여 만들었으며 이스라엘이 파종한 때면 미디안과 아말렉과 동방 사람들이 치러 올라와서 진을 치고 가사에 이르도록 토지 소산을 멸하여 이스라엘 가운데에 먹을 것을 남겨 두지 아니하며 양이나 소나 나귀도 남기지 아니하니" 삿 6:1-4

미디안 사람들만 이스라엘을 공격한 것이 아니라 아말렉과 동방 사람들까지 합세하여 괴롭혔습니다. 그들의 모습은 거대한 메뚜기 떼와 같았습니다. 이스라엘 백성이 미디안으로 말미암아 궁핍함이 심해지자 하나님께 부르짖었습니다(삿 6:5-6). 이스라엘 백성이 미디안 때문에 부르짖을 때 하나님은 선지자를 보내셔서 그들의 죄를 책망하십니다. 그 후에 하나님의 사자가 기드온을 찾아옵니다. 하나님의 사자가 기드온을 찾아올 때는 그가 미디안 사람이 두려워 밀을 포도주 틀에서 타작하고 있을 때였습니다(삿 6:11).

포도주 틀에 숨어서 밀을 타작하는 기드온의 모습은 결코 용맹스럽지 않았습니다. 그가 용맹스러웠다면 미디안 사람들이 볼 수 있는 타작마당에서 타작을 했을 것입니다. 그런데 하나님의 사자가 기드온에게 나타나서 그를 "큰 용사"라고 부릅니다.

"여호와의 사자가 기드온에게 나타나 이르되 큰 용사여 여호와께서 너와 함께 계시도다 하매" 삿 6:12

기드온이 자기 귀를 의심하게 만든 말입니다. 미디안 사람이 두려워 포도주 틀에 숨어 밀을 타작하는 자신을 "큰 용사"라고 부르니 놀랄 수밖에 없었을 것입니다. 더 놀라운 것은 여호와의 사자가 "여호와께서 너와 함께 계시도다"라고 말씀한 것입니다. 기드온이 여호와의 사자에게 하나님이 우리와 함께 계시다면 어찌 미디안 사람들이 이렇게 괴롭히는 것인지 묻습니다(삿 6:13).

그때 하나님께서 기드온에게 "가서 너의 힘으로 이스라엘을 미디안의 손에서 구원하라"고 명하십니다(삿 6:14). 기드온의 반응은 매우 소극적이고 부정적입니다. 그는 극히 약하며 아버지 집에서 가장 작은 자라고 스스로 말합니다.

"그러나 기드온이 그에게 대답하되 오 주여 내가 무엇으로 이스라엘을 구원하리이까 보소서 나의 집은 므낫세 중에 극히 약하고 나는 내 아버지 집에서 가장 작은 자니이다 하니" 삿 6:15

하나님께서 기드온에게 "내가 반드시 너와 함께하리니 네가 미디안 사람 치기를 한 사람을 치듯 하리라"고 말씀합니다. 하나님은 가장 작은 자라고 생각하는 기드온을 선택하셔서 큰일을 이루십니다. 여기서 우리는 하나님이 어떤 방식과 원리로 역사하시는가를 배워야 합니다. 하나님은 스스로를 크게 여기는 자보다는 스스로를 작게 여기는 자를 선택해서 일하십니다. 스스로를 열등하게 여기는 사람, 열등의식을 가진 사람을 선택해서 하나님의 크심을 나타내십니다. 하나님이 사도 바울을 크게 들어 쓰신 이유도 바울이 스스로를 가장 작은 자로 여겼기 때문입니다.

"나는 사도 중에 가장 작은 자라 나는 하나님의 교회를 박해하였으므로 사도라 칭함 받기를 감당하지 못할 자니라" 고전 15:9

저는 여기에 복음의 비밀이 있다고 믿습니다. 하나님의 복음은 스스로 작다고 여기는 자에게 임한다는 것입니다. 복음 되시는 예수님은 작은 자로 오셨습니다. 낮은 자로 오셨습니다. 구유에서 태어나신 예수님은 약한 모습으로, 작은 모습으로 태어나셨습니다. 예수님은 하나님의 나라를 겨자씨에 비유하셨습니다.

"또 비유를 들어 이르시되 천국은 마치 사람이 자기 밭에 갖다 심은 겨자씨 한 알 같으니 이는 모든 씨보다 작은 것이로되 자란 후에는 풀보다 커서 나무가 되매 공중의 새들이 와서 그 가지에 깃들이느니라" 마 13:31-32

예수님은 겨자씨가 모든 씨보다 작은 것이지만 자란 후에는 나무가 되어 공중의 새들이 와서 가지에 깃들인다고 말씀합니다. 또한 작은 것 속에 담긴 무한한 잠재력이 하나님 나라의 비밀이라고 말씀합니다. 하나님이 기드온을 통해 보신 것도 그가 가진 잠재력입니다. 지극히 작은 자라고 고백하는 기드온에게서 큰 용사가 되는 잠재력을 보신 것입니다. 그보다 더 큰 잠재력은 그와 함께하시는 하나님입니다(삿 6:16).

하나님은 작은 자와 함께하기를 원하십니다. 그래야만 하나님의 크심이 드러나기 때문입니다. 하나님이 함께할 때 작은 자가 천 명을 이긴다고 말씀하셨습니다.

"그 작은 자가 천 명을 이루겠고 그 약한 자가 강국을 이룰 것이라 때가 되면 나 여호와가 속히 이루리라" 사 60:22

그런 까닭에 하나님은 스스로 크다고 생각하는 사람은 작게 만들어 쓰십니다. 또한 숫자가 많은 것보다 숫자가 적은 것을 통해 역사하십니다. 기드온이 하나님의 부르심을 받고 사람들을 동원했을 때 32,000명이 찾아왔습니다. 하나님이 기드온에게 그를 따르는 백성이 너무 많기 때문에 하나님이 그들을 통해 미디안 사람들을 물리치는 일을 돕지 않겠다고 말씀하십니다. 그 이유는 그들이 하나님보다 숫자를 의지하고, 승리한 후에 하나님보다 자신들 스스로를 자랑할 것을 알기 때문이라고 말씀하십니다.

"여룹바알이라 하는 기드온과 그를 따르는 모든 백성이 일찍이 일어나 하롯 샘 곁에 진을 쳤고 미디안의 진영은 그들의 북쪽이요 모레 산 앞 골짜기에 있었더라 여호와께서 기드온에게 이르시되 너를 따르는 백성이 너무 많은즉 내가 그들의 손에 미디안 사람을 넘겨주지 아니하리니 이는 이스라엘이 나를 거슬러 스스로 자랑하기를 내 손이 나를 구원하였다 할까 함이니라" 삿 7:1-2

하나님이 기드온에게 32,000명 가운데 두려워 떠는 자는 돌아가도록 하라고 말씀합니다. 그때 22,000명이 돌아갑니다. 그리고 만 명이 남습니다(삿 7:3). 하나님이 만 명도 많다고 말씀하십니다(삿 7:4). 결국 하나님은 300명만 남겨두고 다 돌아가게 하십니다. 하나님은 32,000명을 300명으로 줄여서 사용하신 것입니다.

인간적으로는 이해가 잘되지 않는 부분입니다. 미디안과 아말렉과 동방사람들이 거대한 메뚜기와 해변의 모래와 같이 많은 숫자가 공격해 온 상황입니다(삿 7:12). 그런데 하나님은 32,000명을 300명으로 줄여서 전쟁터에 나가라고 말씀하십니다. 많은 숫자가 하나님 없이 전쟁터에 나가는 것보다 적은 숫자가 하나님과 함께 나가는 것이 큰 승리를 가져온다는 것을 가르치고 계십니다. 전쟁의 승패는 숫자에 달려 있는 것이 아닙니다. 누가 하나님과 함께하느냐에 달려 있습니다.

> 하나님은 스스로 크게 여기는 자보다 스스로 작게 여기는 자를 사용하십니다.
> 하나님은 큰 것을 작게 만들어 사용하십니다.

복음이신 예수님은 약한 자로 오셨습니다

기드온은 그의 집이 므낫세 중에 극히 약한 자라고 고백합니다. 이 표현은 자신이 극히 약한 자라는 사실을 고백한 것입니다(삿 6:15). 그런데 하나님은 스스로를 극히 약한 자라고 고백하는 기드온을 선택하셔서 큰 능력을 베풀어 주십니다. 왜 그러신 것일까요? 스스로 강하다고 생각하는 사람은 하나님의 능력을 의지하지 않기 때문입니다. 하나님이 가장 싫어하는 것이 교만입니다.

― 교만은 자신을 높이는 것입니다. 반면에 겸손은 하나님을 높이는 것입니다.

교만은 하나님의 능력을 무시하고 자신의 능력을 믿는 것입니다. 반면에 겸손은 자신의 능력이 아닌 하나님의 능력을 믿는 것입니다.

교만은 하나님의 능력을 의지하는 것이 아니라 자신의 힘을 의지하는 것입니다. 겸손은 자신의 힘을 의지하는 것이 아니라 하나님의 능력을 의지하는 것입니다.

교만은 하나님을 자랑하는 것이 아니라 자신을 자랑하는 것입니다. 겸손은 자신을 자랑하는 것이 아니라 하나님을 자랑하는 것입니다.

기드온은 스스로를 극히 약한 자로 여긴 까닭에 자신을 신뢰하지 않았습니다. 그때 하나님께서 성령님을 부어 주셨습니다.

"여호와의 영이 기드온에게 임하시니 기드온이 나팔을 불매 아비에셀이 그의 뒤를 따라 부름을 받으니라" 삿 6:34

사도 바울은 육체의 가시로 고통을 받았습니다. 육체의 가시가 그를 약하게 만들었습니다. 하나님께 육체의 가시를 거두어 주시도록 세 번이나 간구했습니다. 하나님은 그의 간구를 거절하심으로써 큰 은혜를 베풀어 주셨습니다. 하나님이 그에게 베풀어 주신 은혜는 그가 약할 때 그리스도의 능력이 머문다는 것입니다(고후 12:9-10).

복음은 약한 것 속에 담겨 있습니다. 복음이신 예수님은 약한 자로 오셨습니다. 구유에 태어나신 예수님의 모습은 약함이었습니다. 십자가에 돌아가신 예수님의 모습은 약한 자의 모습이었습니다. 예수님은 십자가에서 깨어지셨습니다. 깨어지심으로 약해지셨습니다. 그 약함 위에 하나님의 부활의 능력이 임했습니다. 성령님의 능력이 임했습니다. 죽은 자를 살리시는 성령님의 능력이 깨어지고 약해진 예수님께 임함으로 부활의 첫 열매가 되셨습니다. 예수님은 언제나 하나님 아버지를 높이셨습니다. 언제나 성령님의 능력을 힘입어 일하셨습니다.

"그러나 내가 하나님의 성령을 힘입어 귀신을 쫓아내는 것이면 하나님의 나라가 이미 너희에게 임하였느니라" 마 12:28

> 깊은 영성이란 강함을 깨뜨려 연약해지는 것입니다.
> 깊은 영성이란 연약함을 유지하는 것입니다.
> 깊은 영성이란 우리의 연약한 그릇 속에 그리스도의 능력을 채우는 것입니다.

"하나님이 나사렛 예수에게 성령과 능력을 기름 붓듯 하셨으매 그가 두루 다니시며 선한 일을 행하시고 마귀에게 눌린 모든 사람을 고치셨으니 이는 하나님이 함께하셨음이라" 행 10:38

우리의 문제는 힘이 너무 많

은 것입니다. 너무 강한 것입니다. 우리는 깨어지고 부서져서 온전히 연약해지기 전까지는 어떻게 하든지 자신의 힘을 의지하려고 합니다. 마지막 남은 자원까지 사용한 후에야 하나님께 돌아와 하나님의 능력을 구하는 사람들입니다. 약한 것 때문에 너무 마음 아파하지 마십시오. 약함이 축복입니다. 약함이 그리스도의 능력을 불러오는 자석과 같은 것입니다.

왜 우리가 연약함을 유지해야 하는 것일까요? 이 말을 오해하지 말기 바랍니다. 연약해지기 위해 성한 다리를 부러뜨리라는 말이 아닙니다. 그것은 하나님을 의지하지 않으려는 자아를 깨뜨리라는 말씀입니다. 육의 힘을 빼라는 말씀입니다. 하나님은 우리의 연약함 때문에 역사하신다는 사실을 기억하십시오.

하나님의 비밀은 약하게 보이는 몸의 지체가 더 요긴하다는 것입니다. 덜 귀히 여기는 것들을 더욱 귀한 것으로 입혀 주신다는 것입니다. 아름답지 못한 지체를 더욱 아름답게 여기신다는 것입니다.

"더 약하게 보이는 몸의 지체가 도리어 요긴하고 우리가 몸의 덜 귀히 여기는 그것들을 더욱 귀한 것들로 입혀 주며 우리의 아름답지 못한 지체는 더욱 아름다운 것을 얻느니라" 고전 12:22-23

우리는 작다고 낙심할 것이 아닙니다. 약하다고 절망할 것이 아닙니다. 하나님은 오히려 작은 것 속에 존귀를 더해 주시고, 약한 것을 더 요긴하게 사용하십니다. 우리의 눈은 작습니다. 귀도 작습니다. 우리의 발은 늘 감추어져 있습니다. 하지만 가장 작은 것이 큰 역할을 합니다. 보이지 않는 것이 우리의 몸을 지탱하는 데 필수입니다.

하나님은 약한 믿음을 견고하게 하십니다

기드온이 하나님의 부르심을 받았을 때 그의 믿음은 약했습니다. 그래서 하나님께 표징을 구했습니다.

"기드온이 그에게 대답하되 만일 내가 주께 은혜를 얻었사오면 나와 말씀하신 이가 주 되시는 표징을 내게 보이소서 내가 예물을 가지고 다시 주께로 와서 그것을 주 앞에 드리기까지 이곳을 떠나지 마시기를 원하나이다 하니 그가 이르되 내가 너 돌아올 때까지 머무르리라 하니라" 삿 6:17-18

기드온이 가서 예물을 가지고 옵니다. 그때 하나님의 사자가 손에 잡은 지팡이를 기드온이 준비해 온 고기와 무교병에 대니 불이 바위에서 나와 고기와 무교병을 살라 버립니다. 하나님이 그와 함께하신다는 표징이었습니다.

"기드온이 가서 염소 새끼 하나를 준비하고 가루 한 에바로 무교병을 만들고 고기를 소쿠리에 담고 국을 양푼에 담아 상수리나무 아래 그에게로 가져다가 드리매 하나님의 사자가 그에게 이르되 고기와 무교병을 가져다가 이 바위 위에 놓고 국을 부으라 하니 기드온이 그대로 하니라 여호와의 사자가 손에 잡은 지팡이 끝을 내밀어 고기와 무교병에 대니 불이 바위에서 나와 고기와 무교병을 살랐고 여호와의 사자는 떠나서 보이지 아니한지라" 삿 6:19-21

기드온이 다시 하나님께 표징을 구합니다. 그것은 양털을 통한 표징입니다. 양털 한 뭉치를 타작마당에 둘 터인데 이슬이 양털에만 있고 주변 땅에는 이슬이 없게 해 달라고 간구합니다(삿 6:36-38). 하나님이 그가 구한 대로 응답해 주십니다. 기드온이 다시 한 번 표징을 구합니다. 이번에는 양털만 마르고 그 주변 땅에는 다 이슬이 있게 해달라고 간구합니다(삿 6:39-40).

하나님은 거듭 그가 구한 표징을 보여 주심으로 그의 약한 믿음을 견고하게 하십니다. 하나님은 기드온의 약한 믿음을 견고하게 하기 위해 밤에 미디안 진영에 내려가서 그들의 상황을 정탐해 볼 것을 명하십니다. 그 이유는 기드온이 미디안 진영에 가면 하나님이 그의 손에 미디안을 넘겨준 표징을 볼 수 있기 때문입니다. 그것은 큰 모험입니다. 메뚜기 떼와 같고 바다의 모래와 같이 몰려온 적군의 진영에 부하를 데리고 들어간다는 것은 쉬운 일이 아닙니다. 하지만 기드온은 하나님의 말씀에 순종합니다. 그 결과 하나님이 그의 손에 미디안 사람들을 넘겨주신 것을 알게 됩니다.

"기드온이 그 꿈과 해몽하는 말을 듣고 경배하며 이스라엘 진영으로 돌아와 이르되 일어나라 여호와께서 미디안과 그 모든 진영을 너희 손에 넘겨주셨느니라 하고" 삿 7:15

기드온이, 미디안 진영에서 한 군인이 그의 친구에게 꿈을 말하고 그 친구가 그 꿈을 해몽하는 것을 듣게 되었습니다. 기드온을 보리떡 한 덩어리에 비유했고, 그 보리떡 한 덩어리가 미디안 진영에 들어와서 미디안 장막을 쓰러뜨린다는 해몽이었습니다. 무엇보다 하나님이 기드온의 손에 미디안과 그 모든 진영을 넘겨주셨다는 말을 듣게 됩니다. 그 말을 들은 기드온이 돌아와 300명의 용사들에게 하나님이 미디안과 그 모든 진영을 그들의 손에 넘겨주셨다고 말합니다. 하나님이 기드온으로 하여금 밤에 미디안 진영을 정탐하게 하신 것은 그의 약한 믿음을 견고하게 하시기 위해서였습니다. 기드온은 처음부터 강한 믿음을 가졌던 것이 아닙니다. 하나님이 지속적으로 반복적으로 그를 설득함으로써 확신에 찬 믿음을 갖게 된 것입니다.

하나님은 기드온에게 하신 것처럼 우리에게 똑같이 역사하십니다. 그리함으로 우리의 연약한 믿음을 견고한 믿음으로 세워 주십니다. 기드온이 확신에 이르렀을 때 그는 300명의 용사를 데리고 미디안 진영으로 가서 신비로운 방법으로 승리하게 됩니다.

"삼백 명을 세 대로 나누어 각 손에 나팔과 빈 항아리를 들리고 항아리 안에는 횃불을 감추게 하고 그들에게 이르되 너희는 나만 보고 내가 하는 대로 하되 내가 그 진영 근처에 이르러서 내가 하는 대로 너희도 그리하여 나와 나를 따르는 자가 다 나팔을 불거든 너희도 모든 진영 주위에서 나팔을 불며 이르기를 여호와를 위하라, 기드온을 위하라 하라 하니라" 삿 7:16-18

기드온의 전략은 놀라웠습니다. 하나님이 기드온에게 이 전략을 가르쳐 주신 것은 아닙니다. 성령님의 도우심을 받아 스스로가 만들어 낸 전략이었습니다. 여기서 우리는 하나님이 기드온을 선택하시고, 그에게 "큰 용사"라고 부르신 하나님의 안목을 찬양하게 됩니다. 하나님은 기드온 안에 전쟁을 잘할 수 있는 재능이 있는 것을 보셨습니다. 인간은 자신을 잘 모릅니다. 자신 안에 잠재된 재능과 은사를 잘 모릅니다. 다만 하나님을 만날 때 자신 안에 잠재되어 있는 재능과 은사를 발견하게 됩니다. 기드온이 300명으로 미디안 사람들을 물리치는 전략이 놀랍습니다. 나팔 소리를 발하고, 빈 항아리를 깨뜨리면서 감추인 횃불을 드러낼 때 잠을 자던 미디안 군대가 서로 칼로 치며 자멸하게 됩니다.

"삼백 명이 나팔을 불 때에 여호와께서 그 온 진영에서 친구끼리 칼로 치게 하시므로 적군이 도망하여 스레라의 벧 싯다에 이르고 또 답밧에 가까운 아벨므홀라의 경계에 이르렀으며 이스라엘 사람들은

납달리와 아셀과 온 므낫세에서부터 부름을 받고 미디안을 추격하였더라" 삿 7:22-23

　기드온과 300명의 용사들이 한 일은 나팔을 분 것과 빈 항아리를 깨뜨린 것, 적절한 시간에 감추인 횃불을 높이 든 것뿐입니다. 시청각을 통해 미디안 군대는 큰 군대가 그들을 엄습하는 것으로 알았습니다. 기드온은 청각과 시각을 통해 미디안 군대를 혼비백산하게 만들었던 전략가였습니다. 그가 한 것은 하나님과 동업을 한 것입니다. 하나님의 군대의 파트너로 일한 것입니다. 엄밀한 의미에서 이스라엘 군대는 미디안 백성과 직접 싸울 필요가 없었습니다. 하나님이 친히 승리를 이루신 것입니다. 여기서 하나님의 구원은 전적으로 하나님을 통해 온다는 사실을 알게 됩니다. 전쟁은 하나님께 속한 것입니다. 하나님이 도우실 때 우리는 구원을 받게 됩니다.

　우리가 여기서 배워야 할 소중한 교훈이 있습니다. 그것은 우리의 적이 생각보다 강하지 않다는 것입니다. 기드온은 처음 적을 보았을 때 두려웠을 것입니다. 그 수가 메뚜기 떼와 같았고, 바다의 모래와 같이 많았기 때문입니다. 우리는 세상의 숫자 앞에 기가 죽을 때가 있습니다. 우리를 공격하는 적들의 숫자를 보고 두려워할 때가 있습니다. 하지만 실상은 우리의 대적은 그렇게 강하지 않습니다. 우리 앞에 놓여 있는 장애물은 대단한 것이 아닙니다. 팀 켈러의 말을 들어 보십시오.

　　── 우리가 약하다는 것을 아는 한편, 하나님은 강하시다는 것을 기억해야 한다. 또 우리를 대적하는 것들이 겉보기만큼 강하지 않다는 것을 상기해야 한다. 사탄은 강제로 우리를 죄짓게

할 수 없다. 우상의 힘은 꺾일 수 있다. 우리를 조롱하고 핍박하는 사람들은 겉으로는 자신 있어 보이지만, 그 이면의 내면에는 갈등과 깨짐이 있는 경우가 많다. (팀 켈러,《당신을 위한 사사기》, 두란노, 141쪽)

하나님의 부르심과 하나님의 말씀에 순종할 때 우리는 놀라운 경험을 하게 됩니다. 하나님의 안목으로 상황을 바라보게 됩니다.

― 하나님은 적군이 우리가 생각하는 것보다 강하지 않다는 것을 보게 하십니다.
하나님은 우리의 문제가 생각하는 것보다 크지 않다는 것을 보게 하십니다.
하나님은 우리의 장애물이 생각하는 것보다 심각하지 않다는 것을 보게 하십니다.

하나님이 일하시는 것을 보면 놀랍습니다. 또한 하나님의 유머를 보게 됩니다. 하나님이 기드온을 부르신 것은 그가 포도주 틀에서 밀 타작을 할 때입니다. 그는 미디안 사람들이 두려워 포도주 틀에 숨어서 밀 타작을 했던 것입니다. 그런데 그가 미디안 군대의 두 방백을 죽일 때 한 사람은 바위에서 죽이고, 한 사람은 포도주 틀에서 죽입니다.

"또 미디안의 두 방백 오렙과 스엡을 사로잡아 오렙은 오렙 바위에서 죽이고 스엡은 스엡 포도주 틀에서 죽이고 미디안을 추격하였고 오렙과 스엡의 머리를 요단 강 건너편에서 기드온에게 가져왔더

라" 삿 7:25

히브리서 11장 32-34절에 나오는 기드온의 믿음을 다시 살펴보십시오.

"…기드온(은)…믿음으로 나라들을 이기기도 하며…연약한 가운데서 강하게 되기도 하며 전쟁에 용감하게 되어 이방 사람들의 진을 물리치기도 하며" 히 11:32-34

예수님이 우리 대신 약한 자가 되셨습니다

기드온이 포도주 틀에서 밀을 타작하고 있을 때 여호와의 사자가 찾아왔습니다. 그런데 어떤 때는 여호와의 사자라고 말씀하기도 하고, 어떤 때는 여호와라고 말씀하기도 합니다.

"여호와의 사자가 기드온에게 나타나 이르되 큰 용사여 여호와께서 너와 함께 계시도다 하매" 삿 6:12

"여호와께서 그를 향하여 이르시되 너는 가서 이 너의 힘으로 이스라엘을 미디안의 손에서 구원하라 내가 너를 보낸 것이 아니냐 하시니라" 삿 6:14

기드온이 만난 존재는 여호와의 사자이면서 동시에 여호와입니다. 하나님이 친히 그를 찾아오신 것입니다. 하나님은 "가서 너의 힘으로 미디안을 구원하라"고 말씀하시지만 기드온의 힘으로 미디안을 구원할 수 있었던 것은 아닙니다. 다만 하나님이 그에게 용기를 불어넣어 주신 것입니다. 그를 보내신 분이 하나님이심을 알게 하시고, 그 하나님이 함께하시고, 그 하나님이 베푸신 능력으로 승리할 것을 말씀해 주신 것입니다. 팀 켈러는 기드온이 만난 여호와의 사자가 바로 성육신하기 전의 예수님이라고 말하기를 주저하지 않습니다.

> 타당성이 있는 유일한 설명은 이렇다. 이는 우리의 한 하나님이 다중 위격을 가지신다는 징후이다. 삼위일체에 대한 힌트다. 이 존재를 아들 하나님으로 볼 타당한 이유가 있다. 그 당시에조차, 그의 관심사는 그의 사람들에게 구원과 평화를 주시는 것이었다. (팀 켈러,《당신을 위한 사사기》, 두란노, 122쪽)

기드온은 여호와의 사자를 대면한 후에 죽을까 두려워합니다. 왜냐하면 구약에서 하나님의 얼굴을 대면한다는 것은 죽음을 의미했기 때문입니다.

"기드온이 그가 여호와의 사자인 줄을 알고 이르되 슬프도소이다 주 여호와여 내가 여호와의 사자를 대면하여 보았나이다 하니 여호와께서 그에게 이르시되 너는 안심하라 두려워하지 말라 죽지 아니하리라 하시니라" 삿 6:22-23

그런데 하나님은 기드온에게 안심하고 두려워하지 말라고 말씀합니다. 그가 죽지 아니할 것이라고 말씀합니다. 이 말씀에서도 기드온이 본 것은 여호와의 사자인데, 말씀하시는 분은 여호와이십니다. 기드온이 여호와를 위하여 제단을 쌓고 '여호와 살롬'이라는 하나님의 이름을 부릅니다.

"기드온이 여호와를 위하여 거기서 제단을 쌓고 그것을 여호와 살

롬이라 하였더라 그것이 오늘까지 아비에셀 사람에게 속한 오브라에 있더라" 삿 6:24

그는 하나님이 이스라엘 백성을 미디안 사람들로부터 구원해 주실 뿐만 아니라 평강을 주실 것을 믿었습니다. 이사야는 장차 오실 메시아에 대해 다음과 같이 예언했습니다.

"이는 한 아기가 우리에게 났고 한 아들을 우리에게 주신 바 되었는데 그의 어깨에는 정사를 메었고 그의 이름은 기묘자라, 모사라, 전능하신 하나님이라, 영존하시는 아버지라, 평강의 왕이라 할 것임이라" 사 9:6

그는 장차 태어날 한 아기, 한 아들, 즉 예수님이 모든 것을 통치하시는 왕이심을 선포합니다. 그분이 영존하시는 아버지가 되심을 선포합니다. 물론 예수님은 하나님 아버지의 아들이십니다. 하지만 예수님은 하나님 아버지의 이름으로 오셨고, 하나님 아버지의 모습을 보여 주신 분입니다. 또한 예수님은 평강의 왕이십니다.

여호와 살롬이란 하나님의 이름입니다. 하나님은 평강이시라는 뜻입니다. 하나님은 평강의 하나님이실 뿐만 아니라 평강을 주시는 분입니다. 우리에게 진정한 평화를 주시는 분입니다. 예수님이 이 땅에 오셔서 우리를 죄에서 구원하셨습니다. 예수님이 피를 흘리심으로써 우리를 죄에서 구원하여 주셨습니다. 또한 예수님의 피를 통해 우리를 하나님과 화목하게 하셨습니다. 우리에게 평강을 주신 것입니다.

"이제는 전에 멀리 있던 너희가 그리스도 예수 안에서 그리스도의 피로 가까워졌느니라 그는 우리의 화평이신지라 둘로 하나를 만드사 원수 된 것 곧 중간에 막힌 담을 자기 육체로 허시고 법조문으로 된 계명의 율법을 폐하셨으니 이는 이 둘로 자기 안에서 한 새사람을 지어 화평하게 하시고 또 십자가로 이 둘을 한 몸으로 하나님과 화목하게 하려 하심이라 원수 된 것을 십자가로 소멸하시고" 엡 2:13-16

예수님은 우리의 구원이십니다. 또한 우리의 화평이십니다. 예수님은 우리를 위해 십자가에서 피를 흘리셨습니다. 그리하심으로 우리를 구원하시고, 우리를 하나님과 이웃들 그리고 우리 자신과 화목하게 하셨습니다. 기드온의 믿음이 중요한 까닭은 기드온을 통해 평강의 왕이 되시는 예수님을 만날 수 있기 때문입니다. 예수님은 우리를 위해 지극히 작은 자가 되셨습니다. 우리를 대신해서 약한 자가 되셨습니다. 그리함으로써 성령님의 능력을 힘입어 우리를 구원하셨습니다.

예수님의 복음은 작은 자를 위한 것입니다. 약한 자를 위한 것입니다. 믿음이 약한 자를 위한 것입니다. 예수님이 모든 것을 이루십니다. 예수님이 친히 작은 자와 약한 자를 돌보아 주십니다. 예수님이 믿음이 약한 자에게 믿음을 심어 주시고, 여러 가지 증표를 통해 거듭 확신에 이르도록 도와주십니다. 그러므로 우리는 거듭 작은 십자가, 연약한 십자가로 나아가게 됩니다. 바로 그곳에 구원의 능력과 평강의 지혜가 담겨 있기 때문입니다. 기드온을 통해 만난 예수 그리스도를 통해 큰 구원의 기쁨과 평강의 복을 누리기를 바랍니다.

Chapter 13
훌륭한 이인자의 모범을 보여 준 바락의 믿음

히브리서 11:32-34

내가 무슨 말을 더 하리요 기드온, 바락, 삼손, 입다, 다윗 및 사무엘과 선지자들의 일을 말하려면 내게 시간이 부족하리로다 그들은 믿음으로 나라들을 이기기도 하며 의를 행하기도 하며 약속을 받기도 하며 사자들의 입을 막기도 하며 불의 세력을 멸하기도 하며 칼날을 피하기도 하며 연약한 가운데서 강하게 되기도 하며 전쟁에 용감하게 되어 이방 사람들의 진을 물리치기도 하며

드보라를 섬긴 믿음의 사람, 바락

바락은 훌륭한 이인자의 삶을 살았습니다. 바락은 드보라가 사사로 있을 때 쓰임 받은 믿음의 사람입니다. 성경학자들 가운데는 바락을 사사로 인정하지 않는 사람들도 있습니다. 그 이유는 바락이 살았던 당시에 사사는 드보라였기 때문입니다. 드보라는 여선지자였습니다. 또한 여사사였습니다. 드보라와 바락의 역사적 상황을 보면 두 사람의 관계를 조금 더 이해할 수 있습니다.

"에훗이 죽으니 이스라엘 자손이 또 여호와의 목전에 악을 행하매 여호와께서 하솔에서 통치하는 가나안 왕 야빈의 손에 그들을 파셨으니 그의 군대 장관은 하로셋 학고임에 거주하는 시스라요 야빈 왕은 철 병거 구백 대가 있어 이십 년 동안 이스라엘 자손을 심히 학대했으므로 이스라엘 자손이 여호와께 부르짖었더라 그때에 랍비둣의 아내 여선지자 드보라가 이스라엘의 사사가 되었는데 그는 에브라임 산지 라마와 벧엘 사이 드보라의 종려나무 아래에 거주하였고 이스라엘 자손은 그에게 나아가 재판을 받더라" 삿 4:1-5

사사 에훗이 죽은 후에 이스라엘 자손이 또 하나님 앞에서 악을 행했습니다. 하나님은 이스라엘 백성의 죄가 깊어지면 이방 나라를 들어서 징계하셨습니다. 하나님은 이번에 가나안 왕 야빈의 손에 이스라엘 백성을 넘겨 징계하셨습니다. 가나안 왕 야빈의 군대 장관은 시스라였습니다. 시스라는 아주 탁월한 군대 장관이었습니다. 야빈 왕은 철 병거 900대가 있었습니다. 그 당시 철 병거는 대단한 무기입니다. 하나님은 야빈 왕와 시스라를 통해 20년 동안 이스라엘 자손이 학대받는 것을 지켜보셨습니다.

사사기를 읽어 보면 죄가 더욱 깊어질수록 하나님의 징계가 길어지는 것을 보게 됩니다. 사사 옷니엘 때 이스라엘 백성은 메소포타미아 왕에게 8년 동안 학대를 받았습니다. 에훗 때에 가서는 18년 동안 고통을 받았습니다. 이제 가나안 왕 야빈과 그의 군대 장관 시스라를 통해 20년 동안 학대를 받고 있습니다. 이스라엘 백성은 오랜 학대로 인해 하나님께 부르짖었습니다. 하나님은 그때 여선지자 드보라를 세워 사사로 삼았습니다. 그녀는 랍비돗의 아내로 결혼한 여선지자입니다.

사사들 가운데 선지자의 역할을 한 사람은 별로 없습니다. 그런데 드보라는 여선지자이면서 사사로 부름을 받았습니다. 하나님은 20년 동안 이스라엘 백싱이 학대받는 것을 지켜보시는 중에 드보라보다 탁월한 사람을 찾지 못하셨던 것 같습니다. 그런 까닭에 여선지자를 선택해서 사사로 삼으신 것입니다. 여선지자이면서 사사였던 드보라는 라마와 벧엘 사이의 종려나무 아래에 거주하며 재판을 통해 백성들의 문제를 해결해 주었습니다. 드보라는 여선지자와 사사로서 백성들을 잘 섬겼습니다. 드보라는 이런 자신을 이스라엘의 어머니라고 칭했습니다.

"나 드보라가 일어나 이스라엘의 어머니가 되기까지 그쳤도다" 삿 5:7

하나님은 역사 속에서 탁월한 여성 지도자를 선택하여 놀라운 일을 이루십니다. 사람들이 여성 지도자들에게 기대하는 것은 어머니와 같은 따뜻한 카리스마입니다. 드보라는 어머니의 품과 따뜻한 카리스마를 겸비한 사사였습니다. 드보라의 탁월한 점은 자신이 모든 일을 하려고 하지 않았다는 것입니다. 그녀가 할 수 있는 일은 행했지만, 그녀가 할 수 없는 일은 그 일을 감당할 수 있는 사람에게 맡길 줄 알았던 지도자였습니다. 그녀는 전쟁에 나가 전투를 직접 지휘하기에는 적합하지 않다는 사실을 깨달았습니다. 그래서 하나님의 인도를 받아 바락에게 시스라와 전쟁할 것을 명합니다.

"드보라가 사람을 보내어 아비노암의 아들 바락을 납달리 게데스에서 불러다가 그에게 이르되 이스라엘의 하나님 여호와께서 이같이 명령하지 아니하셨느냐 너는 납달리 자손과 스불론 자손 만 명을 거느리고 다볼 산으로 가라 내가 야빈의 군대 장관 시스라와 그의 병거들과 그의 무리를 기손 강으로 이끌어 네게 이르게 하고 그를 네 손에 넘겨주리라 하셨느니라" 삿 4:6-7

사사기 4장 6절에서 "바락"이라는 이름이 처음 등장합니다. 제가 바락에 관심을 갖게 된 것은 히브리서 11장에 나오는 믿음의 인물 가운데 바락이 등장하기 때문입니다. 히브리서는 성령님의 감동을 받아 기록한 책입니다. 그렇다면 히브리서 11장에 바락의 이름을 넣어 기록한 데는 이유가 있고, 우리에게 교훈하고 싶으신 것이 있을 거라는 확신을 갖게 되었습니다.

"내가 무슨 말을 더 하리요 기드온, 바락, 삼손, 입다, 다윗 및 사무엘과 선지자들의 일을 말하려면 내게 시간이 부족하리로다" 히 11:32

바락은 그 당시 일인자가 아니었습니다. 그런데 이인자로서 철 병거를 900대나 가지고 있는 야빈 왕과 시스라를 물리침으로써 이스라엘 백성을 구원한 것은 정말 놀라운 일입니다. 여기서 바락의 믿음의 특징을 몇 가지 살펴보았으면 합니다.

참된 믿음은 자기 자리를 알고 끝까지 지킵니다

바락이 하나님의 명령을 받을 때 여선지자를 통해 전달을 받았습니다. 지금도 그런 성향이 있긴 하지만 그 당시 이스라엘 백성은 여성의 위치를 정당하게 평가하지 않았습니다. 심지어 유대인 남자들은 이방인으로 태어나지 않은 것과 여자로 태어나지 않은 것을 감사하며 살았습니다. 족보에도 예외가 있긴 하지만 여자의 이름은 잘 포함시키지 않았습니다. 그런데 드보라는 여선지자로서, 그리고 사사로서 상당한 존경을 받았습니다. 이스라엘 백성이 드보라를 통해 하나님의 말씀을 배웠고, 드보라에게 재판을 받고 문제를 해결했습니다. 하지만 여전히 여성의 위치에 대한 선입견과 편견이 있었을 것입니다. 그러나 바락은 그 선입견과 편견을 겸손을 통해 극복한 사람입니다.

바락이 드보라를 통해 하나님의 명령을 받았을 때 드보라에게 그가 전쟁에 나갈 때 동행해 달라는 부탁을 합니다.

"바락이 그에게 이르되 만일 당신이 나와 함께 가면 내가 가려니와 만일 당신이 나와 함께 가지 아니하면 나도 가지 아니하겠노라 하니" 삿 4:8

여기서 우리는 바락의 겸손한 태도를 거듭 보게 됩니다. 여선지자를 통해 주시는 하나님의 명령을 그대로 수용했다는 것에서 엿볼 수 있습니다. 또한 드보라에게 전쟁터에 동행해 달라고 부탁하는 것을 보면서 그가 겸손하다는 것을 느낄 수 있습니다. 전쟁은 남자들이 하는 것이라고 말하면서 전쟁을 지휘하는 것이 아니라 드보라의 지도력을 인정하고 동행할 것을 부탁한 것입니다.

바락은 무엇보다 하나님이 드보라와 함께하심을 믿었습니다. 드보라가 그와 동행한다는 것은 드보라를 부르신 하나님과 동행한다는 것을 의미했습니다. 이처럼 그는 사람 앞에서도 겸손했고, 하나님 앞에서도 겸손했습니다. 그는 자신의 힘으로는 20년 동안 이스라엘을 학대해 온 야빈의 철 병거와 군대장관 시스라를 이길 수 없음을 알았습니다. 오직 하나님이 함께하실 때 전쟁에서 승리할 수 있음을 믿었습니다.

겸손이란 가장 중요한 성품입니다. 또한 가장 배양하기 힘든 성품입니다. 인간은 교만합니다. 교만이란 자신의 주제를 모르는 것을 의미합니다. 자신의 위치와 한계를 모르는 것을 의미합니다. 자신이 설 자리를 모르는 것을 의미합니다.

반면에 겸손한 사람은 자신의 주제를 압니다. 자신의 위치와 자신의 한계를 압니다. 자신이 설 자리를 압니다. 유영만 교수님은 《공부는 망치다》라는 책에서 우리가 공부하는 이유 중 하나는 자신이 설 자리를 알기 위해서라고 말합니다. 유 교수님은 우리에게 아주 적합한 세 가지 자리에 대해 말합니다. 제자리와 설 자리와 살 자리입니다.[1]

드보라와 바락의 아름다운 모습은 제자리를 서로 알고 있다는 것입니다. 특별히 바락은 윗자리를 원하지 않고 제자리를 원했습니다.

설 자리는 자신이 지켜야 할 자리입니다. 드보라는 자신이 지켜야 할 자리를 알았습니다. 그것은 선지자의 자리요, 사사의 자리였습니다. 전쟁터에 나가서 싸우는 용사의 자리가 아니었습니다. 또한 바락도 마찬가지입니다. 그가 설 자리는 전쟁터에 나가서 싸우는 용사의 자리이지 선지자나 사사의 자리는 아니었습니다.

살 자리는 내가 살아가는 이유를 드러내는 일자리입니다. 자신이 살아가는 이유를 알고, 그 자리를 찾아서 살 수 있는 사람은 참으로 지혜로운 사람입니다. 성경에 나오는 인물 가운데 자신의 위치를 알고, 자신이 서야 할 자리를 잘 알았던 사람들이 있습니다. 우리는 그런 인물들을 훌륭한 인물이라고 말합니다. 어떤 자리는 때에 따라 바뀔 수도 있습니다. 여호수아는 모세의 이인자의 삶을 살았습니다. 하지만 40년이 지난 후에 모세가 죽었을 때 그는 일인자의 위치에서 백성들을 섬겼습니다. 갈렙은 달랐습니다. 그는 모세 때에도 이인자였고, 여호수아 때에도 이인자였습니다. 그는 탁월한 이인자의 위치에서 하나님의 일을 성취했습니다.

느헤미야는 한때 술 관원이었습니다. 술 관원은 그 당시 장관의 위치였습니다. 나중에 그는 예루살렘 성벽을 재건하는 역할을 잘 감당합니다. 예루살렘 총독의 역할을 잘 감당합니다. 성벽 재건이 끝났을 때 그는 에스라를 불러 말씀의 부흥을 주도할 것을 부탁합니다. 느헤미야는 그가 서야 할 자리를 잘 알았던 사람입니다.

세례 요한도 서야 할 자리를 잘 알았던 사람입니다. 그는 예수님이 역사의 무대에 등장하기 전에 회개의 세례를 외쳤습니다. 수많은 사람들이 그를 찾아와서 세례를 받았습니다. 그의 설교에 매료되었습니다. 하지만 그는 어떤 기적도 행하지 않았습니다. 그의 역할은 예수님의 길을 예비하는 것이었습니다. 예수님이 역사의 무대에 등장했을 때 그는 기꺼이 역사의 무대에서 사라졌습니다. 그는 제자리를 알았습니다. 설 자리를 알았습니다. 살 자리를 알았습니다. 세례 요한은 자신이 그리스도가 아님을 분명히 밝혔습니다. 그는 광야의 외치는 자의 소리라고 주장했습니다. 그는 그리스도가 흥할 때 가장 기뻐한다고 말했습니다. 그는 윗자리를 탐하지 않았습니다. 그는 제자리에 만족했고, 그 자리를 끝까지 지켰습니다.

모든 죄의 뿌리는 교만에 있습니다. 탐하지 않아야 할 자리를 탐하는 데 있습니다. 스스로 하나님의 자리에 앉으려는 데 교만의 극치가 있습니다. 옛 뱀이 아담과 하와를 유혹할 때 그들이 선악과를 따먹으면 하나님처럼 되리라고 유혹했습니다. 그들은 사탄의 유혹에 넘어갔습니다. 그다음 스토리는 우리가 잘 알고 있습니다. 겸손은 자신의 자리를 알고, 그 자리를 끝까지 지키는 것입니다.

참된 믿음은 자기 영광보다 하나님의 뜻을 추구합니다

바락이 드보라에게 전쟁터에 함께 동행해 줄 것을 요청했을 때 여선지자 드보라가 예언을 합니다. 그 예언은 이번 전쟁에서 바락이 영광을 얻지 못하고 한 여인이 영광을 얻게 될 것이라는 것입니다.

"이르되 내가 반드시 너와 함께 가리라 그러나 네가 이번에 가는 길에서는 영광을 얻지 못하리니 이는 여호와께서 시스라를 여인의 손에 파실 것임이니라 하고 드보라가 일어나 바락과 함께 게데스로 가니라" 삿 4:9

바락은 그 예언을 듣고도 전쟁터로 나아갑니다(삿 4:10). 바락의 겸손은 바로 여기서 더욱 빛을 발하게 됩니다. 그가 전쟁에서 승리를 한다 할지라도 영광을 얻지 못할 것이라는 사실을 알고도 하나님의 부르심에 충실한 것입니다. 그는 누가 영광을 받느냐보다 하나님의 뜻이 이루어지는 것을 원했습니다. 자신이 영광을 받지 못한다 할지라도 이스라엘 백성이 야빈 왕의 학대에서 구원받기를 원했습니다.

드보라의 예언은 그대로 성취됩니다. 바락이 전쟁에서 하나님의 도우심으로 큰 승리를 거둡니다. 그때 시스라가 도망을 갑니다. 시스라가 도망가는 중에 들어간 집이 겐 사람 헤벨의 아내 야엘의 장막입니다. 겐 사람은 모세의 장인 이드로에게 속한 호밥의 자손이었습니다. 이들은 이스라엘과 화친을 맺었지만 가나안 사람들과도 좋은 관계를 맺고 지냈습니다. 그래서 시스라가 안심하고 헤벨의 아내 야엘의 장막에 들어간 것입니다.

"시스라가 걸어서 도망하여 겐 사람 헤벨의 아내 야엘의 장막에 이르렀으니 이는 하솔 왕 야빈과 겐 사람 헤벨의 집 사이에는 화평이 있음이라 야엘이 나가 시스라를 영접하며 그에게 말하되 나의 주여 들어오소서 내게로 들어오시고 두려워하지 마소서 하매 그가 그 장막에 들어가니 야엘이 이불로 그를 덮으니라" 삿 4:17-18

시스라가 야엘에게 물을 부탁했을 때 그녀는 우유를 마시게 합니다. 시스라는 사람늘이 와서 물으면 그가 이 집에 들어오지 않았다고 말해 달라고 부탁합니다(삿 4:19-20). 시스라를 안심시킨 야엘이 그가 깊이 잠든 것을 보고 장막 말뚝을 가져다가 손에 방망이를 들고 그에게로 가서 말뚝을 그의 관자놀이에 박습니다. 그 순간 그가 기절하여 죽습니다.

"그가 깊이 잠드니 헤벨의 아내 야엘이 장막 말뚝을 가지고 손에 방망이를 들고 그에게로 가만히 가서 말뚝을 그의 관자놀이에 박으매 말뚝이 꿰뚫고 땅에 박히니 그가 기절하여 죽으니라" 삿 4:21

대단히 용맹스러운 여인입니다. 그 당시 시스라는 20년 동안 철 병거 900대를 이끌고 이스라엘을 학대해 온 군대 장관입니다. 그의 용맹과 지략과 명성이 대단했습니다. 그런데 야엘이 장막 말뚝으로 시스라를 단번에 죽인 것입니다. 그 당시 장막을 세우는 것은 여인들의 몫이었다고 합니다. 그런 까닭에 장막을 세울 때 말뚝을 박는 데 익숙했던 야엘이 시스라의 관자놀이에 말뚝을 박으니 말뚝이 꿰뚫어 땅에 박혔습니다. 관자놀이는 귀와 눈 사이의 맥박 뛰는 곳입니다.

— 관자놀이는 귀와 눈 사이의 맥박이 뛰는 곳. 그곳에서 맥박이 뛸 때 관자가 움직인다는 데서 나온 말이다. -네이버 국어사전

시스라가 약간 옆으로 얼굴을 돌리고 잠을 잔 것 같습니다. 그래서 야엘이 시스라의 관자놀이에 장막 말뚝을 박은 것입니다. 바락이 시스라를 추적하는 중에 야엘의 집에 들어갔습니다. 야엘이 시스라를 보여 주는데 이미 엎드러져 죽어 있었습니다.

"바락이 시스라를 추격할 때에 야엘이 나가서 그를 맞아 그에게 이르되 오라 네가 찾는 그 사람을 내가 네게 보이리라 하매 바락이 그에게 들어가 보니 시스라가 엎드러져 죽었고 말뚝이 그의 관자놀이에 박혔더라" 삿 4:22

바락이 누릴 수 있는 영광이 야엘이란 여인에게 돌아갔습니다. 전쟁에서는 누가 적군의 장수를 죽였느냐에 따라 그 영광이 주어집니다. 그런데 이 전쟁에서 시스라를 죽인 것은 바락이 아니고 야엘이었습니다. 드보라는 야엘의 영광스러운 모습을 그의 노래에 다음과 같이 기록했습니다.

"겐 사람 헤벨의 아내 야엘은 다른 여인들보다 복을 받을 것이니 장막에 있는 여인들보다 더욱 복을 받을 것이로다 시스라가 물을 구

하매 우유를 주되 곧 엉긴 우유를 귀한 그릇에 담아 주었고 손으로 장막 말뚝을 잡으며 오른손에 일꾼들의 방망이를 들고 시스라를 쳐서 그의 머리를 뚫되 곧 그의 관자놀이를 꿰뚫었도다 그가 그의 발 앞에 꾸부러지며 엎드러지고 쓰러졌고 그의 발 앞에 꾸부러져 엎드러져서 그 꾸부러진 곳에 엎드러져 죽었도다" 삿 5:24-27

드보라의 예언이 성취되었습니다. 바락은 전쟁 승리의 영광을 야엘에게 빼앗겼지만 아쉬워하지 않았습니다. 그의 관심은 누가 영광을 취하느냐에 있지 않았습니다. 오직 하나님의 뜻이 이루어지길 원했습니다. 이스라엘 백성이 가나안 야빈 왕과 시스라의 손에서 구원되길 원했습니다. 그는 오직 하나님이 영광을 받으시길 원했습니다.

참된 믿음은 하나님과 동역합니다

하나님이 바락을 불러 시스라와의 전쟁을 하도록 명하실 때로 다시 돌아가 보겠습니다. 하나님은 상당히 구체적으로 말씀하십니다. 몇 명을 데리고 전쟁에 나갈 것이며 어디에서 싸울 것인지를 명하십니다. 또한 군대 장관 시스라와 병거들을 어느 강에서 멸하실 것인지에 대해 말씀하십니다.

"…이스라엘의 하나님 여호와께서 이같이 명령하지 아니하셨느냐 너는 납달리 자손과 스불론 자손 만 명을 거느리고 다볼 산으로 가라 내가 야빈의 군대 장관 시스라와 그의 병거들과 그의 무리를 기손 강으로 이끌어 네게 이르게 하고 그를 네 손에 넘겨주리라 하셨느니라" 삿 4:6-7

하나님은 바락에게 만 명을 거느리고 다볼 산에 갈 것을 명하십니다. 하지만 시스라가 거느린 900대의 철 병거에 비하면 만 명은 아무 것도 아닙니다. 한쪽은 탱크를 가지고 공격하고 한쪽은 칼을 가지고 공격하는 것과 같습니다. 그런데 하나님께서 시스라와 그의 병거들과 그의 무리를 기손 강으로 이끄실 것이라고 말씀합니다. 바락과 그의 군대는 다볼 산에, 시스라와 그의 철 병거와 군대는 기손 강에 머물게 됩니다. 하나님의 말씀은 그대로 이루어집니다. 하나님이 모든 것을 계획하고 주도하시는 전쟁임에 틀림없습니다.

"아비노암의 아들 바락이 다볼 산에 오른 것을 사람들이 시스라에게 알리매 시스라가 모든 병거 곧 철 병거 구백 대와 자기와 함께 있는 모든 백성을 하로셋학고임에서부터 기손 강으로 모은지라 드보라가 바락에게 이르되 일어나라 이는 여호와께서 시스라를 네 손에 넘겨주신 날이라 여호와께서 너에 앞서 나가지 아니하시느냐 하는지라 이에 바락이 만 명을 거느리고 다볼 산에서 내려가니 여호와께서 바락 앞에서 시스라와 그의 모든 병거와 그의 온 군대를 칼날로 혼란에 빠지게 하시매 시스라가 병거에서 내려 걸어서 도망한지라 바락이 그의 병거들과 군대를 추격하여 하로셋학고임에 이르니 시스라의 온 군대가 다 칼에 엎드러졌고 한 사람도 남은 자가 없었더라" 삿 4:12-16

하나님이 시스라를 바락의 손에 넘겨주셨습니다. 하나님이 바락보다 앞서 나가셨습니다. 하나님이 바락 앞에서 시스라와 그의 모든 병거와 그의 온 군대를 칼날로 혼란에 빠지게 하셨습니다. 어떻게 이런 일이 일어날 수 있었을까요? 도대체 무슨 일이 벌어진 것일까요?

이스라엘 백성이 무서워했던 것은 900대의 철 병거입니다. 철 병거가 지나가는 곳에 살아남은 군대가 없었습니다. 하지만 철 병거는 마른 땅에서 강합니다. 물이 흘러넘치는 진흙탕에서는 힘을 발휘

할 수 없습니다. 그래서 하나님은 시스라의 군사를 기손 강으로 유인한 것입니다. 바락과 시스라가 전쟁할 당시는 건기였다고 합니다. 시스라는 20년 동안 이스라엘 백성을 학대한 군대 장관입니다. 전쟁에 나가서 실패한 적이 없을 정도로 탁월했습니다. 그가 기손 강으로 간 것은 건기에 비가 오지 않을 것을 확신했기 때문입니다. 하지만 하나님은 모든 자연을 다스리시는 분입니다. 하나님이 하늘에서 비를 내리셨습니다.

"여호와여 주께서 세일에서부터 나오시고 에돔 들에서부터 진행하실 때에 땅이 진동하고 하늘이 물을 내리고 구름도 물을 내렸나이다" 삿 5:4

그리고 기손 강의 물이 흘러넘치게 만드셨습니다.

"별들이 하늘에서부터 싸우되 그들이 다니는 길에서 시스라와 싸웠도다 기손 강은 그 무리를 표류시켰으니 이 기손 강은 옛 강이라 내 영혼아 네가 힘 있는 자를 밟았도다 그때에 군마가 빨리 달리니 말굽 소리가 땅을 울리도다" 삿 5:20-22

별들이 하늘에서 싸웠다는 말은 하늘에서 천둥번개가 친 것입니다. 하늘의 구름에서 물이 쏟아지고 기손 강은 물들로 흘러넘쳤습니다. 그때 군마가 빨리 달리고 말굽 소리가 땅을 울렸지만 소용없었습니다. 철 병거는 물에 약합니다. 물이 출렁거리는 질퍽한 땅에서 힘을 쓸 수가 없습니다. 이 전쟁은 처음부터 끝까지 하나님이 주도하신 것이요, 하나님의 승리였습니다. 그런데 하나님이 바락을 동역자로 삼으셔서 전쟁을 승리로 이끄셨습니다. 여기서 우리는 다시 한 번 전쟁은 하나님께 속한 것임을 깨닫습니다.

"또 여호와의 구원하심이 칼과 창에 있지 아니함을 이 무리에게 알

게 하리라 전쟁은 여호와께 속한 것인즉 그가 너희를 우리 손에 넘기시리라" 삼상 17:47

"…너희는 이 큰 무리로 말미암아 두려워하거나 놀라지 말라 이 전쟁은 너희에게 속한 것이 아니요 하나님께 속한 것이니라" 대하 20:15

하나님은 모든 것을 혼자서 하실 수 있습니다. 하지만 사람들을 동역자로 부르십니다. 이 전쟁에서 하나님의 동역자로 부름을 받은 사람은 세 사람입니다. 바로 드보라, 바락, 야엘입니다. 그중에 두 사람이 여인입니다. 하나님은 우리와 더불어 일하길 원하십니다.

전쟁은 하나님께 속해 있습니다. 승리하게 하시는 분은 우리가 아니라 하나님이십니다. 그렇다고 하나님이 우리가 필요 없다고 말씀하지 않으십니다. 하나님은 우리와 동역하심으로 승리를 이루십니다. 사도 바울은 이 점을 분명히 알았습니다.

"나는 심었고 아볼로는 물을 주었으되 오직 하나님께서 자라나게 하셨나니 그런즉 심는 이나 물 주는 이는 아무것도 아니로되 오직 자라게 하시는 이는 하나님뿐이니라 심는 이와 물 주는 이는 한가지이나 각각 자기가 일한 대로 자기의 상을 받으리라 우리는 하나님의 동역자들이요 너희는 하나님의 밭이요 하나님의 집이니라" 고전 3:6-9

왜 이 사건 속에서 하나님은 두 여인을 두드러지게 사용하시는 것일까요? 그 이유는 시스라가 이스라엘의 여인들, 이스라엘의 처녀들을 성노예로 삼았기 때문입니다. 사사기 5장의 마지막 부분을 보면 시스라의 어머니의 이야기가 등장합니다. 시스라의 어머니가 시스라를 기

> 하나님은 우리가 하나님을 위해 일하는 것보다 하나님과 함께 일하길 원하십니다.

다립니다. 그런데 시스라가 돌아올 시간보다 늦게 옵니다. 그때 시스라의 어머니와 그 시녀들이 스스로 대답하는 말을 보면 시스라가 얼마나 이스라엘 여인들을 괴롭혔는가를 알 수 있습니다.

"그들이 어찌 노략물을 얻지 못하였으랴 그것을 나누지 못하였으랴 사람마다 한두 처녀를 얻었으리로다 시스라는 채색 옷을 노략하였으리니 그것은 수놓은 채색 옷이리로다 곧 양쪽에 수놓은 채색 옷이리니 노략한 자의 목에 꾸미리로다 하였으리라" 삿 5:30

시스라의 어머니와 시녀들은 시스라와 군대들이 이스라엘과 전쟁한 후에 각 군인마다 한두 처녀를 얻었을 것이라고 말합니다. 채색 옷은 처녀들의 옷을 의미합니다. 그들이 이스라엘을 학대하는 동안 수많은 이스라엘 처녀들이 끌려와 강간을 당한 것입니다. 말할 수 없는 고통을 당한 것입니다. 이제 그 고통을 두 여인이 종식시켰습니다. 드보라와 야엘이 그리한 것입니다. 특별히 야엘이 시스라의 관자놀이를 장막의 말뚝으로 꿰뚫음으로 모든 이스라엘의 여인들의 한을 풀어 준 것입니다. 공동번역은 야엘의 용맹스러운 모습을 다음과 같이 번역했습니다.

"켄 사람 헤벨의 아내 야엘이여, 어느 여인보다 복을 받아라 방구석에 묻혀 사는 어느 여인보다 복을 받아라 시스라가 물을 달라고 하였을 때 우유를 주고는, 귀한 그릇에 엉긴 우유를 떠주고는, 왼손을 내밀어 말뚝을 잡고 오른손을 내밀어 대장장이의 망치를 쥐고 시스라를 쳐서 머리를 부수고 관자놀이를 뚫어 쪼개 버렸다 시스라는 그의 발 앞에서 꿈틀하고 죽었다 그의 발 앞에서 꿈틀하고 죽었다 바로 그 자리에서 꿈틀하고 죽어 망하고 말았다" 판관기 5:24-27, 공동번역

사사기 5장은 드보라와 바락이 함께 부른 노래입니다.

"이 날에 드보라와 아비노암의 아들 바락이 노래하여 이르되" 삿 5:1

두 사람은 이 노래를 부르며 20년 동안 가나안 왕 야빈과 군대 장관 시스라에게 학대받은 온 이스라엘 백성의 한을 풀어 줍니다. 또한 이스라엘 여인들의 한을 풀어 줍니다. 그들을 위로해 줍니다. 야엘이 시스라를 어떻게 죽였으며 그가 얼마나 비참하게 죽었는가를 적나라하게 보여 주는 노래를 불러 이스라엘 여인들을 위로해 주었습니다. 이 노래의 결론을 들어보십시오.

"여호와여 주의 대적은 다 이와 같이 망하게 하시고 주를 사랑하는 자는 해가 힘 있게 돋음 같게 하시옵소서 하니라 그 땅이 사십 년 동안 태평하였더라" 삿 5:31, 개역한글

하나님은 그를 대적하는 자는 망하게 하십니다. 하나님은 주를 사랑하는 자는 해가 힘 있게 돋음같이 만들어 주십니다. 하나님은 바락을 통해 기드온처럼 놀라운 일을 이루셨습니다.

"…바락(은)…믿음으로 나라들을 이기기도 하며…불의 세력을 멸하기도 하며 칼날을 피하기도 하며…전쟁에 용감하게 되어 이방 사람들의 진을 물리치기도 하며" 히 11:32-34

시스라의 철 병거는 불의 세력과 같았습니다. 하지만 바락은 믿음으로 불의 세력을 멸했습니다. 하나님의 도움을 받아 전쟁에서 용맹을 발했습니다.

예수님도
영원한 이인자로 사십니다

드보라와 바락과 야엘은 아름다운 조화를 이루어 대적을 물리쳤습니다. 그들은 각자의 역할에 충실했습니다. 하지만 그들은 협력하여 동역했습니다. 그들은 하나님의 부르심을 받았을 때 장막에 머물지 아니했습니다. 하나님의 부르심에 순종해서 전쟁터로 나아갔습니다. 또한 야엘은 시스라를 장막의 말뚝과 대장장이의 망치로 용맹스럽게 죽였습니다. 그들은 기도만 한 것이 아니라 부르심에 순종했습니다. 전도서의 말씀을 다시 한 번 기억하십시오.

"두 사람이 한 사람보다 나음은 그들이 수고함으로 좋은 상을 얻을 것임이라 혹시 그들이 넘어지면 하나가 그 동무를 붙들어 일으키려니와 홀로 있어 넘어지고 붙들어 일으킬 자가 없는 자에게는 화가 있으리라 또 두 사람이 함께 누우면 따뜻하거니와 한 사람이면 어찌 따뜻하랴 한 사람이면 패하겠거니와 두 사람이면 맞설 수 있나니 세 겹 줄은 쉽게 끊어지지 아니하느니라" 전 4:9-12

하나님은 남자들과만 동역하시는 것이 아닙니다. 드보라와 야엘과도 동역하셨습니다. 기생 라합과도 동역하셨습니다. 하나님은 지금도 하나님과 동역할 사람을 찾고 계십니다. 하나님은 성삼위 하나님이십니다. 하나님 아버지와 성자 예수님과 성령 하나님은 참으로 아름다운 하모니를 이루어 사역하십니다.

하나님 아버지는 창조 사역을 성자 예수님께 맡기셨습니다. 그 자리에 조용히 함께하셨던 분이 성령님이십니다. 성자 예수님은 영원한 이인자의 삶을 사시는 분입니다. 언제나 하나님 아버지께 모든 영광을 돌리시는 분입니다. 또한 언제나 성령님을 세워 드립니다. 무슨 일을 하시든지 성령님의 능력으로 행하셨다고 말씀합니다. 심지어는 자신이 이 세상을 떠나 성령님이 오시는 것이 제자들에게 유익이라고 말씀합니다.

성령님은 늘 보이지 않는 동역자로 일하십니다. 소금처럼 자신을 드러내지 않는 분입니다. 소금은 자신을 드러내지 않고 음식에 스며들어 맛을 냅니다. 성령님은 소금처럼 자신을 드러내지 않으십니다. 자신을 드러내지 않고 예수님을 드러내십니다. 성령님이 역사하시면 예수님이 드러납니다. 성령님은 사람들을 진리 되시는 예수님께로 인도합니다. 성령님은 예수님을 증거합니다. 사람들로 하여금 자신을 보게 하는 분이 아니라 예수님을 바라보게 하는 분입니다.

성삼위 하나님은 구속 사역에도 함께 동역하셨습니다. 하나님 아버지는 성자 예수님을 십자가에 내어 주셨습니다. 성자 예수님은 죽기까지 아버지의 말씀에 순종하셨습니다. 성령님은 돌아가신 예수님을 그 크신 능력으로 다시 살리셨습니다. 예수님은 성령님의 능력으로 부활하셨습니다. 예수님이 부활하시고 승천하신 후에 성령님은 우리 가운데 예수님의 영으로 오셔서 부활의 주님을 증거해 주십니다. 하나님 아버지는 순종하신 예수님을 지극히 높여 주셨습니다. 모든 만물이, 모든 족속이 예수님 이름 앞에 무릎을 꿇게 하셨습니다.

성삼위 하나님은 우리를 하나님의 동역자로 부르셨습니다. 우리를 성삼위 하나님과 교제할 수 있는 친교의 자리에 초청해 주셨습니다. 이것은 겸손하신 하나님의 자비입니다. 또한 비천한 우리에게는 정말 놀라운 영광입니다. 그러므로 우리는 성삼위 하나님을 본받아 아름다운 조화를 이루어 사역해야 합니다. 바락처럼 남녀를 차별하지 않아야 합니다. 바락처럼 자신의 영광을 추구하지 않고 오직 하나님의 뜻이 이루어지길 힘써야 합니다.

바락은 드보라와 야엘과 더불어 사역했습니다. 그는 야엘이 받은 영광을 빼앗지 않았습니다. 그는 겸손했습니다. 훌륭한 이인자의 삶을 살았습니다. 바락은 시기와 질투를 정복한 사람입니다. 구약의 세례 요한과 같은 큰 인물입니다. 참으로 큰 인물은 시기와 질투를 정복한 사람입니다. 제자리와 설 자리와 살 자리를 분별할 줄 아는 사람입니다. 참으로 큰 인물은 오직 하나님의 영광만을 위해 사는 사람입니다. 그런 까닭에 히브리서를 기록한 성경 기자가 바락을 믿음의 전당에 포함시켰던 것입니다. 바락의 참된 믿음의 모범을 따라 하나님의 일에 동참함으로 하나님의 영광을 크게 드러내기를 바랍니다.

세상을 초월한 사람들은 기적을 초월해서 하나님을 믿었습니다.
하나님이 기적을 일으켜 주시든,
일으켜 주시지 않든 상관없이 하나님을 신뢰했습니다.
그들은 세상을 당황하게 하는 사람들이었습니다.

Part 4

믿음의 최고봉에
오르라

chapter 14

세상이 감당하지 못하는 믿음

히브리서 11:35-40

여자들은 자기의 죽은 자들을 부활로 받아들이기도 하며 또 어떤 이들은 더 좋은 부활을 얻고자 하여 심한 고문을 받되 구차히 풀려나기를 원하지 아니하였으며 또 어떤 이들은 조롱과 채찍질뿐 아니라 결박과 옥에 갇히는 시련도 받았으며 돌로 치는 것과 톱으로 켜는 것과 시험과 칼로 죽임을 당하고 양과 염소의 가죽을 입고 유리하여 궁핍과 환난과 학대를 받았으니 (이런 사람은 세상이 감당하지 못하느니라) 그들이 광야와 산과 동굴과 토굴에 유리하였느니라 이 사람들은 다 믿음으로 말미암아 증거를 받았으나 약속된 것을 받지 못하였으니 이는 하나님이 우리를 위하여 더 좋은 것을 예비하셨은즉 우리가 아니면 그들로 온전함을 이루지 못하게 하려 하심이라

믿음의 최고봉,
세상을 초월하는 믿음

이제 믿음장 마지막 부분에 왔습니다. 우리는 그동안 믿음의 높은 산을 함께 올라왔습니다. 믿음의 높은 산 정상에서 만난 사람들은 세상이 감당하지 못하는 믿음을 가진 사람들입니다.

"(이런 사람은 세상이 감당하지 못하느니라) 그들이 광야와 산과 동굴과 토굴에 유리하였느니라" 히 11:38

세상이 감당하지 못하는 사람들은 어떤 사람일까요? 이 세상을 초월한 사람들입니다. 이 세상이 약속해 주는 것들을 초월한 사람들입니다. 사탄은 세상 사람들이 갈망하는 것을 가지고 우리를 유혹합니다. 세상 사람들이 갈망하는 것을 세 가지로 압축하면 돈, 섹스, 권력입니다. 사탄은 자기를 경배하면 그것들을 당장 주겠다고 유혹합니다. 사람들은 이 유혹 앞에 수없이 무너졌습니다. 사탄은 예수님도 유혹하려고 했습니다. 사탄의 유혹은 그만큼 달콤하며, 거절하기 어려운 것입니다. 하지만 그 모든 것을 초월한 사람들이 있습니다. 세상은 그들을 감당할 수 없었습니다. 사탄도 손을 들었습니다.

히브리서 11장에 나오는 믿음의 사람들을 크게 둘로 나눌 수 있습니다. 하나님의 기적을 경험한 사람들과 하나님의 기적을 초월한 사람들입니다. 믿음은 하나님의 기적을 창조하는 거대한 능력입니다. 사도 요한은 기적이라는 말 대신에 표적이라는 단어를 사용했습니다. 하나님은 지금도 기적을 일으켜 주십니다. 기적은 결코 나쁜 것이 아닙니다. 사람들은 기적을 통해 기적을 일으켜 주시는 하나님을 더욱 신뢰하는 것을 봅니다. 하지만 신비롭게도 사람들이 기적을 보았다고 다 믿는 것은 아닙니다. 이스라엘 백성이 출애굽 하는 과정에서, 그리고 광야에서 수많은 기적을 보았습니다. 그렇지만 그들 모두가 하나님을 신뢰했던 것은 아닙니다.

히브리서 11장 마지막 부분에 나오는 사람들은 하나님의 기적을 초월해서 하나님을 믿었습니다. 그들은 아주 어려운 상황에 처해 있었습니다. 하나님의 기적을 기대할 수밖에 없는 상황에 처해 있었습니다. 하지만 그들은 하나님이 기적을 일으켜 주시든, 일으켜 주시지 않든 상관없이 하나님을 신뢰했습니다. 하나님이 기적을 일으켜 주시지 않는 상황에서도 하나님을 더욱 신뢰했고, 하나님을 사랑했습니다.

"여자들은 자기의 죽은 자들을 부활로 받아들이기도 하며 또 어떤 이들은 더 좋은 부활을 얻고자 하여 심한 고문을 받되 구차히 풀려나기를 원하지 아니하였으며 또 어떤 이들은 조롱과 채찍질뿐 아니라 결박과 옥에 갇히는 시련도 받았으며 돌로 치는 것과 톱으로 켜는 것과 시험과 칼로 죽임을 당하고 양과 염소의 가죽을 입고 유리하여 궁핍과 환난과 학대를 받았으니" 히 11:35-37

우리는 예수님을 믿으면서도 이 세상에서 영원히 살 것처럼 세상의 것들에 집착할 때가 많습니다. 그런데 세상이 감당하지 못한 사람들은 달랐습니다. 그들은 이 세상의 것들을 초월했고, 하나님의 기적을 초월해서 하나님을 믿었습니다. 그들이 그렇게 살 수 있었던 믿음의 비밀은 무엇일까요? 도대체 초월 신앙을 가진 사람들은 무엇을 초월한 것일까요?

세상을 흔드는 사람은 초월 신앙이 있습니다

세상에는 세상을 두려워하는 사람과 세상을 두렵게 만드는 사람이 있습니다. 많은 사람들이 세상을 두려워합니다. 세상의 압력과 위협을 두려워합니다. 하지만 세상을 오히려 두렵게 만드는 사람들이 있습니다. 세상을 당황하게 하는 사람들이 있습니다. 세상이 감당할 수 없어 포기한 사람들이 있습니다. 그들은 하나님을 믿는 신앙을 통해 세상이 유혹하고 위협하는 것들을 초월한 사람들입니다.

첫째, 죽음을 초월한 사람을 세상이 감당하지 못합니다.
"여자들은 자기의 죽은 자들을 부활로 받아들이기도 하며 또 어떤 이들은 더 좋은 부활을 얻고자 하여 심한 고문을 받되 구차히 풀려나기를 원하지 아니하였으며" 히 11:35

사람들은 죽음을 두려워합니다. 생명에 대한 위협을 받게 되면 믿음까지도 포기하는 것을 보게 됩니다. 생명은 귀한 것입니다. 하지만 참된 생명은 자신의 생명을 초월할 때 얻을 수 있습니다. 여인들 가운데 어떤 사람들은 죽은 자들을 부활로 받았습니다. 그들 중에 우리가 아는 사람들은 사르밧 과부와 수넴 여인입니다. 두 여인의 아들들이 병들어 죽었다가 엘리야와 엘리사의 도움을 받아 소생했습니다. 그들은 부활이라기보다는 소생했다가 결국 다시 죽었습니다. 그런데 어떤 사람들은 더 좋은 부활을 얻고자 하여 심한 고문을 받았지만 구차히 풀려나기를 원하지 않았습니다.

히브리서 11장 35절 첫 부분에 나오는 '죽은 자의 부활'은 부활이라기보다는 죽은 자가 소생한 것입니다. 그다음에 나오는 '더 좋은 부활'은 죽은 후에 예수님을 통해 다시 부활하는 것을 의미합니다. 이 부활은 소생이 아닙니다. 영원한 부활입니다. 다시 그 몸이 죽지 않습니다. 예수님의 부활처럼 시간과 공간을 초월하는 부활의 몸을 갖게 되는 것을 의미합니다. 육신의 죽음을 두려워하지 않는 믿음은 영생을 소유한 까닭에 가능합니다.

둘째, 소유를 초월한 사람을 세상이 감당하지 못합니다.
"양과 염소의 가죽을 입고 유리하여 궁핍과 환난과 학대를 받았으니" 히 11:37

세상을 초월한 사람들은 소유를 초월했습니다. 소유가 필요 없다는 말이 아닙니다. 또한 소유 자체가 죄라는 말이 아닙니다. 소유에 집착하지 않고 소유를 초월한 사람이 세상을 초월하는 믿음을 가진 사람들입니다. 믿음의 사람들은 궁핍을 선택했습니다. 그들은 영적으로 부요한 사람들이었습니다. 그들은 하나님 한 분으로 만족한 사람들이었습니다. 그런 까닭에 그들은 궁핍 가운데서도 자족할 수 있었습니다.

사람들은 돈에 약합니다. 돈은 무서운 힘을 가지고 사람들을 위협합니다. 자본주의 사회에서 돈은 힘입니다. 돈은 권세입니다. 돈은 자유입니다. 돈을 가진 자는 무엇이든 할 수 있다고 착각하게 됩니다. 돈이면 무엇이든 살 수 있다고 생각합니다. 심지어는 사랑도 살 수 있다고 생각합니다. 그런 까닭에 돈은 우상이 되고 말았습니다. 돈을 숭배하는 사람들이 많습니다.

한국에서 유행하는 말이 있습니다. '조물주 위에 건물주가 있다'는 말입니다. 얼마나 무서운 말입니까? 하나님이 우리의 주인 되시고, 우리는 하나님을 경배해야 하는데 돈이 세상의 주인이 되었습니다. 돈의 종이 되어 돈을 경배합니다. 그런 까닭에 예수님은 분명하게 말씀하셨습니다.

"한 사람이 두 주인을 섬기지 못할 것이니 혹 이를 미워하고 저를 사랑하거나 혹 이를 중히 여기고 저를 경히 여김이라 너희가 하나님과 재물을 겸하여 섬기지 못하느니라" 마 6:24

소유를 초월할 수 있는 길은 자족하는 비결을 배우는 것입니다. 어느 정도에 자족할 줄 아는 것입니다. 욕심을 제어할 줄 아는 것이 영성 훈련입니다. 돈은 우리 삶의 수단이 되어야 하며, 목적이 되어서는 안 됩니다. 돈 때문에 순수한 사랑이 다 사라졌습니다. 함께 살고 있는 남편과 아내가 돈을 벌어 오지 않아도 순수하게 사랑할 수 있는지 생각해 보십시오. 돈 때문에 악해지고, 돈 때문에 사나워지는 것이 인생입니다. 돈을 무시하지는 마십시오. 그렇다고 돈을 사랑해서도 안 됩니다. 돈 자체가 문제가 아니라 돈을 사랑하는 것이 일만 악의 뿌리가 됩니다.

"돈을 사랑하지 말고 있는 바를 족한 줄로 알라 그가 친히 말씀하시기를 내가 결코 너희를 버리지 아니하고 너희를 떠나지 아니하리라 하셨느니라" 히 13:5

이 땅의 소유보다 더 귀한 소유를 아는 사람은 이 땅의 소유를 초월할 수 있습니다. 영원한 기업을 소유한 사람은 이 땅의 소유를 초월해서 담대히 살 수 있습니다.

"너희가 갇힌 자를 동정하고 너희 소유를 빼앗기는 것도 기쁘게 당한 것은 더 낫고 영구한 소유가 있는 줄 앎이라 그러므로 너희 담대함을 버리지 말라 이것이 큰 상을 얻게 하느니라" 히 10:34-35

가장 무서운 것은 탐욕입니다. 돈에 늘 목말라 하는 것입니다. 돈에 집착하는 것입니다. 모든 것을 돈으로 보고 판단하는 것입니다. 만족을 모르며 더 많은 재물에 집착하는 것은 비극으로 가는 길입니다. 결국 파멸과 멸망에 이르게 됩니다.

"부하려 하는 자들은 시험과 올무와 여러 가지 어리석고 해로운 욕심에 떨어지나니 곧 사람으로 파멸과 멸망에 빠지게 하는 것이라 돈을 사랑함이 일만 악의 뿌리가 되나니 이것을 탐내는 자들은 미혹을 받아 믿음에서 떠나 많은 근심으로써 자기를 찔렀도다" 딤전 6:9-10

셋째, 고난을 자처한 사람을 세상이 감당하지 못합니다.

"또 어떤 이들은 조롱과 채찍질뿐 아니라 결박과 옥에 갇히는 시련도 받았으며 돌로 치는 것과 톱으로 켜는 것과 시험과 칼로 죽임을 당하고 양과 염소의 가죽을 입고 유리하여 궁핍과 환난과 학대를 받았으니" 히 11:36-37

세상이 감당하지 못한 믿음을 가진 사람들은 한결같이 고난의 사람들이었습니다. 그들은 조롱을 당했습니다. 채찍질을 당하고 결박과 옥에 갇히는 시련도 받았습니다. 예레미야는 사람들의 조롱을 받았습니다. 결박을 당하고 옥에 갇혔습니다. 수많은 순교자들은 돌에 맞아 죽었습니다. 전승에 의하면 이사야는 톱에 잘려 죽임을 당했다고 합니다. 수많은 사람들이 칼에 의해 죽임을 당했습니다. 양과 염소의 가죽을 입고 유리했습니다. 그들은 세상의 안락함을 포기했습니다. 환난을 당했습니다. 학대를 받았습니다. 학대는 인격적으로 모욕을 당하는 것을 의미합니다. 지금도 수많은 그리스도인들이 순교를 당하고 있습니다. 순교자의 삶을 살고 있습니다.

고난을 자처하면서 순교자의 삶을 산다는 것은 결코 쉬운 일이 아닙니다. 옥중에서 《천로역정》을 쓴 존 번연은 고난을 자처한 사람이었습니다. 그는 평신도 설교자였습니다. 그 당시 영국 국교회는 비(非)국교회 사람들을 핍박했습니다. 존 번연은 영국 국교회가 인정하지 않은 설교자였습니다. 영국 국교회는 존 번연이 설교하는 것을 막기 위해 감옥에 집어넣었습니다. 그가 설교하지 않겠다고 약속하면 당장 풀려날 수 있었습니다. 하지만 그는 복음을 전하는 것을 포기할 수 없어서 감옥에 남기를 자처했습니다. 그것은 결코 쉬운 일이 아니었습니다.

존 번연은 12년간이나 그의 신앙을 지키기 위해 감옥살이를 했습니다. 자신의 주장을 철회하고 설교를 포기하라는 요구에 번연은 이렇게 대답했습니다.

> 내가 내 양심을 난도질해서 푸줏간에 팔아먹지 않는 한, 틀림없이 어떤 이들이 바라는 바대로 내 눈을 뽑아내고 소경에게 길 안내를 받지 않는 한, 나는 전능하신 하나님을 나의 도움이자 방패로 삼아 만일 이 연약한 목숨이 끊어지지 않고 오래 지속된다 해도 내 믿음과 원칙을 저버리느니 차라리 내 눈썹에서 이끼가 자랄 때까지 고난을 받기로 결심했다.(존 파이퍼,《고난의 영웅들》, 부흥과개혁사, 67쪽 재인용)

존 번연의 이런 결심은 결코 쉬운 것이 아니었습니다. 그는 아내와

불쌍한 자녀들을 생각하면서 다음과 같은 글을 남겼습니다. 그의 자녀 가운데는 시각 장애인이 있었습니다.[1]

존 번연이 조롱과 학대와 핍박과 환난 중에도 믿음을 지키고 《천로역정》을 쓸 수 있었던 것은 하나님을 사랑했기 때문입니다. 또한 그가 읽었던 《기독교 순교사화》라는 책 때문입니다. 《기독교 순교사화》는 존 폭스(John Foxe)가 11년에 걸쳐 기독교의 순교 역사를 쓴 책입니다. 이 책에는 사도들의 순교로 시작해서 예수님을 믿는 신앙을 지키기 위해 순교한 믿음의 사람들에 대한 이야기를 기록하고 있습니다.[2]

히브리서를 기록한 목적은 그 당시에 예수님을 믿는 신앙 때문에 핍박을 받고 있는 초대 그리스도인들을 위로하고 격려하기 위해서입니다. 또한 어떤 환난과 핍박에도 낙심하지 말고 예수님을 믿을 것을 권면하기 위한 것입니다. 히브리서 11장 마지막 부분에 나오는 믿음의 사람들의 모습은 초대 교회 당시에 이미 그들이 알고 있는 이야기였습니다. 초대 교회 최초의 핍박은 A. D. 67년 로마의 다섯 번째 황제 네로의 치하에서 시작되었습니다. 그는 아주 잔인한 방법으로 그리스도인들을 핍박했습니다.[3]

예수님을 사랑했던 믿음의 사람들은 신앙을 지키기 위해 불이익을 당하는 것을 감수했습니다. 로마 황제 디오클레티아누스의 양자 갈레리우스는 아주 잔인하게 예수님을 믿는 사람들을 핍박했습니다. 그것은 A. D. 303년 2월 23일에 시작되었습니다. 그때 순교를 당한 사람 가운데 달마티아 사람 테오도투스가 있었습니다. 그는 엔리사에서 여관을 하면서 괴로움을 당하는 사람들을 도와주는 데 많은 재산을 썼습니다. 나중에 그가 사는 지역을 관할했던 총독 테오테크누스는 그리스도인들을 감금하고 재산을 몰수했습니다. 총독은 테오도투스에게 믿음을 버리면 목숨을 구할 수 있다고 말했습니다. 하지만 테오도투스는 총독의 권유를 거절하고 그들이 섬기는 우상을 경멸했습니다. 그 후 그가 어떻게 순교했는지에 대해 존 폭스는 다음과 같이 기록하고 있습니다.

> 그리하여 테오도투스는 채찍에 맞고 갈고리에 찢기어 고문대 위에 놓여졌다. 그런 뒤 식초가 그의 상처 위에 부어졌고 그의 살은 활활 타오르는 횃불로 지져졌으며 이는 모두 뽑혔다. 그러고 나서 그는 감옥에 갇혔다. 닷새 뒤에 그는 감옥에서 끌려 나와 고통을 당한 뒤에 목이 잘렸다. (존 폭스, 《기독교 순교사화》, 생명의말씀사, 36쪽)

구약의 믿음의 사람들을 비롯해서 초대 교회 성도들이 환난과 핍박 중에도 신앙을 지킬 수 있었던 이유가 무엇일까요? 하나님이 그들에게 더 좋은 것을 예비하신 것을 알았기 때문입니다.

초월 신앙을 가진 사람은 더 좋은 것을 바라봅니다

세상이 감당하지 못한 믿음을 가진 사람들이 바라보았던 것은 더 좋은 것입니다. 고난 중에도 구차히 풀려나기를 원하지 않았던 사람들이 원했던 것은 더 좋은 부활이었습니다.

"어떤 이들은 더 좋은 부활을 얻고자 하여 심한 고문을 받되 구차히 풀려나기를 원하지 아니하였으며" 히 11:35

히브리서 11장 마지막을 보면 하나님이 더 좋은 것을 예비하셨다고 말합니다.

"하나님이 우리를 위하여 더 좋은 것을 예비하셨은즉" 히 11:40

하나님이 예비하신 더 좋은 것은 무엇일까요? 이 세상의 부요, 쾌락, 지위, 권세, 안락함마저도 포기할 수 있게 만드는 '더 좋은 것'은 무엇일까요? 분명 하나님이 예비하신 '더 좋은 것'은 순교자의 길을 걸어갔던 믿음의 사람들이 포기할 수 있던 모든 것보다 더 좋은 것임이 틀림없습니다. 그것은 최고의 것이며, 그것은 본질적이며, 그것은 궁극적인 것임이 틀림없습니다. 그것은 영광스러운 것이며, 아름다운 것이며, 기쁨을 주는 것임이 틀림없습니다. 우리는 하나님을 믿는 사람들이 고난당하고, 순교한 이야기를 들을 때 심각해지고 침울해집니다. 하지만 그들에게는 세상이 알 수 없는 비밀스런 기쁨과 평강과 소망이 있었음을 알아야 합니다. 그 비밀은 무엇이었을까요? 그것은 하나님이 예비하신 약속이었습니다.

"이 사람들은 다 믿음으로 말미암아 증거를 받았으나 약속된 것을 받지 못하였으니 이는 하나님이 우리를 위하여 더 좋은 것을 예비하셨은즉 우리가 아니면 그들로 온전함을 이루지 못하게 하려 하심이라" 히 11:39-40

히브리서 11장 39절을 보면 "이 사람들"이라는 말씀이 나오고 40절에는 "우리"라는 말씀이 나옵니다. "이 사람들"은 누구를 의미하며, "우리"는 누구를 의미하는 것일까요? 이 말씀을 잘 살펴보면 "이 사람들"은 구약에 나오는 믿음의 사람들을 의미한다고 볼 수 있습니다. 반면에 "우리"는 예수님이 오신 후에 예수님을 믿은 사람들을 의미합니다. 예수님이 오시기 전에 하나님을 믿었던 "이 사람들"은 믿음으로 말미암아 증거를 받았지만 "약속된 것"을 받지 못했습니다. 이 말씀에 나오는 "약속된 것"은 무엇일까요? 그것은 예수 그리스도를 의미합니다.

하나님의 약속 가운데 가장 근본적인 약속이 있습니다. 그 약속은 다윗의 후손으로 오신 예수 그리스도입니다.

"폐하시고 다윗을 왕으로 세우시고 증언하여 이르시되 내가 이새의 아들 다윗을 만나니 내 마음에 맞는 사람이라 내 뜻을 다 이루리라 하시더니 하나님이 약속하신 대로 이 사람의 후손에서 이스라엘을 위하여 구주를 세우셨으니 곧 예수라" 행 13:22-23

하나님의 약속은 예수 그리스도에게 초점을 두고 있습니다. 구약의 성도들은 하나님의 약속을 바라보았습니다. 곧 예수 그리스도를 바라보았습니다. 하나님의 약속의 본체이신 예수님을 멀리서 바라보았지만 그 약속을 받지 못했습니다. 하지만 신약시대에 속한 우리는 하나님의 약속이신 예수님을 모시게 되었습니다. 그 약속을 받은 바 되었습니다. 그 예수님은 죽은 자 가운데서 부활하신 주님이십니다. 또한 우리에게 더 좋은 부활을 주실 수 있는 분입니다.

"우리도 조상들에게 주신 약속을 너희에게 전파하노니 곧 하나님이 예수를 일으키사 우리 자녀들에게 이 약속을 이루게 하셨다 함이라 시편 둘째 편에 기록한 바와 같이 너는 내 아들이라 오늘 너를 낳았다 하셨고 또 하나님께서 죽은 자 가운데서 그를 일으키사 다시 썩음을 당하지 않게 하실 것을 가르쳐 이르시되 내가 다윗의 거룩하고 미쁜 은사를 너희에게 주리라 하셨으며" 행 13:32-34

하나님은 구약의 성도들에게 하나님의 약속이신 예수 그리스도를 바라보게 하셨습니다. 하지만 그들은 온전함을 경험하지 못했습니다. 그들이 경험하지 못한 온전함을 신약의 성도들은 예수님의 구속을 통해 경험하게 되었습니다.

예수님을 통해 온전한 용서가 임했습니다.

구약의 성도들은 장차 오실 예수님의 그림자를 보았습니다. 구약의 성도들은 죄사함을 받기 위해 어린 양을 잡아 피를 흘림으로 용서를 받았습니다. 짐승의 피로 죄는 용서되었지만 그 죄를 온전히 없애지는 못했습니다. 온전함에 이르지 못한 것입니다. 하지만 예수님이 오셔서 친히 십자가에 죽으시고 피 흘려 주심으로 죄 용서를 받을 뿐만 아니라 죄를 온전히 없애 주셨습니다. 그리함으로 온전함에 이르게 해 주신 것입니다.

예수님을 통해 온전한 의가 임했습니다.

구약의 성도들은 죄 용서를 받았지만 온전한 의로움에 이를 수 없었습니다. 하지만 신약의 성도들은 예수님의 의를 전가 받음으로 온전히 의롭게 되었습니다. 사람은 결코 자신의 노력과 선행으로 의로울 수 없습니다. 성경은 의인은 없나니 하나도 없다고 선언하고 있습니다(롬 3:10). 오직 예수님을 통해, 오직 예수님을 믿음으로 의롭게 될 수 있습니다. 예수님을 통해 받게 된 칭의는 불완전한 것이 아닙니다. 온전한 것입니다. 완전한 것입니다. 그 이유는 우리의 더러운 의, 불완전한 의가 아니라 예수 그리스도의 온전한 의를 우리가 전수 받은 까닭입니다.

더 놀라운 사실이 있습니다. 하나님의 약속이신 예수님의 구속으로 말미암아 구약의 성도들까지 온전함에 이르게 된 것입니다. 구약의 성도들은 짐승의 피로 용서를 받았지만 죄가 여전히 남아 있었기 때문에 불완전한 상태에 놓여 있었습니다. 하지만 그들이 멀리서 바라보았던 예수님이 오심으로, 그들의 죄까지도 예수님의 피로 사함을 받을 뿐만 아니라 온전히 없이 함을 받게 된 것입니다. 이 사실을 히브리서는 아주 명백하게 밝히고 있습니다.

"염소와 송아지의 피로 하지 아니하고 오직 자기의 피로 영원한 속죄를 이루사 단번에 성소에 들어가셨느니라 염소와 황소의 피와 및 암송아지의 재를 부정한 자에게 뿌려 그 육체를 정결하게 하여 거룩하게 하거든 하물며 영원하신 성령으로 말미암아 흠 없는 자기를 하나님께 드린 그리스도의 피가 어찌 너희 양심을 죽은 행실에서 깨끗하게 하고 살아 계신 하나님을 섬기게 하지 못하겠느냐" 히 9:12-14

예수님을 통해 온전한 기업을 받게 되었습니다.

하나님이 예수님의 피로 우리 죄를 온전히 정결하게 하실 뿐만 아니라 온전한 기업까지 얻게 하셨습니다.

"이로 말미암아 그는 새 언약의 중보자시니 이는 첫 언약 때에 범한 죄에서 속량하려고 죽으사 부르심을 입은 자로 하여금 영원한 기업의 약속을 얻게 하려 하심이라" 히 9:15

하나님께서 믿음의 사람들에게 주신 것은 영원한 기업입니다. 영원한 기업은 온전한 기업입니다. 영원하지 않은 것은 온전할 수 없습니다. 오직 영원한 기업만이 온전하며, 온전한 기업은 영원합니다. 온전한 기업은 흔들리지 않는 하나님 나라입니다. 세상 나라는 온전하지 않습니다. 늘 흔들립니다. 하지만 하나님 나라는 온전한 나라입니다. 그런 까닭에 우리가 기쁨으로 하나님을 섬길 수 있는 것입니다.

"그러므로 우리가 흔들리지 않는 나라를 받았은즉 은혜를 받자 이로 말미암아 경건함과 두려움으로 하나님을 기쁘시게 섬길지니" 히 12:28

더 좋은 것을 아는 사람은 덜 좋은 것을 내려놓을 줄 압니다. 믿음의 사람들은 더 좋은 약속, 더 좋은 것을 알았고 바라보았기 때문에 세상이 제공해 주는 것들을 내려놓을 수 있었습니다. 이 세상이 주는 것들을 받기 위해 구차히 행동하지 않았던 것입니다.

그리스도를 보면 초월 신앙이 생깁니다

여기서 하나님의 백성들이 경험한 것은 예수 그리스도의 영광을 바라보는 기쁨입니다. 예수 그리스도의 영광을 본 사람들은 초월 신앙을 갖게 됩니다. 그 영광을 보여 주는 분은 성령님이십니다. 그 영광을 볼 때 경험하는 것이 말할 수 없는 즐거움입니다. 이 기쁨은 세상이 주는 쾌락보다 차원 높은 것입니다. 더 깊고 높은 기쁨입니다. 영원한 기쁨입니다. 많은 사람들이 이 세상이 약속하는 짧은 쾌락 때문에 진정한 즐거움을 경험하지 못한 채 살아가고 있습니다.[4]

우리는 예수님을 믿으면서도 이 세상에 사는 동안 슬픔을 겪을 수 있습니다. 우울해질 수 있습니다. 고통 중에 거할 수 있습니다. 하지만 우리 그리스도인들의 삶을 붙잡고 있는 것은 예수 그리스도의 영광을 바라보는 중에 경험하는 기쁨입니다. 이 기쁨은 예수님 안에 있는 기쁨입니다. 예수님을 사랑하는 기쁨입니다. 예수님을 사랑하는 기쁨은 인간이 경험할 수 있는 최상의 기쁨입니다. 헨리 스쿠갈(Henry Scougal)의 말을 가슴에 새기십시오.

― 최고로 황홀한 기쁨과 인간이 경험할 수 있는 가장 견실하고 본질적인 기쁨은 적절한 대상을 향한 애정으로부터 생겨난다.

우리는 가장 적절한 대상이신 예수님을 사랑하는 사람들입니다. 그런 까닭에 최고 황홀한 기쁨을 경험할 수 있습니다. 헨리 스쿠칼은 사람은 자신이 사랑하는 대상을 닮게 된다고 말합니다.

― 하잘 것 없고 천박한 것을 사랑하는 사람은 그것에 의해 상스럽고 천하게 된다. 그러나 고상하고 적절한 대상을 향한 애정은 그 영혼이 사랑하는 것의 완전성을 닮아가도록 그것을 향상시키고 진보시킨다.

사람들은 너무 천박한 것을 사랑한 까닭에 상스럽고 천한 모습을 지니게 됩니다. 하지만 그리스도의 제자들은 예수님을 사랑의 대상으로 택한 까닭에 예수님의 모습을 닮게 됩니다. 또한 예수님이 주신 기쁨으로 충만하게 됩니다. 예수님이 주신 기쁨은 성령님을 통해 경험하는 천상의 기쁨입니다. 어느 날, 어느 순간 문득 찾아온 예기치 않은 기쁨입니다. 이 기쁨을 경험한 사람들은 더 이상 이 세상의 쾌락이나 세상의 짧은 행복에 기대지 않게 됩니다. 예수님의 제자들은 예수님의 영광을 보았습니다. 그 영광이 주는 기쁨을 경험했습니다. "말씀이 육신이 되어 우리 가운데 거하시매 우리가 그의 영광을 보니 아버지의 독생자의 영광이요 은혜와 진리가 충만하더라" 요 1:14

성령님의 도우심을 받은 그리스도인들은 예수님의 영광을 보게 되었습니다. 이 영광은 육의 눈으로 볼 수 있는 것이 아닙니다. 인간의 지성으로 알 수 있는 것이 아닙니다. 인간의 감각으로 감지할 수 있는 것이 아닙니다. 성령님의 계시로 말미암아 볼 수 있고, 알 수 있고, 느낄 수 있는 것입니다.

"우리가 다 수건을 벗은 얼굴로 거울을 보는 것같이 주의 영광을 보매 그와 같은 형상으로 변화하여 영광에서 영광에 이르니 곧 주의 영으로 말미암음이니라" 고후 3:18

육의 눈으로 보지 못하지만 영의 눈으로 예수님을 바라보고 믿는 사람들은 영광스러운 즐거움으로 기뻐하게 됩니다.

"예수를 너희가 보지 못하였으나 사랑하는도다 이제도 보지 못하나 믿고 말할 수 없는 영광스러운 즐거움으로 기뻐하니" 벧전 1:8

가장 탁월한 영혼은 하나님을 사랑하고 하나님을 즐거워하는 영혼입니다. 기독교는 내면 세계에만 집중하도록 만들지 않습니다. 어떤 철학자들은 오직 내면 세계에만 집중하라고 말합니다. 세상이 어떻게 돌아가든지 상관하지 말라고 합니다. 또한 외부의 어떤 상황에서도 내면만 가꾸면 된다고 말합니다. 모든 것은 내면에 있는 마음에서 이루어진다고 말합니다. 하지만 기독교는 그렇게 말하지 않습니다. 기독교는 내면의 세계도 중요하지만 우리 밖의 세계, 또한 하나님의 나라와 그의 영광이 중요하다는 사실을 가르칩니다. 자기만 바라보고, 자기 내면만 바라보는 것은 이기적입니다. 그것은 바람직하지 않습니다. 자기라는 감옥에 갇혀 사는 것을 의미합니다. 진정한 자아 발견은 관계 속에서 이루어집니다. 참된 기쁨은 어느 순간에 밖에서 안으로 침투하는 것입니다. 하늘에서 기쁨이 임하는 것이요, 예수님을 통해 경험하는 기쁨이 그리스도인들이 경험하는 기쁨입니다.[5]

우리는 예수님을 영접하기 전까지 자아의 노예가 되어 살았습니다. 하지만 예수님을 영접한 순간 하늘의 기쁨을 누리게 되었습니다. 천지를 만드신 하나님의 영광을 바라보게 되었습니다. C. S. 루이스(C. S. Lewis)는 이런 기쁨을 경험한 후에 변화된 사람입니다. 그가 말콤에게 보낸 편지에서 그 기쁨에 대해 이렇게 기록했습니다.

> 감사는 몹시 감탄하며 이렇게 외치네. "제게 이것을 주시다니 하나님은 참으로 좋으신 분입니다." 경외는 이렇게 말하지. "멀리서 잠시 반짝이는 빛이 이 정도라면 도대체 그분은 어떤 존재이신가!" 우리 마음이 햇살을 거슬러 태양으로 달려가는 것이네.
> 나는 모든 즐거움을 하나님의 현현으로 보려 하네. 항상 그렇게 할 수만 있다면, 하나님이 주신 것으로 받아들일 수 없을 만큼 너무 평범하거나 진부한 즐거움이란 없을 걸세. 창문을 열고 내다보는 순간 뺨 전체를 스치는 공기의 첫 맛은 물론이고, 잠잘 때 신는 슬리퍼의 부드러운 감촉도 예외가 아니네.
> (C. S. 루이스, 《개인기도(말콤에게 보내는 편지)》, 홍성사, 135쪽)

그리스도의 영광을 본다는 것은 창조주의 영광을 본다는 것입니다. 예수님은 모든 만물을 만드신 분입니다. 또한 그리스도의 영광을 본다는 것은 구세주의 영광을 본다는 것입니다. 예수님은 그의 피로 우리를 구원하셨습니다. 예수님은 창조주이면서 구세주입니다. 이 사실을 알고 나면 예수님의 영광을 십자가와 부활에서만 보는 것이 아니라 예수님이 만드신 모든 만물 가운데서 보게 됩니다. 작은 들풀을 바라보면서 들풀을 만드신 하나님의 솜씨에 경이감을 느끼며 감탄하게 됩니다. 그때 경험하는 신비로운 기쁨은 천상의 기쁨입니다.

이 말씀의 앞부분에서 고난과 순교에 대해 이야기했습니다. 고난과 순교에 대한 이야기를 들을 때 우리의 마음은 침울해집니다. 그 순간 우리는 기독교가 침울한 것처럼 느껴질 수 있습니다. 하지만 그렇지 않습니다. 기독교의 본질은 기쁨에 있습니다. 모든 것을 초월하는 기쁨에 있습니다.

스데반은 돌에 맞아 죽을 때 하나님의 영광과 하나님의 우편에 서신 예수님을 보았습니다. 그런 까닭에 예수님을 위해 죽을 수 있었습니다. 슬픔이 아니라 거룩한 기쁨 가운데 순교할 수 있었습니다(행 7:55-56). 스데반이 순교할 때 그를 죽이는 사람들을 용서한 것을 보십시오. 그의 모습 속에서 우리는 그가 사랑하고 증거했던 예수님의 모습을 봅니다(행 7:57-60).

예수님이 우리를 영광 가운데로 이끄십니다

히브리서가 보여 주고 싶은 것은 예수님의 영광입니다. 그래서 히브리서 서두에서 예수님을 하나님의 영광의 광채라고 선포합니다(히 1:3).

예수님은 우리를 위해 죽음의 고난을 맛보심으로 영광을 받으셨습니다. 예수님은 세상이 감당할 수 없는 주님이셨습니다. 예수님은 죽음을 초월하셨습니다. 소유를 초월하셨습니다. 예수님은 고난을 자처하셨습니다. 예수님은 조롱을 받으셨습니다. 모욕을 받으셨습니다. 채찍질을 당하셨습니다. 십자가에 못 박혀 죽으셨습니다. 예수님은 구차히 목숨을 구걸하지 않으셨습니다. 예수님은 얼마든지 십자가에서 내려오실 수 있는 분이었습니다. 하지만 예수님은 십자가의 길을 걸어가셨습니다.

예수님 안에는 세상이 줄 수 없는 기쁨이 있었습니다. 예수님은 최상의 기쁨 속에 사셨습니다. 하나님 아버지의 영광을 바라보는 기쁨 가운데 사셨습니다. 하나님 아버지의 일을 이루시는 기쁨으로 사셨습니다. 영혼을 구원하는 기쁨으로 사셨습니다. 성령님의 기쁨 안에서 사셨습니다.

왜 예수님이 고난을 받으셨을까요? 그 이유가 히브리서에 나옵니다. 우리를 예수님의 영광으로 이끄시기 위해서입니다. 히브리서 기자는 시편 8편의 말씀을 인용함으로 예수님의 영광에 대해 기록하고 있습니다.

"그러나 누구인가가 어디에서 증언하여 이르되 사람이 무엇이기에 주께서 그를 생각하시며 인자가 무엇이기에 주께서 그를 돌보시나이까" 히 2:6

이 말씀은 다윗이 사람을 돌보아 주시는 하나님을 찬양했던 시입니다. 하지만 이 말씀은 신약에서 그 신비가 드러납니다. 이 말씀은 다윗이 성령님의 감동을 받아 장차 오실 예수님에 대해 예언했다는 것입니다. 그 사실을 구체적으로 밝힌 사람이 히브리서를 쓴 성경 기자입니다.

"그를 잠시 동안 천사보다 못하게 하시며 영광과 존귀로 관을 씌우시며 만물을 그 발 아래에 복종하게 하셨느니라 하였으니 만물로 그에게 복종하게 하셨은즉 복종하지 않은 것이 하나도 없어야 하겠으나 지금 우리가 만물이 아직 그에게 복종하고 있는 것을 보지 못하고 오직 우리가 천사들보다 잠시 동안 못하게 하심을 입은 자 곧 죽음의 고난 받으심으로 말미암아 영광과 존귀로 관을 쓰신 예수를 보니 이를 행하심은 하나님의 은혜로 말미암아 모든 사람을 위하여 죽음을 맛보려 하심이라" 히 2:7-9

만물 위에서 만물을 다스리는 분은 예수님입니다. 하나님 아버지는 만물을 예수님의 발 아래에 복종하게 하셨습니다. 예수님은 죽음의 고난으로 영광과 존귀의 관을 쓰셨습니다. 히브리서 2장 10절에서 예수님이 고난의 십자가를 지신 이유가 더욱 선명하게 기록되어 있습니다.

"그러므로 만물이 그를 위하고 또한 그로 말미암은 이가 많은 아들들을 이끌어 영광에 들어가게 하시는 일에 그들의 구원의 창시자를 고난을 통하여 온전하게 하심이 합당하도다" 히 2:10

이 말씀에서 "많은 아들들"은 예수님을 믿는 하나님의 자녀들을 말합니다. 예수님은 그를 믿는 모든 사람들을 하나님의 자녀로 삼으시고, 그들을 이끌어 영광에 들어가게 하신 것입니다. 우리는 그리스도의 영광을 보았습니다. 또한 우리는 그리스도의 영광에 함께 들어가게 된 것입니다. 그런 까닭에 우리는 기뻐하게 됩니다. 감사하게 됩니다. 우리는 세상이 감당할 수 없는 믿음을 갖게 된 사람들입니다. 세상이 감당할 수 없는 믿음의 근거는 예수님을 믿는 믿음입니다.

"무릇 하나님께로부터 난 자마다 세상을 이기느니라 세상을 이기는 승리는 이것이니 우리의 믿음이니라 예수께서 하나님의 아들이심을 믿는 자가 아니면 세상을 이기는 자가 누구냐" 요일 5:4-5

하나님은 지금도 기적을 일으켜 주십니다. 표적을 보여 주십니다.

기적 믿음을 폄하하지 마십시오. 본 회퍼는 "하나님의 기적은 그리스도께서 육신을 입으신 것이다"라고 말했습니다. 그런 까닭에 기적은 바로 우리 곁에, 우리 안에 있습니다. 하지만 기적을 초월해서 믿는 초월 믿음은 대단한 믿음입니다. 하나님이 기적을 일으켜 주시지 않아도, 고난 가운데서 건져내어 주시지 않아도 감사하는 믿음이 초월 믿음입니다. 하나님이 예비하신 더 좋은 것, 더 나은 것, 최상의 것을 바라보며 사는 믿음이 초월 믿음입니다. 무엇보다 그리스도의 영광을 바라보며 즐거워하는 믿음이 초월 믿음입니다.

　예수님은 우리 안에 거하십니다. 그러므로 우리는 내면을 잘 가꾸어야 합니다. 동시에 예수님은 하나님 보좌 우편에 앉아 계십니다. 예수님의 영광의 신비입니다. 예수님의 내재성과 초월성의 완벽한 조화입니다. 그러므로 우리는 내면 세계를 소중히 여길 뿐 아니라 우리 눈이 밖을 향해 열려 있어야 합니다. 하나님이 만드신 우주 만물과 하나님이 섭리하고 계시는 이 세상을 바라볼 수 있어야 합니다. 영원한 하나님의 기업인 천국을 바라볼 수 있어야 합니다. 우리 안에 거하는 천국과 함께 예수님이 승천하신 천국을 함께 바라볼 수 있어야 합니다. 그때 우리는 하나님이 만드신 이 세상을 잘 돌볼 뿐만 아니라 영원한 천국을 갈망하며 살 수 있습니다. 기적 믿음과 초월 믿음을 함께 소유함으로 세상이 감당할 수 없는 믿음의 사람들이 되기를 바랍니다.

Chapter 15

끝까지 달려가는 믿음

히브리서 12:1-3
이러므로 우리에게 구름같이 둘러싼 허다한 증인들이 있으니 모든 무거운 것과 얽매이기 쉬운 죄를 벗어 버리고 인내로써 우리 앞에 당한 경주를 하며 믿음의 주요 또 온전하게 하시는 이인 예수를 바라보자 그는 그 앞에 있는 기쁨을 위하여 십자가를 참으사 부끄러움을 개의치 아니하시더니 하나님 보좌 우편에 앉으셨느니라 너희가 피곤하여 낙심하지 않기 위하여 죄인들이 이같이 자기에게 거역한 일을 참으신 이를 생각하라

신앙생활은 마라톤 경주와 같습니다

히브리서 기자는 12장에서 11장을 기록한 이유를 밝힙니다. 그 이유는 믿음의 경주를 계속하라는 것입니다. 히브리서를 처음 읽었던 첫 독자들은 엄청난 핍박과 고난 속에 살고 있었습니다. 그 이유는 예수님을 믿는 신앙 때문이었습니다. 그들 중에는 믿음의 길을 떠난 사람들도 있었습니다. 또 조금 뒤로 물러선 사람들도 있었습니다. 어떤 사람들은 피곤과 낙심 중에 있기도 했습니다. 히브리서 기자는 그들을 향해 뒤로 물러서지 말라고 권면합니다.

"나의 의인은 믿음으로 말미암아 살리라 또한 뒤로 물러가면 내 마음이 그를 기뻐하지 아니하리라 하셨느니라" 히 10:38

그는 그리스도인은 뒤로 물러가 멸망할 자가 아니며 영혼을 구원하는 믿음을 가진 자임을 강조하고 있습니다(히 10:39).

히브리서 기자는 거듭 뒤로 물러가서는 안 된다는 사실을 강조하면서 히브리서 11장에서 믿음의 경주를 완주한 인물들을 예로 들어 소개합니다. 그 후에 히브리서 12장에서 "이러므로"라는 말로 그리스도인들이 어떻게 신앙생활을 해야 하는지에 대해 말하고 있습니다. 좀 더 전체적인 관점에서 보자면, 히브리서 1장부터 11장까지의 모든 말씀의 결론을 짓는 말씀이 히브리서 12장과 13장입니다.

히브리서 기자는 자신이 전하고 싶은 모든 말씀을 전한 다음에 구체적으로 어떻게 적용하면 좋을지에 대해 이야기하고 있습니다. 그는 그리스도인의 신앙생활을 마라톤에 비유합니다. 놀라운 비유입니다. 놀라운 지혜가 담긴 비유이며, 놀라운 통찰력이 담긴 비유입니다.

"이러므로 우리에게 구름같이 둘러싼 허다한 증인들이 있으니 모든 무거운 것과 얽매이기 쉬운 죄를 벗어 버리고 인내로써 우리 앞에 당한 경주를 하며" 히 12:1

믿음생활이란 단거리 경주가 아닙니다. 마라톤 경주입니다. 조금 더 설명하면 일평생을 거쳐 달려야 하는 마라톤 경주입니다. 마라톤 경주에서 가장 중요한 것은 끝까지 달리는 것입니다. 사도 바울은 로마 옥중에서 그가 사랑하는 영의 아들 디모데에게 마지막 편지를 씁니다. 그 편지 속에서 신앙생활이 마라톤 경주와 같음을 보여 줍니다.

"…나의 떠날 시각이 가까웠도다 나는 선한 싸움을 싸우고 나의 달려갈 길을 마치고 믿음을 지켰으니 이제 후로는 나를 위하여 의의 면류관이 예비되었으므로…" 딤후 4:6-8

그는 "나의 달려갈 길을 마치고 믿음을 지켰으니"라고 말합니다. 바울은 그의 인생이란 경주를 잘 마쳤다고 말합니다. 또한 그의 믿음을 끝까지 지켰다고 말합니다. 어떻게 하면 우리가 사도 바울처럼, 믿음장에 나오는 믿음의 영웅들처럼 신앙의 경주를 완주할 수 있을까요?

목표가 분명할 때 완주할 수 있습니다

경주에는 결승점이 있습니다. 목표를 향해 달리는 것이 마라톤 경주입니다. 바울은 앞에 있는 푯대를 향해 달렸다고 말합니다.

"…오직 한 일 즉 뒤에 있는 것은 잊어버리고 앞에 있는 것을 잡으려고 푯대를 향하여 그리스도 예수 안에서 하나님이 위에서 부르신 부름의 상을 위하여 달려가노라" 빌 3:13-14

그가 바라보았던 푯대는 무엇이었을까요? 히브리서 기자가 그 당시 성도들과 우리에게 바라보라고 권면하는 푯대는 무엇일까요? 예수 그리스도입니다. 우리의 목표는 예수 그리스도입니다. 예수님을 알고 예수님의 장성한 분량에 이르도록 성장하는 것입니다. 예수님을 바라보는 중에 예수님을 닮아가는 것이 우리의 목표입니다.

"우리가 다 하나님의 아들을 믿는 것과 아는 일에 하나가 되어 온전한 사람을 이루어 그리스도의 장성한 분량이 충만한 데까지 이르리니" 엡 4:13

무거운 것을 벗을 때 완주할 수 있습니다

"모든 무거운 것과 얽매이기 쉬운 죄를 벗어 버리고" 히 12:1

마라톤을 하는 사람은 몸이 가벼워야 합니다. 가벼워야 오랫동안 멀리까지 달릴 수 있습니다. 신앙의 마라톤도 마찬가지입니다. 가벼워야 끝까지 뛸 수 있습니다. 그런 까닭에 모든 무거운 것과 얽매이기 쉬운 죄를 벗어 버리라고 권면합니다. 마라톤을 하는 사람이 냉장고를 등에 지고 뛸 수는 없습니다. 에베레스트 산을 등반하는 사람도 꼭 필요한 것 외에는 모든 짐을 내려놓아야 합니다.

우리로 하여금 신앙의 경주를 할 수 없도록 방해하는 것이 있습니다. 무거운 것과 얽매이기 쉬운 죄를 벗어 버려야 합니다. 무거운 죄짐은 오직 십자가 앞에 나아갈 때 벗어질 수 있습니다. 히브리서는 우리의 죄가 예수님의 피로 깨끗하게 되었다는 사실을 강조합니다. 예수님이 우리의 죄 짐을 대신 담당하시고, 예수님의 모든 죄를 도말하셨다는 사실을 강조합니다. 존 번연이 쓴 《천로역정》은 영적 순례자의 삶을 잘 보여 주는 탁월한 작품입니다. 크리스천이 천국을 향해 떠날 때 그의 등 뒤에는 무거운 죄 짐이 있었습니다. 그 짐이 십자가 앞에서 가벼워집니다.[1]

십자가 앞으로 나아갔을 때 죄 짐만 사라진 것이 아닙니다. 하나님이 그의 더러운 옷을 벗겨 주시고, 예수님의 의의 옷을 입혀 주셨습니다. 또한 하나님의 자녀가 되었다는 인을 쳐 주셨습니다. 그리고 순례의 길을 갈 때 나침반과 지도가 되어 줄 성경을 선물로 주셨습니다. 신앙의 경주를 하는 사람에게 성경이 어두운 길을 비추는 빛이 되고, 낙심될 때 격려해 주는 능력이 됩니다.

무거운 죄와 탐욕은 큰 장애물입니다. 새는 비상하기 위해 뼛속까지 비웁니다.

> ─ 새가 본성상 위로 올라갈 수 있는 것은 허약함이 곧 힘이기 때문이다. 완벽한 힘 안에는 일종의 가벼움, 스스로 공중에 있을 수 있는 경쾌함이 있다. …위대한 성자들의 특징은 가벼워질 수 있는 능력이라고 말할 수도 있다. 천사들이 날 수 있는 것은 그들 자신을 가볍게 여길 수 있기 때문이다. (G. K. 체스터턴, 《정통》, 아바서원, 264쪽)

피곤과 낙심을 극복해야 완주할 수 있습니다

마라톤 경주는 힘든 경주입니다. 42.195킬로미터를 달려야 하는 장거리 경주입니다. 경주에서 위험한 것은 피곤과 낙심입니다. 히브리서 기자는 그 사실을 분명히 알고 있습니다.

"너희가 피곤하여 낙심하지 않기 위하여 죄인들이 이같이 자기에게 거역한 일을 참으신 이를 생각하라" 히 12:3

피곤과 낙심을 극복해야 합니다. 피곤과 낙심이 없을 수는 없습니다. 하지만 피곤과 낙심을 극복하는 법을 배워야 합니다. 믿음의 사람들은 모두 피곤과 낙심을 경험했습니다. 그럼에도 불구하고 신앙의 경주를 계속했습니다.

마라톤 용어 중에 데드 포인트(Dead Point)라는 것이 있습니다. 마라톤 선수가 목표를 향해 달리다 심장이 파열할 것 같은 고통과, 숨이 막혀 달릴 수 없을 것 같은 극심한 순간을 말합니다. 보통 41.195킬로미터가 되는 지점이라고 합니다. 고도로 훈련된 선수가 아니면 이 데드 포인트에서 포기하고 만다고 합니다. 이 데드 포인트를 극복하는 것은 체력의 문제만 아니라 정신력이 중요하다고 합니다. 이 고비를 넘기면 다시 힘이 나고 마음이 편안해진다고 합니다.

경주를 지속하기 위해서는 데드 포인트를 극복할 수 있는 힘을 공급받아야 합니다. 이때 중요한 것이 격려입니다. 히브리서 12장 1절은 믿음의 경주를 하는 사람들을 격려하는, 구름같이 둘러싼 허다한 증인들이 있다고 말합니다.

"이러므로 우리에게 구름같이 둘러싼 허다한 증인들이 있으니"
히 12:1상

이 증인들은 구경꾼들이 아닙니다. 이 증인들은 신앙의 경주를 완주한 사람들입니다. 모든 시련과 역경을 이겨 내고, 끝까지 믿음을 지켰던 믿음의 사람들을 의미합니다. 그들은 이미 그 길을 앞서 달려간 사람들입니다. 그런 까닭에 그들의 격려는 큰 힘이 됩니다. 격려라는 말은 '용기를 넣어 주다'는 뜻을 가지고 있습니다. 격려를 받을 때 우리는 힘이 납니다. 격려를 받을 때 우리는 포기하려고 했던 경주를 다시 지속하게 됩니다. 그런 까닭에 믿음의 공동체가 필요합니다. 서로를 사랑으로 격려해 주는 믿음의 공동체가 필요합니다(히 10:24). 우리를 격려하는 것은 믿음의 사람들입니다. 또한 우리를 지속적으로 격려하는 분이 계십니다. 바로 예수님입니다.

"믿음의 주요 또 온전하게 하시는 이인 예수를 바라보자 그는 그 앞에 있는 기쁨을 위하여 십자가를 참으사 부끄러움을 개의치 아니하시더니 하나님 보좌 우편에 앉으셨느니라" 히 12:2

예수님은 믿음의 주가 되십니다. 또 온전하게 하시는 분입니다. 믿음의 주라는 말씀은 믿음의 선구자라는 뜻입니다. 믿음의 창시자이시며, 믿음의 개척자입니다. 앞서 가신 분이라는 뜻입니다. 예수님은 우리와 똑같이 고난을 받으셨습니다. 우리가 겪어야 하는 모든 고통과 피곤과 낙심을 겪으신 분입니다. 경주하는 사람에게 중요한 것은 인내입니다. 오래 참는 것입니다. 피곤과 낙심 중에도 인내하는 것입니다. 끝까지 견디는 것입니다. 인내로써 당한 경주를 경주해야 완주할 수 있습니다(히 12:1).

예수님은 믿음의 선구자로서 인내의 모범을 보여 주신 분입니다. 예수님은 십자가를 참으셨습니다.

"십자가를 참으사 부끄러움을 개의치 아니하시더니" 히 12:2

예수님은 십자가에서 모욕을 당하셨습니다. 옷을 빼앗기셨습니다.

로마 병정이 채찍으로 때렸습니다. 상처를 받았습니다. 사람들은 침을 뱉었습니다. 극한 수치를 당하셨습니다. 사람들이 십자가에서 내려와 보라고 조롱했습니다. 예수님은 그 모든 것을 참으셨습니다. 우리를 위해, 우리 죄를 담당하시기 위해 참으셨습니다. 앞에 있는 즐거움을 바라보며 참으셨습니다.

예수님은 믿음의 주시며, 또한 온전하게 하시는 분입니다. 온전하게 한다는 말은 시작한 것을 끝맺도록 도와준다는 뜻입니다. 시작한 것을 완결하게 해 주신다는 것입니다. 시작한 경주를 끝까지 마칠 수 있도록 도와주는 분이라는 뜻입니다. 그렇게 할 수 있는 분은 오직 예수님뿐입니다.

"너희 안에서 착한 일을 시작하신 이가 그리스도 예수의 날까지 이루실 줄을 우리는 확신하노라" 빌 1:6

우리의 눈이 처음에는 우리를 격려하는 허다한 증인들을 바라보게 됩니다. 하지만 우리의 눈이 고정해야 할 분을 만납니다. 그분은 예수님입니다. '예수님을 바라보라'는 말의 뜻은 우리의 눈을 예수님께 고정하라는 뜻입니다. 영어성경을 보면 'fix our eyes on Jesus'라고 번역되어 있습니다. 왜 우리가 예수님께 우리의 눈을 고정시켜야 할까요? 그 이유는 예수님이 우리의 목표이기 때문입니다. 우리의 눈을 예수님께 고정할 때 우리는 예수님의 영광과 그 아름다움을 볼 수 있습니다. 예수님의 영광을 바라볼 때 그 영광에 이끌려 믿음의 경주를 완주할 수 있습니다.

예수님의 아름다움을 볼 때 완주할 수 있습니다

히브리서는 예수님에 대해 기록하고 있습니다. 믿음의 사람들을 기록한 까닭도 예수님을 증거하기 위해서입니다. 예수님을 알고 예수님을 믿는다는 것이 얼마나 영광스러운가를 보여 주기 위해 히브리서를 기록한 것입니다.

우리는 예수님을 믿지만 예수님의 영광을 잘 모를 수 있습니다. 예수님의 영광이란 예수님이 누구인지를 알 때 선명하게 드러납니다. 예수님의 영광 속에 예수님의 아름다움이 담겨 있습니다. 다윗은 하나님의 아름다움을 바라보며 그를 사모하는 것을 최상의 행복으로 여겼습니다.

"내가 여호와께 바라는 한 가지 일 그것을 구하리니 곧 내가 내 평생에 여호와의 집에 살면서 여호와의 아름다움을 바라보며 그의 성전에서 사모하는 그것이라" 시 27:4

그는 하나님의 아름다움을 본 사람입니다. 그런 까닭에 하나님을 사모했습니다. 히브리서는 예수님의 아름다움에 대해 기록하고 있습니다. 우리는 아름다움에 이끌립니다. 세상 사람들은 아름다움을 추구합니다. 하지만 세상에서 추구하는 아름다움은 결국 우리를 배신하고 말 것입니다. 우리가 아름답다고 생각했던 사람들이 얼마나 우리를 실망시키고 있습니까? 우리가 스스로 아름답게 만들기 위해 노력했던 것들이 우리를 배신합니다.

팝 가수 마이클 잭슨은 스스로가 생각하는 아름다움을 추구하기 위해 수많은 성형수술을 했습니다. 하지만 그것이 그를 행복하게 해 주지 못했습니다. 세상 사람들은 돈이 많은 사람, 성공한 사람, 권력이 있는 사람, 체력이 좋은 사람, 멋있는 사람들에게 매력을 느끼지만 그 사람들에게 배신을 당하는 것을 보게 됩니다. 왜냐하면 그들이 아름다움의 공급원이 되시는 하나님을 무시한 까닭입니다. 아름다움의 원천이 되시는 하나님을 경배하기보다는 세상의 권세와 부요와 재물과 외모를 숭배한 까닭입니다.[2]

C. S. 루이스는 우리를 결코 배반하지 않는 아름다움을 찾았을 때 진정한 행복을 경험했다고 고백합니다. 그 아름다움은 모든 아름다움의 원천이 되시는 예수님 안에 있었습니다.

― 내 평생에 가장 아름다운 것은 모든 아름다움이 나오는 곳을 발견하는 것이었다.

우리가 마시는 모든 물은 그 근원이 있습니다. 원천이 있습니다. 우리가 경험하는 모든 아름다움과 영광은 그 원천이 있습니다. 바로 예수 그리스도입니다. 히브리서 기자는 바로 그 영광스러운 예수님을 보았습니다. 모든 만물이 증언하고, 모든 성경이 증언하고, 모든 역사가 증언하는 예수님의 영광을 본 까닭에 그 영광을 증거하고 있습니다. 그 영광스러운 예수님을 바라보라고 권면합니다.

예수님을 바라본다는 것은 무엇을 의미할까요? 예수님께 우리의 눈을 고정시킨다는 것은 무엇을 의미할까요? 예수님을 깊이 생각하는 것을 의미합니다.

"너희가 피곤하여 낙심하지 않기 위하여 죄인들이 이같이 자기에게 거역한 일을 참으신 이를 생각하라" 히 12:3

"그러므로 함께 하늘의 부르심을 받은 거룩한 형제들아 우리가 믿는 도리의 사도이시며 대제사장이신 예수를 깊이 생각하라" 히 3:1

깊이 생각한다는 것은 예수님을 올바로 알기 위해 우리의 지각을 사용하는 것을 의미합니다. 히브리서 기자는 성도들이 지각을 사용할 것을 강력하게 권면합니다. 지각을 사용하지 않으면 미숙한 단계에 머물 수밖에 없기 때문입니다. 지각을 사용할 때 더욱 성숙한 단계로 들어갈 수 있습니다.

"때가 오래되었으므로 너희가 마땅히 선생이 되었을 터인데 너희가 다시 하나님의 말씀의 초보에 대하여 누구에게서 가르침을 받아야 할 처지이니 단단한 음식은 못 먹고 젖이나 먹어야 할 자가 되었도다" 히 5:12

"단단한 음식은 장성한 자의 것이니 그들은 지각을 사용함으로 연단을 받아 선악을 분별하는 자들이니라" 히 5:14

장성한 사람이란 성숙한 사람을 의미합니다. 그는 지각을 사용할 줄 아는 사람입니다. 지각은 분별력을 의미합니다. 지각을 사용한다는 것은 지성을 사용한다는 것을 의미합니다. 지성을 사용한다는 것은 올바른 지식을 얻기 위해 힘쓴다는 것을 의미합니다. 곧 깨달음에 이르는 것을 의미합니다. 우리가 무엇인가를 얻기 위해서는 그것을 이해해야 합니다. 그리고 우리가 추구하는 것을 이해할 때 우리는 성장할 수 있습니다. 그래서 제가 그토록 배움을 강조하는 것입니다.

> 사람들은 아무것도 이해하지 못할 때,
> 아무것도 얻을 수 없습니다.
> 또한 사람들은 어떤 지식을 얻지 못하면,
> 전혀 영적으로 성장할 수 없습니다.
> -조나단 에드워즈

우리가 보지 못하는 사람을 사랑할 수는 있지만 알지 못하는 사람은 사랑할 수 없습니다. 시각 장애인이 사랑하는 사람을 보지 못하지만 사랑합니다. 하지만 알지 못하고, 관계를 맺지 못한다면 그를 사랑할 수 없습니다.

> ─ 지식이 없는 사랑은 있을 수가 없습니다. 전혀 알지 못하는 대상을 사랑한다는 것은 인간의 성질에 합당한 일이 아닙니다. 전혀 이해가 되지 않는 대상에 마음을 기울일 수는 없는 것입니다. 영혼으로 하여금 사랑하도록 매력을 주는 이유들을 먼저 이해해야 합니다. (조나단 에드워즈,《그리스도를 아는 지식》, 지평서원, 24쪽)

우리가 예수님을 알아야 하는 이유가 여기에 있습니다. 우리가 예수님을 알 때 예수님을 사랑할 수 있습니다. 그분의 사랑에 마음을 열 수 있습니다. 예수님을 알아간다는 것은 일평생의 일입니다. 그러나 분명 예수님을 아는 것만큼 사랑하고 즐거워하게 될 것입니다. 히브리서에서 말하는 예수님은 어떤 분일까요?

첫째, 예수님의 영광은 창조주의 영광입니다.

예수님은 모든 만물을 만드신 창조주 하나님입니다. 히브리서의 시작은 하나님의 아들이신 예수님이 모든 세계를 지으신 창조주이심을 밝힙니다.

"이 모든 날 마지막에는 아들을 통하여 우리에게 말씀하셨으니 이 아들을 만유의 상속자로 세우시고 또 그로 말미암아 모든 세계를 지으셨느니라" 히 1:2

창조주이신 예수님은 하나님의 영광의 광채이십니다. 그 본체의 형상이십니다. 예수님은 모든 만물을 말씀으로 창조하셨습니다. 또한 그 능력의 말씀으로 만물을 붙들고 계십니다.

"이는 하나님의 영광의 광채시요 그 본체의 형상이시라 그의 능력의 말씀으로 만물을 붙드시며 죄를 정결하게 하는 일을 하시고 높은 곳에 계신 지극히 크신 이의 우편에 앉으셨느니라" 히 1:3

둘째, 예수님의 영광은 구속주의 영광입니다.

예수님은 우리를 죄에서 구원하신 구원자이십니다. 히브리서는 창조주로서의 예수님의 영광보다는 구속주로서의 예수님의 영광을 더 많이 다루고 있습니다. 또한 예수님이 베풀어 주신 구원이 얼마나 크고 복된 것인지를 거듭 강조하고 있습니다. 예수님은 구원의 창시자가 되십니다.

"…그들의 구원의 창시자를 고난을 통하여 온전하게 하심이 합당하도다" 히 2:10

예수님이 구원의 창시자가 된다는 말은 예수님이 구원을 창조하신 분이라는 뜻을 포함하고 있습니다. 예수님은 천지를 창조하신 분이며, 또한 우리의 구원을 창조하신 분입니다. 우리를 죄 가운데서 구원하신 유일한 구주가 되십니다. 예수님은 우리 죄를 정결하게 하시기 위해 오셨습니다. 예수님은 우리 죄를 담당하시기 위해 멜기세덱의 반차로 오신 대제사장이시면서 또한 친히 희생제물이 되셨습니다. 이것은 정말 놀라운 일입니다. 구약의 대제사장들은 짐승의 피로 속죄 제사를 드렸습니다. 그들부터 죄인이기 때문에 그들을 위한 속죄제물을 드리고, 온 백성을 위한 속제제물을 드렸습니다. 그런데 예수님은 죄가 없으신 분입니다. 그런 분이 우리 죄를 대신 담당하시고, 친히 희생제물이 되셔서 속죄제, 화목제로 하나님께 드려진 것입니다. 그리함으로 우리를 구원하신 것입니다.

셋째, 예수님의 영광은 맏아들로서의 영광입니다.

히브리서는 예수님이 하나님의 맏아들이심을 선포합니다. 구약에서 선지자들을 통하여 여러 부분과 여러 모양으로 조상들에게 말씀하신 하나님이 모든 마지막 날에는 아들을 통하여 말씀하셨다는 것입니다. 아들이신 예수님은 구약의 모든 선지자들과 다르다는 것을 보여 주는 말씀입니다. 하나님의 아들이신 예수님은 창조주가 되시며, 하나님의 영광의 광채시며, 그 본체의 형상이십니다. 하나님의 아들이신 예수님이 죄를 정결하게 하시는 일을 하시고, 높은 곳에 계신 지극히 크신 이의 우편에 앉으셨다고 선포합니다. 그런데 그 아들에 대해 증언하면서 예수님이 맏아들이심을 강조합니다.

"또 그가 맏아들을 이끌어 세상에 다시 들어오게 하실 때에 하나님의 모든 천사들은 그에게 경배할지어다 말씀하시며" 히 1:6

맏아들에 대한 예언은 시편 89편 27절에 나와 있습니다.

"내가 또 그를 장자로 삼고 세상 왕들에게 지존자가 되게 하며" 시 89:27

바울은 이 사실을 아주 강조합니다. 맏아들은 모든 사람보다 먼저 나셨다는 것을 의미합니다. 곧 머리요, 으뜸이요, 근본이라는 것을 의미합니다.

"그는 보이지 아니하는 하나님의 형상이시요 모든 피조물보다 먼저 나신 이시니" 골 1:15

"그는 몸인 교회의 머리시라 그가 근본이시요 죽은 자들 가운데서

먼저 나신 이시니 이는 친히 만물의 으뜸이 되려 하심이요" 골 1:18

하나님이 우리를 부르신 이유는 맏아들의 형상을 닮게 하시기 위함이라고 선포합니다.

"하나님이 미리 아신 자들을 또한 그 아들의 형상을 본받게 하기 위하여 미리 정하셨으니 이는 그로 많은 형제 중에서 맏아들이 되게 하려 하심이니라" 롬 8:29

이 말씀은 복음을 이해하는 데 아주 중요합니다. 성경에서 맏아들, 즉 장자는 상속자임을 강조합니다. 예수님이 맏아들이 되십니다. 그런 까닭에 예수님은 하나님의 사랑을 받는 아들이시요, 상속자가 되십니다.

"하늘로부터 소리가 있어 말씀하시되 이는 내 사랑하는 아들이요 내 기뻐하는 자라 하시니라" 마 3:17

그렇다면 예수님이 맏아들로 오셔서 우리를 위해 하신 일이 무엇일까요? 우리를 예수님의 형제로 삼으신 것입니다. 예수님의 형제가 되었다는 것은 우리도 예수님처럼 하나님의 아들, 즉 하나님의 친자녀가 되었다는 것을 의미합니다. 또한 우리가 예수님처럼 상속자가 되었다는 것을 의미합니다. 상속자란 아버지로부터 유산을 받는 것입니다. 유산은 어떻게 받을 수 있을까요? 그것은 관계로 받는 것입니다. 아버지와 아들의 관계로 받는 것입니다. 사도 바울이 하나님이 성령님을 통해 우리로 하여금 하나님을 아버지로 부르게 하셨다고 말씀합니다.

"너희는 다시 무서워하는 종의 영을 받지 아니하고 양자의 영을 받았으므로 우리가 아빠 아버지라고 부르짖느니라" 롬 8:15

이 말씀은 그 당시 로마인들의 생각을 반영한 것입니다. 로마의 한

귀족이 일평생 살면서 자녀가 없을 때 그는 한 사람을 입양합니다. 주로 자기 집에서 일했던 종들 가운데 한 사람을 선택합니다. 그 종을 선택해서 입양한 순간, 첫째, 주인과 종의 관계에서 아버지와 아들의 관계로 변화됩니다. 곧 신분이 변화된 것입니다. 둘째, 그의 아버지의 모든 재산, 즉 유산이 입양한 아들의 것이 됩니다. 엄청난 부가 한순간에 그의 것이 된 것입니다.

본래 우리는 아담의 죄로 말미암은 마귀의 자녀였습니다. 죄의 종이었습니다. 진노의 자녀였습니다. 그런데 예수님이 오셔서 우리를 대신해서 죄 짐을 담당하시고 죽으심으로 그를 믿는 자마다 하나님의 자녀가 된 것입니다. 하나님의 자녀가 된 순간, 하나님 나라의 후사, 즉 상속자가 된 것입니다.

"성령이 친히 우리의 영과 더불어 우리가 하나님의 자녀인 것을 증언하시나니 자녀이면 또한 상속자 곧 하나님의 상속자요 그리스도와 함께한 상속자니 우리가 그와 함께 영광을 받기 위하여 고난도 함께 받아야 할 것이니라" 롬 8:16-17

더욱 놀라운 사실은 우리가 예수님을 믿는 순간, 우리 모두는 장자의 대열, 즉 맏아들에 속한 바 된다는 것입니다. 또한 장자와 똑같은 사랑과 특권을 누리게 된다는 것입니다. 그리고 예수님의 영광에 함께 참여하게 된다는 것입니다.

"그러므로 만물이 그를 위하고 또한 그로 말미암은 이가 많은 아들들을 이끌어 영광에 들어가게 하시는 일에 그들의 구원의 창시자를 고난을 통하여 온전하게 하심이 합당하도다" 히 2:10

히브리서 12장에서 장자의 명분을 팥죽 한 그릇에 판 에서를 망령되었다고 말합니다.

"음행하는 자와 혹 한 그릇 음식을 위하여 장자의 명분을 판 에서와 같이 망령된 자가 없도록 살피라" 히 12:16

왜냐하면 그는 장자의 위치가 얼마나 영광스럽고 복된가를 알지 못했던 어리석은 사람이기 때문입니다. 하나님의 구원 드라마의 절정은 우리를 죄에서 구원하실 뿐만 아니라 그 아들이신 예수님과 같은 영광스러운 자리까지 우리를 높여 주신다는 것입니다. 그래서 히브리서 12장 23절에 장자들의 모임이 나옵니다.

"하늘에 기록된 장자들의 모임과 교회와 만민의 심판자이신 하나님과 및 온전하게 된 의인의 영들과" 히 12:23

이제 우리는 예수님 때문에 장자들이 되었습니다. 장자 됨의 놀라운 비밀은 남자든 여자든 차별 없이 장자 됨의 특권을 누리게 되었다는 것입니다. 한국 문화 속에서 맏아들의 위치는 다른 아들과 딸들과는 달랐습니다. 딸들은 아들에 비해 차별 대우를 받았습니다. 하지만 예수님 안에서 이 모든 것이 달라졌습니다.

"누구든지 그리스도와 합하기 위하여 세례를 받은 자는 그리스도로 옷 입었느니라 너희는 유대인이나 헬라인이나 종이나 자유인이나 남자나 여자나 다 그리스도 예수 안에서 하나이니라 너희가 그리스도의 것이면 곧 아브라함의 자손이요 약속대로 유업을 이을 자니라" 갈 3:27-29

예수님을 믿으면 죄 사함을 받고 누구든지 그리스도로 옷 입게 됩니다. 곧 장자의 옷을 입게 되는 것입니다. 차별이 없습니다. 유대인이나 헬라인이나 종이나 자유인이나 남자나 여자나 차별이 없습니다. 그리스도 예수 안에서 하나라는 뜻은 같다는 것입니다. 누구나 예수님의 옷을 입었으니 장자의 위치에 있습니다. 누구나 예수님 안에서 아브라함의 자손이며, 누구나 약속대로 유업을 이을 자 곧 상속자가 된 것입니다. 이것은 놀라운 복음의 소식입니다.

예수님을 따라가면 완주할 수 있습니다

예수님은 신앙 경주의 모범이 되십니다. 예수님은 앞에 있는 기쁨을 위해 십자가를 참으셨습니다.

"믿음의 주요 또 온전하게 하시는 이인 예수를 바라보자 그는 그 앞에 있는 기쁨을 위하여 십자가를 참으사 부끄러움을 개의치 아니하시더니 하나님 보좌 우편에 앉으셨느니라" 히 12:2

예수님은 십자가를 지실 때 앞에 있는 기쁨을 위해 인내하셨습니다. 예수님이 바라보셨던 앞에 있는 기쁨은 무엇이었을까요? 하나님의 뜻을 행하는 기쁨이었습니다. 예수님의 기쁨은 하나님의 뜻을 행함으로 하나님 아버지를 기쁘시게 하는 것이었습니다.

"나의 하나님이여 내가 주의 뜻 행하기를 즐기오니 주의 법이 나의 심중에 있나이다 하였나이다" 시 40:8

예수님이 십자가에서 고난을 받으심으로 영혼을 구원하는 것이 아버지의 기뻐하시는 뜻이었습니다.

"여호와께서 그에게 상함을 받게 하시기를 원하사 질고를 당하게 하셨은즉 그의 영혼을 속건제물로 드리기에 이르면 그가 씨를 보게 되며 그의 날은 길 것이요 또 그의 손으로 여호와께서 기뻐하시는 뜻

을 성취하리로다" 사 53:10

예수님은 아버지의 뜻을 이루는 수고를 기꺼이 감수했습니다. 그 결과 예수님이 수고한 것의 열매를 보게 되었습니다.

"그가 자기 영혼의 수고한 것을 보고 만족하게 여길 것이라 나의 의로운 종이 자기 지식으로 많은 사람을 의롭게 하며 또 그들의 죄악을 친히 담당하리로다" 사 53:11

예수님이 고난을 받으심으로 잃어버린 영혼들이 구원을 받았습니다. 그들이 하나님의 자녀가 되었습니다. 장자가 되었습니다. 칭의를 입게 되었습니다. 예수님의 영광에 동참하게 되었습니다. 예수님은 죄인들이 하나님의 자녀가 되어 맏아들이신 예수님과 함께 영광을 누리는 것을 보시면서 기뻐하셨습니다.

그렇다면 우리가 신앙의 경주를 완주했을 때 받게 되는 기쁨은 무엇일까요? 우리가 받게 될 상급은 무엇일까요? 물론 많은 것들이 있습니다. 하지만 무엇보다 주요하고, 그 많은 것들보다 더 중요한 상급이 있습니다. 바로 예수님입니다. 조나단 에드워즈는 《그리스도의 탁월하심》이란 설교에서 그리스도가 얼마나 탁월하신 분인지를 증거합니다. 그리고 그 예수님이야말로 우리가 바라는 최고의 축복이요 상임을 선포합니다.[3]

사도 바울은 빌립보서에서 그가 이전에 유익하게 여기던 것을 그리스도를 위해 해로 여기게 되었다고 고백합니다. 그 이유는 예수님을 아는 지식이 가장 고상하며, 예수님을 얻고 그 안에서 발견되는 것을 최고의 축복으로 깨닫게 된 까닭입니다.

"또한 모든 것을 해로 여김은 내 주 그리스도 예수를 아는 지식이 가장 고상하기 때문이라 내가 그를 위하여 모든 것을 잃어버리고 배

설물로 여김은 그리스도를 얻고 그 안에서 발견되려 함이니" 빌 3:8-9

우리는 영광스러운 그리스도의 복음을 더 깊이 이해해야 합니다. 믿음장 강해를 통해 우리는 예수님의 영광을 보게 되었습니다. 하지만 여기서 만족하지 마십시오. 복음 안에 더욱 놀라운 축복의 비밀이 담겨 있습니다. 우리가 누릴 수 있는 최상의 기쁨과 유쾌함은 하나님을 아는 지식에 있습니다. 우리의 지식이 점점 자라서 하나님의 탁월하심과 복음의 영광을 보게 되면 더욱 큰 기쁨을 누리게 됩니다.[4]

"곧 지혜가 네 마음에 들어가며 지식이 네 영혼을 즐겁게 할 것이요" 잠 2:10

하나님을 아는 지식이 우리 영혼을 즐겁게 만듭니다. 그러므로 우리는 하나님 알기를 갈망해야 합니다. 우리의 영적 성장은 하나님을 믿는 것과 아는 것에 따라 성장하게 되어 있습니다. 예수님은 믿음의 선구자이십니다. 예수님은 앞서 가신 분입니다. 우리는 앞서 가신 예수님의 뒤를 따라가면 됩니다. 그것이 예수 그리스도 안에서 우리가 온전함에 이르는 길입니다.

"우리가 이 소망을 가지고 있는 것은 영혼의 닻 같아서 튼튼하고 견고하여 휘장 안에 들어가나니 그리로 앞서 가신 예수께서 멜기세덱의 반차를 따라 영원히 대제사장이 되어 우리를 위하여 들어가셨느니라" 히 6:19-20

히브리서에서 말씀하는 휘장 안은 지성소를 의미합니다. 구약의 대제사장들은 지성소에 들어갔지만 백성들은 그의 뒤를 따라 들어갈 수 없었습니다. 하나님의 보좌 앞에 나아가서 그분의 영광을 볼 수가 없었습니다. 그런데 우리에게는 그 지성소, 은혜의 보좌 앞에 나아가서 하나님의 영광을 볼 수 있는 길이 열렸습니다. 예수님이 친히 자기의 육체로 휘장을 찢으시고 우리를 지성소로 들어가도록 만들어 주셨기 때문입니다.

"그러므로 형제들아 우리가 예수의 피를 힘입어 성소에 들어갈 담력을 얻었나니 그 길은 우리를 위하여 휘장 가운데로 열어 놓으신 새로운 살 길이요 휘장은 곧 그의 육체니라" 히 10:19-20

이제 우리는 언제든지 은혜의 보좌 앞에 담대히 나아가서 하나님의 자녀로서 예수님의 이름을 힘입어 도움을 받을 수 있게 되었습니다. 우리가 받은 복음은 위대한 것입니다. 우리가 받은 구원은 큰 구원입니다. 우리가 받은 축복은 무한한 것입니다. 우리가 누리게 된 영광은 황홀한 기쁨을 주는 것입니다. 그 모든 것이 예수 그리스도 안에 있습니다.

예수님을 바라보십시오. 예수님을 더욱 깊이 알아 가십시오. 예수님에 대해 공부하십시오. 성경을 통해 예수님의 영광에 대해 공부하십시오. 예수님의 탁월하심에 대해 공부하십시오. 그 지식이 많아질수록 그리고 탁월해질수록 우리의 삶은 달라질 것입니다.

예수님을 바라보면 바라볼수록 예수님의 형상을 닮아가게 될 것입니다. 예수님의 형상이 우리 존재 속에 스며들 때 우리는 영화의 단계에 이르게 됩니다. 그것이 우리가 받게 될 최고의 상급이며, 최고의 면류관입니다. 이 놀라운 은혜를 주신 예수님께 모든 영광을 올려 드려야 합니다. 늘 예수님께 감사하며 찬양해야 합니다. 예수님의 은혜 안에서 춤추며 노래하며 찬송하는 은혜를 누리기를 바랍니다. 이 놀라운 복음을 열방에 선포하기를 바랍니다.

주

Part 1. 참된 믿음의 기초는 예수님이다

3장 하나님을 기쁘시게 한 에녹의 믿음
1. 폴 투르니에, 《비밀》, IVP, 67쪽
2. 폴 투르니에, 같은 책, 120-121쪽

4장 구원의 방주를 준비한 노아의 믿음
1. 폴 투르니에, 《모험으로 사는 인생》, IVP, 96-97쪽

Part 2. 말씀은 믿음에 물을 준다

5장 부르심에 순종한 아브라함의 믿음
1. 마이클 프로스트 & 엘렌 허쉬, 《모험으로 나서는 믿음》, SFC, 20-21, 39-40쪽
2. 마이클 프로스트 & 엘렌 허쉬, 같은 책, 96-97쪽
3. 마이클 프로스트 & 엘렌 허쉬, 같은 책, 162쪽
4. 마이클 프로스트 & 엘렌 허쉬, 같은 책, 325쪽

6장 웃음을 선물로 받은 사라의 믿음
1. 조나단 에드워즈, 《구속사》, 부흥과개혁사, 184쪽
2. 이동원, 《믿음이 모델링에 도전하라》, 생명의말씀사, 70쪽
3. 존 오트버그, 《하나님, 당신을 의심해도 될까요?》, 사랑플러스, 39쪽
4. 엘머 타운즈, 《구약에 나타난 하나님의 이름들》, 생명의말씀사, 55쪽

7장 죽은 자의 부활을 믿은 아브라함의 믿음
1. 에이든 토저, 《하나님을 추구함》, 생명의말씀사, 31쪽
2. 데이비드 윌커슨, 《하나님의 이름에 비상구가 있다》, 생명의말씀사, 30-31쪽
3. 에이든 토저, 《하나님을 추구함》, 생명의말씀사, 33-34쪽

8장 장차 있을 일을 축복한 이삭의 믿음
1. 워치만 니, 《주의 형상을 닮아》, 생명의말씀사, 109-110쪽

9장 꿈 너머 꿈을 꾸는 요셉의 믿음
1. 더치 쉬츠, 《꿈꾸는 본성을 깨우라》, 토기장이, 30쪽
2. 엘리스 그레이, 《More stories for the Heart》에서 (더치 쉬츠, 《꿈꾸는 본성을 깨우라》, 토기장이, 53-54쪽

Part 3. 하나님은 약한 믿음을 키우신다

10장 구원의 역사에 동참한 모세의 믿음
1. 조나단 에드워즈, 《구속사》, 부흥과개혁사, 161쪽

13장 훌륭한 이인자의 모범을 보여준 바락의 믿음
1. 유영만, 《공부는 망치다》, 나무생각, 121쪽

Part 4. 믿음의 최고봉에 오르라

14장 세상이 감당하지 못하는 믿음
1. 존 파이퍼, 《고난의 영웅들》, 부흥과개혁사, 68쪽 재인용
2. 존 폭스, 《기독교 순교사화》, 생명의말씀사, 15쪽
3. 존 폭스, 같은 책, 17쪽
4. G. K. 체스터턴, 《정통》, 아바서원, 81쪽
5. G. K. 체스터턴, 같은 책, 175-176쪽

15장 끝까지 달려가는 믿음
1. 존 번연, 《천로역정》, 예찬사, 59-60쪽
2. C. S. 루이스의 《A Mind Awake》 (존 파이퍼, 《여호와를 기뻐하라》, 생명의말씀사, 316쪽에서 재인용
3. 조나단 에드워즈, 《조나단 에드워즈 대표설교선집》, 부흥과개혁사, 302쪽
4. 조나단 에드워즈, 같은 책, 116쪽